城市轨道交通
线路与站场
第2版

主　编　孙艳英　于志学　冯　硕
副主编　潘玉军　刘志远　姜玲芝
参　编　李国瑞　王凯峰　张文焕
　　　　宁天骄　齐　娟　陈　冲
　　　　常秀娟

机械工业出版社
CHINA MACHINE PRESS

本书分为城市轨道交通线路概述、路基及桥隧建筑物、轨道结构、车站、城市轨道交通车辆基地、限界与线间距、轨道施工以及城市轨道交通线路设计与车站设计8个项目，每个项目包括教学导航、知识目标、能力目标、素养目标、重点掌握、任务描述、基础理论、拓展提高、任务实施、任务工单以及项目学习效果综合考核等环节。

本书共设31个任务，主要内容包括城市轨道交通线路分类及设置、线路平面的认知、线路纵断面的认知、线路施工方法与选择、线路维护与检查、线路标志的认知、路基设计、路基病害及其整治、桥隧建筑物的认知、钢轨的认知、轨枕的认知、接头连接零件的认知、中间连接零件的认知、道床的认知、道岔的认知、轨道安全设备的认知、轨道的几何形位认知、无缝线路的认知、车站分类的认知、车站建筑空间的认知、车辆基地概述、停车场的认知、车辆段的认知、限界的认知、线间距的认知、有砟轨道的施工、无砟轨道的施工、道岔的施工、无缝线路的施工、城市轨道交通线路设计、城市轨道交通车站设计。书中内容都是编者经过教学经验总结、调研后编写的，贴合现场实际，基本涵盖了现阶段城市轨道交通线路站场的专业知识，对相关专业课教学起到了促进、支撑作用。

本书可供高等职业院校城市轨道交通类专业教学使用，也可作为相关岗位的培训或自学用书。

本书配有电子课件、视频、试卷等资源，凡使用本书作为教材的教师可登录机械工业出版社教育服务网（www.cmpedu.com）免费下载。咨询电话：88379756。

图书在版编目（CIP）数据

城市轨道交通线路与站场 / 孙艳英，于志学，冯硕主编. -- 2版. -- 北京：机械工业出版社，2025.6.
ISBN 978-7-111-78693-1

Ⅰ. U239.5

中国国家版本馆CIP数据核字第2025PJ2204号

机械工业出版社（北京市百万庄大街22号　邮政编码100037）
策划编辑：葛晓慧　　　　　责任编辑：葛晓慧　谷慧思
责任校对：樊钟英　张　薇　　封面设计：王　旭
责任印制：任维东
河北环京美印刷有限公司印刷
2025年9月第2版第1次印刷
184mm×260mm・15印张・368千字
标准书号：ISBN 978-7-111-78693-1
定价：48.00元

电话服务	网络服务
客服电话：010-88361066	机 工 官 网：www.cmpbook.com
010-88379833	机 工 官 博：weibo.com/cmp1952
010-68326294	金 书 网：www.golden-book.com
封底无防伪标均为盗版	机工教育服务网：www.cmpedu.com

前 言

随着城市轨道交通行业的迅猛发展，城市轨道交通运输设备不断增加，尤其是线路站场设备更新较快，现场需要不断补充新设备及其应用知识。本书正是基于这种需求而编写的，既填补了这方面的空白，同时也能为城市轨道交通技能人才提供知识储备。

本书采用校企合作的模式编写，编者在地铁公司现场调研，深入了解最新线路站场设备，地铁公司工程师也为本书的编写提供了大量素材。

本书分为城市轨道交通线路概述、路基及桥隧建筑物、轨道结构、车站、城市轨道交通车辆基地、限界与线间距、轨道施工以及城市轨道交通线路设计与车站设计共8个项目，每个项目包括教学导航、知识目标、能力目标、素养目标、重点掌握、任务描述、基础理论、拓展提高、任务实施、任务工单以及项目学习效果综合考核等环节，不但注重"学"的过程，而且强调"做"的重要性，为学生提供理论知识的同时对学生的线路站场设计能力进行针对性训练，为培养高素质人才做贡献。

本书的编写人员在各自领域都具有扎实的专业知识、丰富的教学经验以及现场实践经验。本书由孙艳英、于志学、冯硕任主编。具体分工如下：项目一由张文焕编写；项目二由宁天骄和冯硕编写；项目三由刘志远编写；项目四由常秀娟、于志学编写；项目五的任务一和任务二由孙艳英编写，任务三由常秀娟编写；项目六由宁天骄编写；项目七由陈冲编写；项目八由孙艳英、于志学编写。潘玉军、姜玲芝、李国瑞、王凯峰和齐娟负责每个项目案例的整理和任务工单编写。孙艳英负责每个项目知识点图谱的编制工作。

本书的编写参考了城市轨道交通相关教材及文献资料，在此谨向各位作者表示感谢。

由于编者水平有限，书中不妥之处在所难免，恳请读者批评指正。

编　者

二维码索引

			动 画		
名称	图形	页码	名称	图形	页码
城市轨道交通线路的分类		3	轨道的几何形位认知		119
常见的轨道标志		43	车站种类		130
钢轨认知		66	车站的组成		139
轨枕认知		76	车辆段主要线路		155
接头连接零件的认知		83	限界的认知		165
中间连接零件的认知		90	城市轨道交通线网结构		204
单开道岔的认知		104	城市轨道交通车站客流线设计		217
轨道安全设备认知		116			

(续)

微课					
名称	图形	页码	名称	图形	页码
线路平面的认知1		15	道床认知2		100
线路平面的认知2		18	无缝线路的认知		124
线路纵断面的认知		22	车站建筑空间的认知		141
线路标志的认知		45	车辆基地概述		151
路基认知1		54	线间距的认知		173
路基认知2		56	有砟轨道施工		179
路基病害及其整治		60	无砟轨道施工		185
桥隧建筑物的认知		62	道岔的施工		190
道床认知1		98			

目　录

前言

二维码索引

项目一　城市轨道交通线路概述 ··· 1
　任务一　城市轨道交通线路分类及设置 ······························· 3
　任务二　线路平面的认知 ·· 15
　任务三　线路纵断面的认知 ·· 21
　任务四　线路施工方法与选择 ··· 27
　任务五　线路维护与检查 ·· 35
　任务六　线路标志的认知 ·· 43
　项目学习效果综合考核 ·· 50

项目二　路基及桥隧建筑物 ·· 52
　任务一　路基设计 ·· 53
　任务二　路基病害及其整治 ·· 59
　任务三　桥隧建筑物的认知 ·· 61
　项目学习效果综合考核 ·· 63

项目三　轨道结构 ·· 65
　任务一　钢轨的认知 ··· 66
　任务二　轨枕的认知 ··· 76
　任务三　接头连接零件的认知 ··· 83
　任务四　中间连接零件的认知 ··· 90
　任务五　道床的认知 ··· 97
　任务六　道岔的认知 ··· 104
　任务七　轨道安全设备的认知 ··· 116
　任务八　轨道的几何形位认知 ··· 119
　任务九　无缝线路的认知 ·· 123
　项目学习效果综合考核 ·· 126

项目四　车站 ····· 129
任务一　车站分类的认知 ····· 130
任务二　车站建筑空间的认知 ····· 139
项目学习效果综合考核 ····· 147

项目五　城市轨道交通车辆基地 ····· 149
任务一　车辆基地概述 ····· 150
任务二　停车场的认知 ····· 153
任务三　车辆段的认知 ····· 154
项目学习效果综合考核 ····· 162

项目六　限界与线间距 ····· 164
任务一　限界的认知 ····· 165
任务二　线间距的认知 ····· 172
项目学习效果综合考核 ····· 175

项目七　轨道施工 ····· 177
任务一　有砟轨道的施工 ····· 178
任务二　无砟轨道的施工 ····· 184
任务三　道岔的施工 ····· 189
任务四　无缝线路的施工 ····· 194
项目学习效果综合考核 ····· 200

项目八　城市轨道交通线路设计与车站设计 ····· 202
任务一　城市轨道交通线路设计 ····· 203
任务二　城市轨道交通车站设计 ····· 217
项目学习效果综合考核 ····· 229

参考文献 ····· 231

项目一 城市轨道交通线路概述

【教学导航】

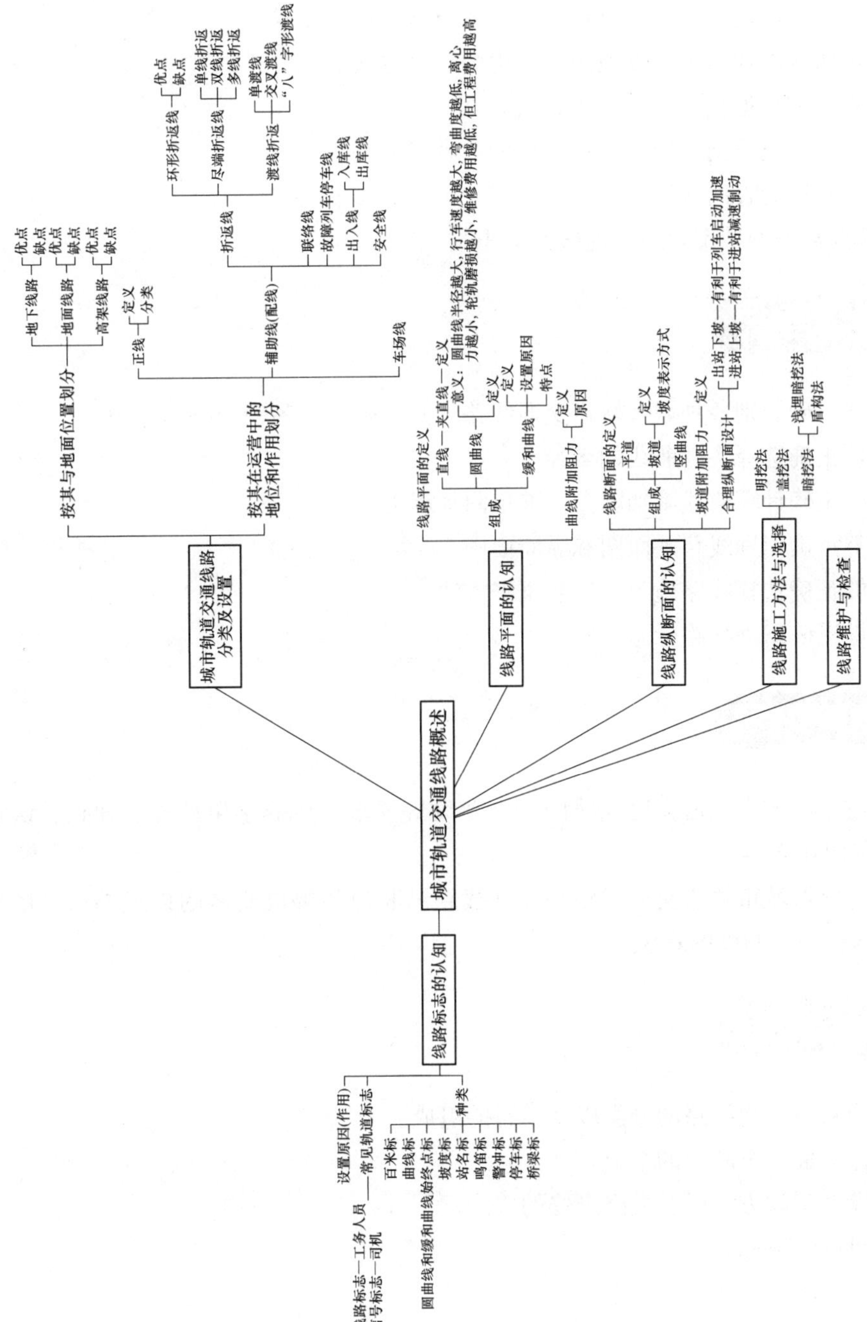

城市轨道交通线路概述
├─ 城市轨道交通线路分类及设置
│   ├─ 按其与地面位置划分
│   │   ├─ 地下线路 ─ 优点/缺点
│   │   ├─ 地面线路 ─ 优点/缺点
│   │   └─ 高架线路 ─ 优点/缺点
│   └─ 按其在运营中的地位和作用划分
│   ├─ 正线 ─ 定义/分类
│   ├─ 辅助线（配线）
│   │   ├─ 折返线
│   │   │   ├─ 环形折返线
│   │   │   ├─ 尽端折返线 ─ 单线折返/双线折返/多线折返
│   │   │   └─ 渡线折返 ─ 单渡线/交叉渡线/"八"字形渡线
│   │   ├─ 联络线
│   │   ├─ 故障列车停车线
│   │   ├─ 出入库线 ─ 入库线/出库线
│   │   └─ 安全线
│   └─ 车场线
├─ 线路平面的认知
│   ├─ 线路平面的定义
│   ├─ 组成
│   │   ├─ 直线 ─ 失直线 ─ 定义
│   │   ├─ 圆曲线 ─ 定义：圆曲线半径越大，行车速度越大，弯曲度越低，离心力越小，轮轨磨损越低，维修费用越低，但工程费用越高
│   │   └─ 缓和曲线 ─ 设置原因/特点
│   └─ 曲线附加阻力 ─ 原因
├─ 线路纵断面的认知
│   ├─ 线路纵断面的定义
│   ├─ 组成
│   │   ├─ 平道 ─ 定义
│   │   ├─ 坡道 ─ 定义/坡度表示方式
│   │   └─ 竖曲线 ─ 定义
│   ├─ 坡道附加阻力 ─ 定义
│   └─ 合理纵断面设计 ─ 出站下坡─有利于列车启动加速/进站上坡─有利于进站减速制动
├─ 线路施工方法与选择
│   ├─ 明挖法
│   ├─ 盖挖法
│   ├─ 浅埋暗挖法
│   └─ 盾构法
├─ 线路维护与检查
└─ 线路标志的认知
    ├─ 设置原因（作用）
    │   ├─ 线路标志─工务人员
    │   ├─ 圆曲线和缓和曲线始终点标─司机
    │   └─ 信号标志─司机
    └─ 常见轨道标志 ─ 种类
        ├─ 百米标
        ├─ 曲线标
        ├─ 坡度标
        ├─ 站名标
        ├─ 鸣笛标
        ├─ 警冲标
        ├─ 停车标
        └─ 桥梁标

【知识目标】

1. 了解城市轨道交通线路的特点。
2. 掌握城市轨道交通线路的分类及设置要求。
3. 掌握城市轨道交通线路平面、纵断面的组成。
4. 熟悉城市轨道交通线路平面各组成要素的设置要求。
5. 了解城市轨道交通线路纵断面各组成要素的设置要求。
6. 识记曲线附加阻力、坡道附加阻力的计算方法。
7. 探索城市轨道交通线路施工方法。
8. 理解城市轨道交通线路养护维修的内容与方法。
9. 研究轨道检查的方法。
10. 掌握常见的城市轨道交通线路标志。

【能力目标】

1. 能够正确识别各种城市轨道交通线路,并正确分析各种线路的作用。
2. 能够正确选择各种曲线的半径。
3. 能够正确计算曲线附加阻力、坡道附加阻力。
4. 能够正确识别线路平面图和纵断面图。
5. 能够正确选择线路施工方法和维修方法。
6. 能够正确识别线路标志。

【素养目标】

1. 通过学习城市轨道交通线路的分类及设置要求,培养学生严谨、细致、认真的工作态度,加强职业素养。
2. 通过学习城市轨道交通线路平面和线路纵断面各组成要素的设置要求,培养学生严格遵守和执行规章制度的意识。

【重点掌握】

1. 城市轨道交通线路的分类以及线路的组成。
2. 线路平面、纵断面的组成。
3. 线路施工的方法以及线路维修的方法。
4. 常见的线路标志。

任务一　城市轨道交通线路分类及设置

【任务描述】

城市轨道交通线路的分类

本任务主要介绍城市轨道交通线路的特点及分类等相关理论知识，通过对理论知识的学习，辅以多媒体教学展示相关图片，使学生对城市轨道交通线路有更好的认识。

【基础理论】

城市轨道交通线路是城市轨道交通车辆运行的基础，是城市轨道交通系统的基本组成部分。为保证城市轨道交通列车安全运行，线路的设置必须满足行车安全、线路平顺与养护方便等要求，并保证一定的舒适度。考虑到乘客出行方便、土地充分利用、节约建设费用等因素，线路的走向一般选择易于施工和客流量相对集中的地区。

线路一般由上部建筑和下部基础组成。上部建筑是指轨道部分，下部基础是指路基、桥梁及隧道。

一、城市轨道交通线路的特点

城市轨道交通线路与铁路线路有很大的不同，主要体现在以下几个方面：

1）城市轨道交通线路编组辆数少、载重量小、运行速度慢、运行距离短，因此设计标准与铁路线路有所不同，其差异程度与城市轨道交通类型及形式密不可分。

2）由于市内客运的运距短，客流分布不均匀，且分布在整个城市区域内，为保证线路有足够的客流吸引力，通常每隔1~2km设置一个站点，因此站点设置密，停车频繁。

3）城市轨道交通线路无论是在地下、地面还是在高架上，一经建成，线路位置的改变将十分困难。建成后的改建会引起周围建筑、道路等大规模拆迁，并破坏多年来逐渐形成的城市环境。因此，城市轨道交通线路的设计要做长期考虑。

4）城市轨道交通线路一般为双线，通常每条线路设有一个车辆段和一个停车场。车站办理的调车作业较少，为节省用地，一般车站不设调车线，车辆集中停放在车辆段或停车场。

5）由于线路各站点的吸引范围小，城市客流可容忍的等待时间较短，这就要求发车间隔时间不能太长，一般不长于10min，短时间里聚集的客流量有限，因而列车编组长度通常为4~8节车厢。

二、城市轨道交通线路的分类

（一）按其与地面位置的关系分

城市轨道交通线路按其与地面位置的关系可分为地下线路、地面线路及高架线路。

1. 地下线路

地下线路设置于地下隧道中。其优点：与地面交通完全分离，且不占城市地面与地上空间，基本不受地面气候影响；是对城市环境影响最小的一种线路铺设方式，是线路在交通繁忙路段和市区内繁华地段主要采用的铺设方式。其缺点：需要较大的一次性投资、较高的施工技术、较先进的管理、完善的环控和防灾措施与设备；建设过程会影响地面交通，运营成本较高，改造调整与线路维护均较困难。

地下线路埋置深度应根据地质情况和地下构筑物情况而定，选线时要探明地下市政管线，合理确定线位和站位，尽量减少管线拆迁改移。当线路经过有桩基的建筑物时，要探明桩基类型和深度，以确定采用的施工方法和安全距离，并根据建筑物性质采取加固保护措施，确保工程安全。另外，隧道体不要侵入道路两侧的地块，以免影响两侧土地的开发利用。

根据线路与城市道路的关系，城市轨道交通地下线路的平面位置主要有线路位于道路规划红线范围内和线路位于道路规划红线范围外两种情况。道路规划红线是指道路用地的边界线。

图1-1中A位、B位、C位分别代表城市轨道交通地下线路的几种位置。

(1) 线路位于道路规划红线范围内 城市轨道交通的地下线路位于城市道路规划红线范围内是常用的线路平面位置形式，这种方式对道路规划红线范围以外的城市建筑物干扰较小，如图1-1中的A位和B位。

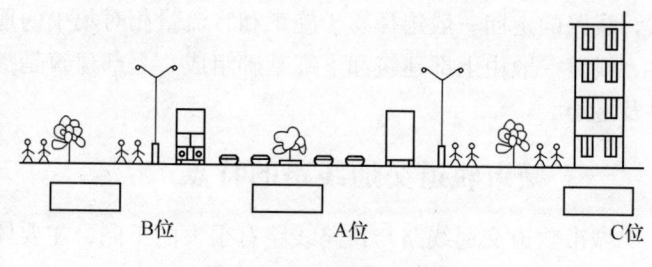

图1-1 地下线路示意图

A位：城市轨道交通线路位于道路中心，对两侧建筑物影响小，地下管网拆迁较少，有利于减少曲线数量、线路裁弯取直，并能适应较窄的道路规划红线宽度。但若采用明挖法施工便破坏了现有道路路面，对城市交通干扰大，不如B位。

B位：线路位于规划的慢车道和人行道下方，施工时能减少对城市交通的干扰和对机动车道路面的破坏，但它靠建筑物较近，市政管线较多且线路不易顺直，需结合站位的设置统一考虑。

(2) 线路位于道路规划红线范围以外 城市轨道交通的地下线路也有位于道路规划红线范围以外的情况，如图1-1中的C位。

C位：线路位于道路规划红线范围以外，是在特殊情况下采用的一种线路位置，如果线路从既有多层、高层房屋建筑下面通过，不但施工复杂、难度大，并且造价高昂，选线时要尽量避免。如果线路位于待拆的已有建筑物下方，对现有道路及交通基本上无破坏和干扰，地下管网也极少，但房屋拆迁及安置量大，适用于与城区改造同步进行的情况。

城市轨道交通地下线路位于道路规划红线范围以外，可以缩短线路长度，减少拆迁，降低工程造价，但必须具备如下条件：

1) 沿线区域地质条件好，基岩埋深很浅，隧道可以用矿山法在建筑物下方施工。
2) 沿线区域为城市非建成区或广场、公园、绿地（耕地）等。

3）沿线区域为老的街坊改造区，可以与城市轨道交通同步规划设计，并能按合理的施工顺序施工。

2. 地面线路

地面线路一般采用独立路基的方式，以减少与地面道路交通的互相干扰，如图1-2所示。城市轨道交通地面线路是造价最低的一种铺设方式，一般铺设在有条件的城市道路或郊区。为保证城市轨道交通车辆的快速运行，地面线路一般设计成封闭线路，采用专用道形式，两侧设置护栏，防止行人与车辆进入，与城市道路相交时，一般应设置成立交，以保证列车快速安全运行。线路通过市区繁忙路口时，要求采取立体交叉，在次要路口行车密度低时，可考虑设平交道口，交通信号灯给予优先通行。当道路范围之外为江、河、湖、海岸滩地，以及不能用于居住建筑的山坡地等时，可考虑将城市轨道交通线路布置于这些地带上，但要充分考虑路基的稳固与安全。

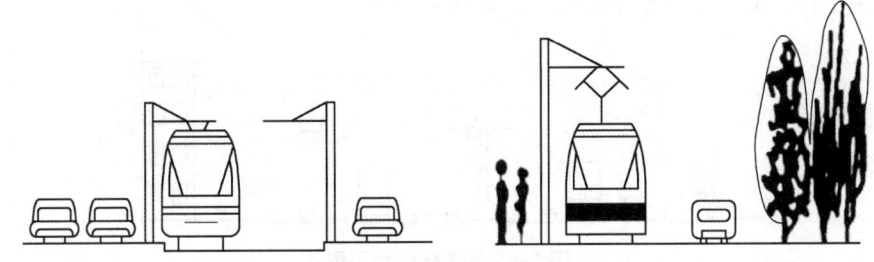

图1-2 地面线路示意图

地面线路的优点：造价低，施工简便，运营成本低，线路调整与维护较易。缺点：运营速度难以提高，容易受地面交通影响（有部分信号控制的平面交叉点），占地面积较大，破坏城市道路路面，使城市道路交叉口复杂化，容易受气候影响（如雨水、雾、台风等），乘车环境难改善；隔断线路两侧的交通，使线路两侧难以沟通，不利于两侧土地的商业开发利用，运营时噪声大。此外，由于地面线路的沉降变化较大，故多采用碎石道床，因此运营后养护、维修工作量较大。城市轨道交通中在偏远市郊的路段多采用这种形式。

在城市道路上设地面线路，一般有两种位置：一种是位于道路中心带上，另一种是位于快车道一侧，如图1-3所示。

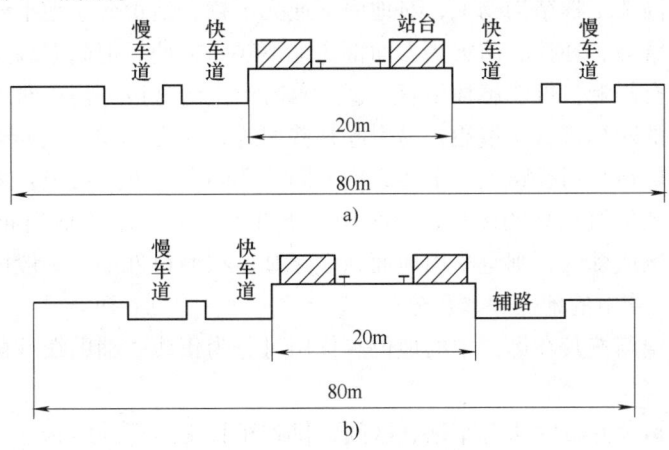

图1-3 地面线路设置示意图

如图 1-3a 所示，当城市快车道或主干道的中间有分隔带时带宽一般为 20m 左右，地面线路设于该分隔带上，不阻隔两侧建筑物内的车辆按右行方向出入，不需设置辅路，有利于城市景观及减少城市轨道交通噪声的干扰。其不足之处是乘客需通过地道或天桥进入城市轨道交通站台。

如图 1-3b 所示，当城市道路无中间分隔带时，城市轨道交通地面线路位于快车道一侧，该位置可以减少道路改移量，其缺点是在快车道另一侧需要建辅路，增加了道路交通管理的复杂性。

3. 高架线路

高架线路是城市轨道交通中一种重要的线路铺设方式，不但保持了专用道的形式，而且占地较少，对城市交通干扰也较小。高架区段中的高架桥是永久性的城市建筑，结构寿命要求为 100 年。高架线路在城市中穿越时通常沿道路设置，一般应结合规划道路的横断面考虑，设于道路中心或快慢车道分隔带上，如图 1-4 所示。

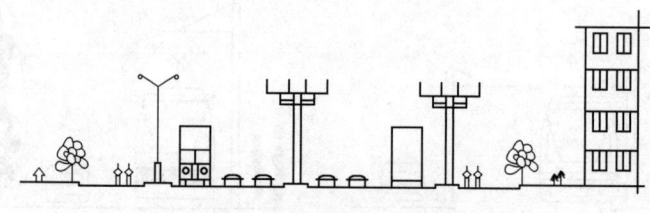

图 1-4 高架线路示意图

高架线路平面位置的选择比地下线路严格，受城市建筑约束大，一般要与城市主路平行设置。高架线路设置于快慢车道分隔带上，可充分利用道路隔离带，减少高架桥墩柱对道路宽度的占用和改建，线路高架桥墩柱位置要与道路车行道配合，一般宜将桥墩柱置于分隔带上。在无中间分隔带的道路上铺设时，改建道路工程量大。高架线路一般偏向房屋的非主要朝向面，即东西街道的南侧和南北街道的东侧，但缺点是噪声对一侧居民的影响较大。

高架线路除可设置于快慢车道分隔带上，还可设置于慢车道、人行道上方及建筑区内，但它仅适用于广场、公园、绿地及江、河、湖、海岸线等空旷地段。高架线路应与旧房改造同步规划建设。

高架线路设在高架工程结构物上，对地面交通无干扰，造价介于地下线路与地面线路之间，施工、维护、管理、环控、防灾诸方面都比地下线路方便。但高架线路有 4 个方面的缺点：①对市区景观有影响，可能破坏市容；②运营时产生的噪声等污染对周围环境有不良影响；③对沿线居民的隐私权有所侵犯，易引起某些纠纷；④受气候变化的影响。

在同一条城市轨道交通线路上，上述 3 种不同的空间布置方式可组合采用。在市中心人口、建筑密集，土地价值较高的区域，应采用地下线路方式，也可适当布置为高架线路方式；而在城市边缘区或郊区，则宜采用地面独立路基；在城市外围，一般可采用高架线路。

（二）按其在运营中的地位和作用分

城市轨道交通线路按其在运营中的地位和作用可分为正线、辅助线（配线）和车场线。

1. 正线

正线是为载客运营并贯穿所有车站、区间，供列车日常运行的线路，当线路分岔时，可细分为干线和支线。一般情况下，在正线上分岔以侧向运行的线路为支线，直向运行的线路为干线。支线通过配线与干线连接，可混合运行，也可独立运行。

正线分为区间正线和车站正线。城市轨道交通系统的正线均采用上、下行双线设计，列车运行一般采用右侧行车制，以便与城市地面交通的行车规则相吻合（世界上除了英联邦国家及日本等部分国家外，绝大部分国家城市道路交通实行右侧行车制）。

正线行车速度快、密度大，且要保证行车安全和乘坐舒适，因此线路设计标准要求高。正线与其他交通线路相交处，一般采用立体交叉。

2. 辅助线（配线）

辅助线是指在正线上分岔的，为配合列车转换线路或转换运行方向等某些运营功能服务的，并增加运行方式灵活性的线路，是为保证正线运营而配置的不载客列车运行的线路，并满足非正常情况下组织临时运行和维修作业所设置的辅助线路，包括折返线、联络线、故障列车停车线、出入线、安全线、渡线等。

辅助线的设置一般都与车站联系在一起，又称车站配线，简称配线。

（1）折返线 折返线是在线路两端或中间站设置的专供列车折返的线路。折返线除了供运营列车往返运行时的调头转线使用外，有些也可作为夜间存车使用。

线路起、终点站为使列车能折返运行（称大交路）必须设置折返线。当线路较长或因客流分布和行车组织需要，采取分区段运行（区段运行是指列车根据运行调度的要求，在尽端站与中间站或中间站与中间站之间进行列车折返调头，又称小交路）时，在折返站也需设置折返线，其折返能力应与该区段的通过能力相匹配。

GB 50157—2013《地铁设计规范》规定，尽端式折返线的有效长度宜为远期列车长度加 50m（不包括车挡长度），贯通式折返线的有效长度宜为远期列车长度加 60m（不包括车挡长度）。

折返线的形式很多，常见的布置形式如下：

1）环形折返线。环形折返线俗称"灯泡线"，如图 1-5 所示。

环形折返线的优点在于：将端点折返作业转化为沿一个环形单线区段运行的作业，实质上取消了折返过程，变为区间运行，有利于列车运行速度发挥，消除了因折返作业而形成的线路通过能力限制条件，是一种对提高运营效率有利的折返方法。

环形折返线的缺点在于：轮轨磨耗大，环线占地面积较大，尤其是在地下修建难度更大，投资较高；环形折返线丧失了一端停车维护检查的机动线路，对车辆技术和运行组织要求更高，线路机动性降低，线路延伸可能性较小，一般只适用于线路较短、线路延伸可能性较小且该端点站又往往在地面的情况。

2）尽端折返线。尽端折返线有单线折返、双线折返与多线折返等不同布置方式。

① 单线折返，如图 1-6a 所示。单线折返能力和灵活性较差，折返与存车不能兼顾，一般多单独用作存车线。

② 双线折返，如图 1-6b 所示。设于列车的区段折返站上或端部折返站上，折返能力可大于 30 对/h，当折返列车对数较少时，可以留出一条线作为存车线。在端部正线继续延伸后，仍可作为折返线或存车线，没有废弃工程，是最常用的一种折返线形式。

③ 多线折返，如图 1-6c 所示。集折返、乘客上下车、列车越行、列车出入车场以及列车转线联络等功能中的两项或多项功能于一体的折返线形式，使用灵活，但车站规模大，效率较低。

综上所述，尽端折返线的优点在于：弥补了环线折返的不足，使端点站既可有效组织折返(如双折返线可明显降低折返时间),又可备有停车线供故障停车、检修、夜间停车等作业使用。线路延伸性较好,适用于地下结构的端点站以及线路较长或有延伸可能、土地不宜多占用的情况。

3) 渡线折返。渡线是指设置在正线线路左右线之间,为车辆过渡运行的线路;或在平行换乘站内,为相邻正线线路之间联络的线路。渡线单独设置时,用于临时折返列车,可增加列车调度的灵活性;与其他配线合用时,可增加其他配线的功能。

图 1-5 环形折返线

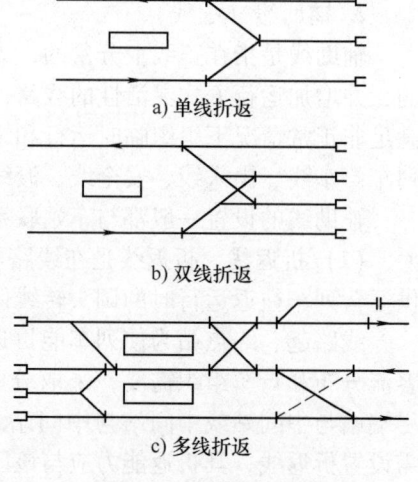

图 1-6 折返线示意图

渡线一般有 3 种设置形式,交叉渡线(图 1-7a)、单渡线(图 1-7b)和"八"字形渡线(图 1-7c)。渡线折返还可分为站前渡线折返、站后渡线折返和区间渡线折返。

利用渡线折返需要修建的线路量较少,投资较少。但列车进出车站与折返作业有严重的干扰。尤其是在区间站利用渡线进行区间列车折返,需占用正线进行作业,故对运营管理要求十分严格。且列车运行间隔时间受其制约需放大,导致线路通行能力下降,安全可靠性存在隐患。所以,在列车运行速度较高、运行间隔时间较短(即发车频率较高)、运量较大的线路不宜采用。

(2) **联络线** 联络线是轨道交通线路之间为调动列车等作业而设置的连接线路,它主要是两条正线间的连接线,即在整个城市轨道交通线网中,使同种制式线路可以实现过轨运行,如图 1-8 所示。由于联络线所连接的轨道交通线路往往不在一个平面上,因此联络线具有坡道较大和曲线半径较小的特点,列车在联络线上运行时速度较低。如果在地下建设联络线,施工难度较大,投资也随之加大。

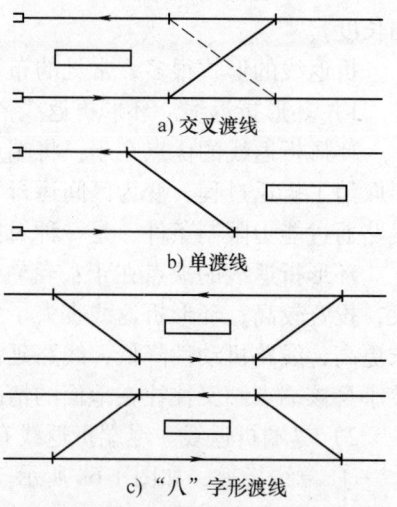

图 1-7 渡线折返示意图

1) 联络线在路网中的作用如下:

① 联络线是车辆送修的通道。城市轨道交通线网如果采用厂、段合修制,整个线网中

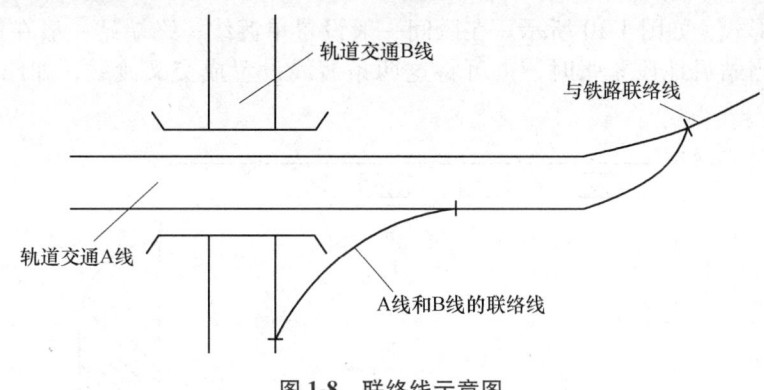

图 1-8 联络线示意图

需做厂修的车辆必须通过联络线进入厂修车辆段进行检修。

② 联络线是调转运营车辆的通道。城市轨道交通线网中某些线路根据情况采用分段建设、分期运营。此时，由于车辆段尚未建成，可借助线路间的联络线短期内调转车辆。在运营中，根据各线的实际运营要求，通过联络线合理调配车辆。

③ 联络线可作为临时运营正线。线网中两条交叉独立运营的线路，因城市发展要求，需分段建设临时合并运营时，可在两线交点处设置双线联络线，作为临时正线来过渡使用。

④ 联络线可作为后建线路的设备运输通道。在线网建设过程中，许多大型材料及设备（包括运营车辆）由于质量、体积或长度很大，无法通过道路运输，一般只能通过国铁专用线进入车辆段，但线网内大部分线路因受地形、环境等因素的限制，没有直接与国铁专用线连接的条件，这就要求通过联络线和国铁的线路相连通。

2）联络线的设置原则如下：

① 联络线作为辅助线，利用率较低，一般按单线设计。

② 为车辆厂修设置的联络线，应结合工程实施的可行性，尽可能设在最短、最顺畅路径上。

③ 联络线的设置应考虑线网的修建顺序，使后建线路可通过联络线从先建线路上运送车辆和物资等。

④ 联络线的设置应根据工程条件及其他建设项目的关系，在确保联络线功能的同时，减少对其他项目的影响。

⑤ 联络线应尽量在车站端部出岔，便于维修和管理。困难情况下，也可在区间出岔，但应避免形成敌对进路。

（3）故障列车停车线 列车在运行过程中难免会出现这样或那样的故障，当故障对高密度、高速度的列车运行产生影响，或对乘客的安全和舒适度不利时，故障列车就要被安排下线就近进入停车线，或送回临近维修基地进行检查和修理。在这个过程中，故障列车的运行速度是受到严格控制的，这种情况一旦发生就会打乱全线列车的运行秩序，使系统运行产生混乱。因此应尽量缩短故障列车进入停车线的时间，即减小故障列车对运行产生的影响。

《地铁设计规范》规定：正线应每隔 5~6 座车站或 8~10km 设置故障列车停车线，其间每隔 2~3 座车站或 3~5km 应加设渡线。

故障列车停车线示意图，如图 1-9 所示。

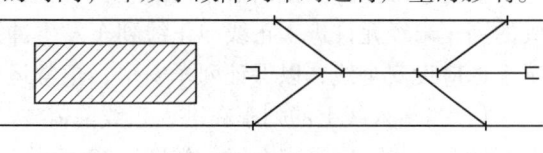

图 1-9 故障列车停车线示意图

渡线设置形式,如图1-10所示。在区间一般设置单渡线;终端站一般在站后设"八"字形双渡线,当站后地段紧张时,也可将这两条渡线设置成交叉渡线,如图1-10中虚线所示。

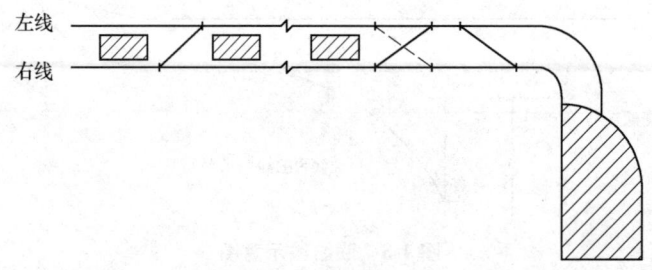

图1-10 渡线布置形式示意图

停车线一般设置在端点站,专门用于停车,进行少量的检修作业。在车辆段则拥有众多的专用停车线,供夜间停止运营后的列车停放。需要进行检修作业的停车线设有地沟。

(4) 出入线 出入线指车辆基地与正线车站联系的线路,专供列车进出车辆基地。一般分为入库线和出库线。

车辆段和停车场应设置双线或单线出入线。尽端式车辆段宜采用双线出入线,贯通式车辆段可在车辆段两端各设一条单线出入线,停车场规模较小时,出入线可采用单线。车辆段出入线的3种典型布置形式如图1-11所示。

1) 出入线与正线平面交叉,如图1-11a所示。这种布置形式连接较简单,渡线较短,造价较低。但出入段列车与正线运营列车有敌对进路,车辆段向正线取送列车的能力较低,因此在采用时要验算其通过能力。

2) 出入线与正线立体交叉,如图1-11b、c所示。这种布置形式出入段列车与正线运营列车无敌对进路,取送列车能力强,使用较灵活。通常将出入线与折返线合并设置,使用更为方便,但工程较复杂,造价较高。图1-11b中出入线从一车站端的折返线上引出,适用于尽端式车辆段;图1-11c中出入线从两车站端分别引出,贯通式车辆段和尽端式车辆段均适用。

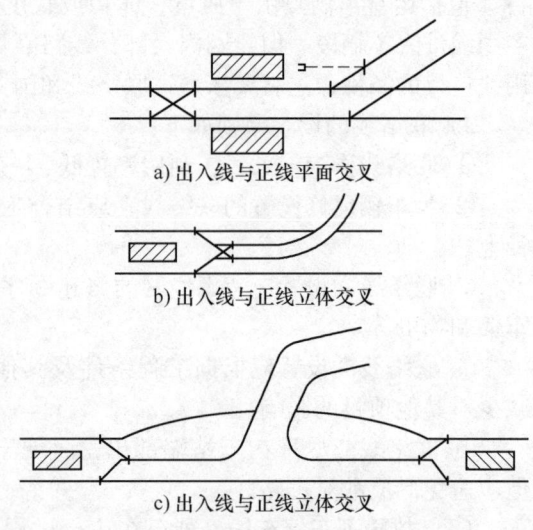

图1-11 车辆段出入线布置形式示意图

(5) 安全线 安全线是一种进路隔开设备,是防止列车或机车车辆进入另一列车或机车车辆进路的一种安全设备。为防止在车辆段(场)出入线、折返线和岔线(支线)上行驶的列车未经允许进入正线与正线列车发生冲撞事故,在无其他列车运行隔开设备的下列情况下,应设安全线,以保证列车安全、正常运行。

1) 当出入线上的列车在进入正线前需要一度停车,且停车信号机至警冲标之间小于列车制动距离时,宜设安全线,如图1-12所示。

警冲标是为防止停留在一条线路上的列车与邻线的列车发生侧面冲撞而设置在两条线路交叉处适当位置的一种信号标志,列车必须停在警冲标内方。

2) 当折返线末端与正线接通时,宜设置道岔隔开设备,如图1-13所示。

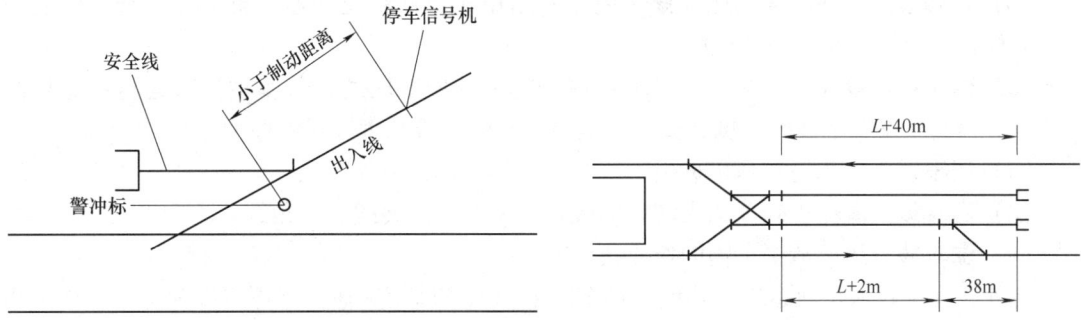

图1-12　安全线:出入线接正线形式　　　　图1-13　安全线:折返线末端接正线形式

3) 当岔线(支线)在站内接轨,岔线与正线间为岛式站台,且站台端至警冲标间的距离不小于60m时,可不设列车运行隔开设备,如图1-14所示;若为侧式站台,宜设道岔隔开设备,如图1-15所示。

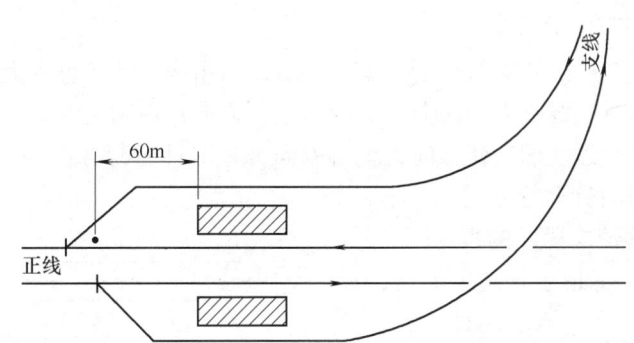

图1-14　安全线:岛式站台岔线接轨形式

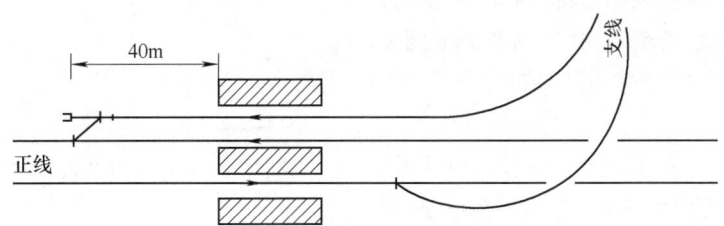

图1-15　安全线:侧式站台岔线接轨形式

安全线为尽端线,有效长一般不小于40m。

3. 车场线

每一条运营线都设有一个车辆基地,内部铺有若干线路,用于停运后列车入库、列车检修、试车、调车等作业,这些线路统称为车场线。车场线是车辆段内厂区作业与停放列车的线路。列车在车场内运行速度较低，线路标准只要满足场区作业要求即可。车场线主要有停车线、检修线、试车线、调车线、回转线、洗车线等。

（1）停车线　在车辆基地内，供夜间停止运营列车停放的线路。

（2）检修线　设在车辆基地检修库内，专门用于检修轨道交通车辆的作业线，配有地沟、立体检修台、架车设备、检修设备。

（3）试车线　设在车辆基地，用于对检修完毕的城市轨道交通车辆进行运行状态检测的线路，为达到必要的运行速度，试车线需有一定的标准长度和平纵断面。

（4）调车线　用于进行列车进出、连接、摘挂与解体的作业线。

（5）回转线　能提供列车调头转向的线路，一般有回转线、三角线等不同形式。

（6）洗车线　用于清洗车辆的作业线。

此外，为满足城市轨道交通建设、运营需要，城市轨道交通线路还应设置与国家铁路相衔接的专用线。

【拓展提高】

一、轨道交通线路上下行方向的确定

1.《地铁设计规范》的规定

地铁正线应采用双线、右侧行车制。南北向线路以由南向北运行为上行方向，由北向南运行为下行方向。东西向线路以由西向东运行为上行方向，由东向西运行为下行方向。环形线路应以列车在外侧轨道线的运营方向为上行方向（逆时针运行方向）；内侧轨道线的运营方向为下行方向（顺时针运行方向）。

2.《铁路技术管理规程》的规定

铁路原则上以开往北京方向为上行，反之为下行。

二、站前折返与站后折返

在我国，大多数列车是靠右边行驶的，如果需要在终点站或者途中车站折返的话，列车就必须从一条线转移到另一条线上。

1. 站前折返

站前折返是指列车经由站前渡线折返。列车在接入车站的时候同时完成变线，或者列车在出发的时候才完成变线，如图1-16所示。

优点：站前折返时，折返时间较短，停车后，乘客上下车可同时进行，在一定程度上缩短了停站时间，减少了费用。

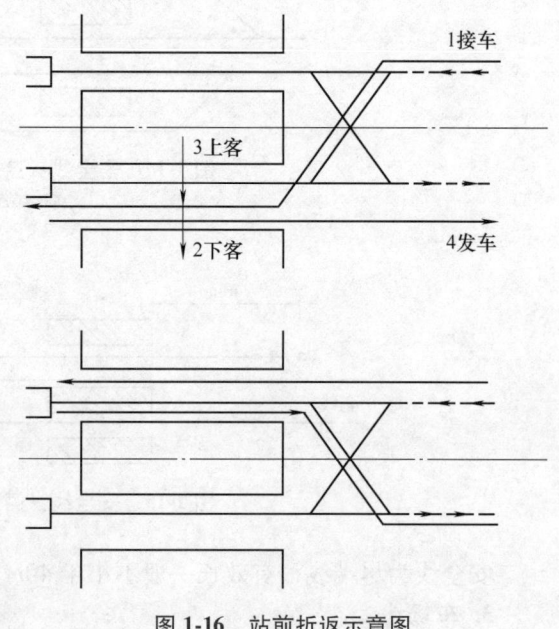

图1-16　站前折返示意图

缺点：站前折返的折返列车发车进路与后续列车进站路径有交叉（图1-17），一旦列车

折返作业稍有耽搁则必定会影响后续列车正常进站，对行车安全有一定的威胁；并且乘客上下车在同一站台进行，容易产生客流交叉，客流量大时，可能会引起站台客流秩序的混乱，不利于车站客运组织工作的进行；在列车接发繁忙的时段，这种进路交叉对于通过能力的影响也是非常大的。

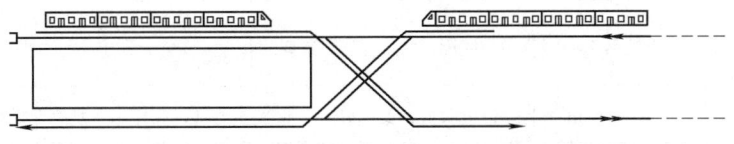

图 1-17　站前折返的缺点：列车进路交叉

在土建受外部条件限制，而又希望站台尽可能靠近端头的情况下可选择站前折返。例如，北京地铁 13 号线西直门站无法在南侧西外大街上方设置折返线，而又要缩短换乘距离，因此选用了站前折返。

2. 站后折返

站后折返是指列车经由设置在车站后方的尽端折返线或站后渡线进行折返。列车在原来运行的一侧线路上完成乘客下车之后，通过折返渡线转移到另一条线路上，再驶入站台，在另一侧完成乘客上车后再出发，如图 1-18 所示。

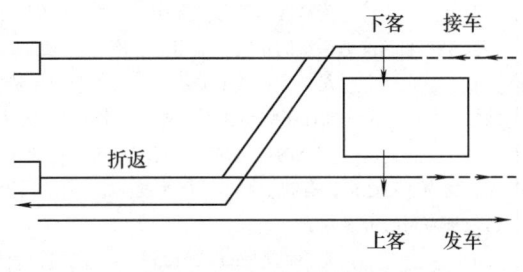

图 1-18　站后折返示意图

优点如下：

① 安全性能好。列车在整个折返作业中走行路径与后续进站列车路径无交叉，相互间无交叉干扰，作业较安全。

② 客流组织简单。站后折返形式，不管车站采用哪种站台形式，乘客上下车作业都是分开进行的，相互间没有交叉干扰，便于车站进行客流组织。

③ 列车进出站速度较高，有利于提高运行速度。

缺点是列车折返时间较长。列车在折返时必须先经过车站再驶入站后折返线，列车进、出折返线需要一定的走行时间，因此在一定程度上限制了折返能力。尽管如此，站后折返仍然是大多数车站采用的布置形式，如天津地铁 1 号线双林站、北京地铁 5 号线的宋家庄站、天通苑北站、北京地铁 1 号线的四惠东站、苹果园站等均采用站后折返形式。

具体是采用站前折返设计还是站后折返设计，需要根据施工和运营条件确定。

【任务实施】

依据基础理论知识，提出任务目标：城市轨道交通线路分类及设置。将学生按生源地进行分组，深入到企业调查，认知城市轨道交通线路，根据不同小组的展示成果，进行综合评价。

【任务工单】

任务名称	城市轨道交通线路分类及设置	学时	2	班级	
姓名		学号		成绩	
实训设备、工具及仪器	车站及车辆段线路平面图	实训场地		日期	
任务内容	1. 在教师指导下，利用纸张、笔、剪刀、胶水等工具，制作出某地铁车站模型。 2. 运用各种工具制作模型，模型要求做到细致逼真，培养耐心、精益求精的精神。 3. 将模型与实际车站平面图相对照，对不足之处进行优化。				

一、资讯

1. 城市轨道交通系统线路按其在运营中的地位和作用可分为_____、辅助线（配线）和_____。正线包括_____与支线；辅助线包括_____、渡线、联络线、停车线、_____、安全线等；车场线包括牵出线、车底停留线及车辆段内各种作业线和_____。

2. _____为载客运营并贯穿所有车站、区间，供列车日常运行的线路。

3. 城市轨道交通系统的正线均采用上、下行双线设计，列车运行一般采用_____行车制。

4. _____是指在正线上分岔的，为配合列车转换线路或运行方向等某些运营功能服务的，并增加运行方式灵活性的线路，是为保证正线运营而配置的不载客列车运行的线路。

5. _____方式的优点在于：将端点折返作业转化为沿一个环形单线区段运行的作业，实质上取消了折返过程，变为区间运行，有利于列车运行速度发挥，消除了因折返作业而形成的线路通过能力限制条件，是一种对提高运营效率有利的折返方法。

6. _____是指设置在正线线路左右线之间，为车辆过渡运行的线路；或在平行换乘站内，为相邻正线线路之间联络的线路。

7. _____是轨道交通线路之间为调动列车等作业而设置的连接线路，由于它所连接的轨道交通线往往不在一个平面上，因此，具有坡道较大和曲线半径较小的特点，列车在其上运行时速度较低。

8. _____是一种进路隔开设备，是防止列车或机车车辆进入另一列车或机车车辆进路的一种安全设备。

9. 《地铁设计规范》规定：地铁南北向线路以由南向北运行为_____方向，由北向南运行为_____方向。东西向线路以由西向东运行为_____方向，由东向西运行为_____方向。环形线路应以列车在_____轨道线的运营方向为上行方向（逆时针运行方向）；_____轨道线的运营方向为下行方向（顺时针运行方向）。

二、计划与决策

1. 以小组为单位开展地铁车站线路图和车辆段线路图的搜集与制作工作。

2. 实践过程设置：教师为每个小组的监督员，并设置演练组长1名，记录员1名。

组长：负责实施过程的指挥控制，确保每位学生参与到各个环节，并对每位学生的实施过程进行评估。

记录员：负责实践过程的各项文案记录工作，记录每位学生的回答情况，记录实践过程中存在的不足及提出的改进意见。

3. 实践过程围绕下列主题开展：
①车站线路图；②车站设置的线路种类；③车辆段线路图；④车辆段线路的种类。

三、实施

1. 设备准备：控制中心实训室。

2. 作业过程：①准备工作：准备用具；②认知车站线路图；③认知车辆段线路图。

3. 教师指导：在教师指导下，利用纸张、塑料、剪刀、笔、胶水等工具，制作某城市轨道交通车站的模型，要求如下：

1) 以小组协作形式完成。

2) 搜集拟制作的车站线路图信息，运用各种工具制作模型。

（续）

3) 搜集拟制作的车辆段线路图信息，运用各种工具制作模型。
4) 模型要求做到细致逼真，能够充分展示轨道交通线路的附属设施等。
5) 可加入创新设计。

4. 模拟演练。利用模型列车在制作好的车站线路图和车辆段线路图上模拟运行，试试线路开通不同的方向后，列车都能通过哪些线路。

四、检查

任务完成后，做如下检查：
1. 制作的车站线路图是否合理：_____。
2. 制作的车辆段线路图是否合理：_____。
3. 是否按照要求设置了线路标志和附属设施：_____。
4. 是否正确制作了信号机：_____。

五、评估

1. 请根据自己完成任务的情况，对自己的工作进行自我评估，并提出改进意见。
_____
_____
_____

2. 工单成绩（总分为自我评价、组长评价和教师评价得分值的平均值）

自我评价（100分）	组长评价（100分）	教师评价（100分）	总分（100分）

任务二　线路平面的认知

【任务描述】

本任务主要介绍线路平面的组成，各组成部分的设置，曲线附加阻力的计算，缓和曲线的设置原因、特点及长度，夹直线的定义及规定等相关理论知识，通过对理论知识的学习，辅以多媒体教学展示相关图片，使学生对线路平面有更好的认识。

线路平面的认知1

【基础理论】

城市轨道交通线路在空间的位置是用它的中心线来表示的。线路中心线是两根钢轨间距离的中点连线（单轨交通为轨道梁的中心线）。

城市轨道交通线路中心线在水平面上的投影称为线路平面。它表明线路的直、曲变化状态。

一、线路平面的组成

线路平面由直线、圆曲线以及连接直线与圆曲线的缓和曲线组成。

在线路平面设计时，为缩短线路长度和改善运营条件，应尽可能地将线路设计为直线，并将直线作为线路走向的主要部分。但为了满足线路选线要求，适应地形变化（地面布置方式），避让障碍物（地面、地下、高架方式）等，有时需将线路设计为曲线。

二、各组成部分的设置

1. 圆曲线

线路在转向处所设的曲线通常为圆曲线。

（1）**基本要素** 圆曲线的基本要素有曲线半径 R、曲线转角 α、切线长 T 和曲线长 L 等，如图 1-19 所示。

在线路设计时，一般是先设计出 α 和 R，然后再按下列公式计算出 T 和 L，即

$$T = R\tan\frac{\alpha}{2}$$

$$L = \frac{\pi}{180}R\alpha$$

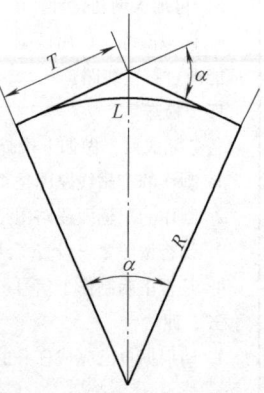

图 1-19 圆曲线基本要素

（2）**圆曲线的半径** 圆曲线半径的大小，反映了曲线弯曲度的大小。圆曲线半径越小，弯曲度越大。一般情况下，圆曲线半径越大，行车速度可以越高，但工程费用越高。

我国《地铁设计规范》规定圆曲线半径为 3000m、2500m、2000m、1500m、1200m、1000m、800m、700m、650m、600m、550m、500m、450m、400m、350m、300m、250m、200m、150m。有特殊困难条件时，可设计为上述半径间 10m 整数倍的曲线半径。曲线半径宜按标准半径从大到小合理选用。实际工作中，最大半径一般不超过 3000m。

400m 以下的小半径圆曲线具有限制车速、养护比较困难、钢轨侧面磨耗严重及噪声大等缺点，特别是在城市轨道交通运量大、密度高的情况下，上述缺点更加突出。因此，小半径圆曲线应尽量少用，并应有一定限制。

轻轨尚无专用设计规范，其他类型的城市轨道交通相似工程的设计可参照我国《地铁设计规范》执行。

城市轨道交通线路平面圆曲线半径应根据车辆类型、地形条件、运行速度、环境要求等综合因素比选确定。《地铁设计规范》规定最小曲线半径标准见表 1-1。

表 1-1 最小曲线半径 （单位：m）

线 路	A 型车		B 型车	
	一般地段	困难地段	一般地段	困难地段
正线	350	300	300	250
出入线、联络线	250	150	200	150
车场线	150	—	150	—

城市轨道交通线路圆曲线半径：正线常用 300m，困难地段不小于 250m；联络线常用 150m，车辆段根据作业情况及布局需要，还可适当取较小的值。

另外，单轨铁路（跨坐式）：正线 $R_{min}=60m$；其他线路 $R_{min}=30m$。

（3）**圆曲线的长度** 城市轨道交通线路圆曲线长度短，对改善条件、减小行车阻力和

养护维修有利，但当圆曲线长度小于一节车辆的全轴距（两个转向架中心距离+一个转向架固定轴距）时，车辆将同时跨越在3种不同的线形上，会危及行车安全、降低列车的稳定性和乘客的舒适度。

《地铁设计规范》规定，圆曲线最小长度：在正线、联络线及车辆基地出入线上A型车不宜小于25m，B型车不宜小于20m，其他困难情况下，不得小于1节车辆的全轴距；车场线不应小于3m。

2. 缓和曲线

在直线与圆曲线间设置的曲率半径变化的曲线，称为缓和曲线。

(1) 设置缓和曲线的原因 由于离心力与列车运行速度平方成正比，与曲线半径成反比，所以直线段与曲线段之间离心力有一个突变过程，即从0突变为相当大的值。设置缓和曲线的原因是保证行车安全和乘客舒适，使线路平顺地由直线过渡到圆曲线或由圆曲线过渡到直线，以避免离心力的突然产生和消除，且满足曲线地段轨距加宽和外轨超高过渡的需要，如图1-20所示。

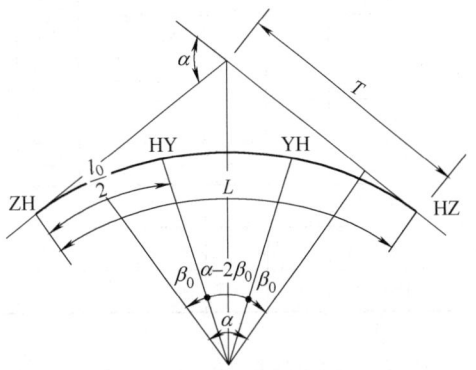

图1-20 线路曲线示意图

(2) 缓和曲线的特点 从缓和曲线所衔接的直线一端起，它的曲率半径 ρ 由无穷大逐渐减小到它所衔接的圆曲线半径 R。它可以使离心力逐渐增加或减小，不致造成列车强烈地横向摇摆，这对改善运营条件、保证行车安全和平顺都有很大的作用，如图1-21所示。

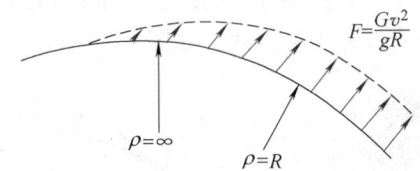

图1-21 离心力变化示意图

(3) 缓和曲线的长度 我国《地铁设计规范》规定：在正线上，当曲线半径不大于3000m时，圆曲线与直线间应根据曲线半径、列车通过速度及曲线超高设置缓和曲线。缓和曲线长度不小于20m，不大于85m，具体可以参照表1-2的标准选用。

表1-2 缓和曲线长度表 （单位：m）

曲线半径 R/m	设计速度 v/(km/h)													
	100	95	90	85	80	75	70	65	60	55	50	45	40	35	30
3000	30	25	20	—	—	—	—	—	—	—	—	—	—	—	—
2500	35	30	25	20	20	—	—	—	—	—	—	—	—	—	—
2000	40	35	30	25	20	20	—	—	—	—	—	—	—	—	—
1500	55	50	45	35	30	25	20	—	—	—	—	—	—	—	—
1200	70	60	50	40	35	30	25	20	20	—	—	—	—	—	—
1000	85	70	60	50	45	35	30	25	25	20	—	—	—	—	—
800	85	80	75	65	55	45	40	35	30	25	20	—	—	—	—
700	85	80	75	70	60	50	45	35	30	25	20	20	—	—	—
650	85	80	75	70	60	55	45	40	35	30	20	20	—	—	—

（续）

曲线半径 R/m	设计速度 v/(km/h)														
	100	95	90	85	80	75	70	65	60	55	50	45	40	35	30
600	—	80	75	70	70	60	50	45	35	30	20	20	20	—	—
550	—	—	75	70	70	65	55	45	40	35	20	20	20	—	—
500	—	—	—	70	70	65	60	50	45	35	20	20	20	20	—
450	—	—	—	—	—	70	60	55	50	40	25	20	20	20	—
400	—	—	—	—	—	—	60	60	60	55	45	25	20	20	—
350	—	—	—	—	—	—	—	60	60	60	50	30	25	20	20
300	—	—	—	—	—	—	—	—	60	60	60	35	30	25	20
250	—	—	—	—	—	—	—	—	—	60	60	40	35	30	20
200	—	—	—	—	—	—	—	—	—	—	60	40	40	35	25
150	—	—	—	—	—	—	—	—	—	—	—	40	40	35	25

三、夹直线

两相邻曲线转向相同，称为同向曲线；转向相反则称为反向曲线。线路上两条相邻的曲线不应直接相连，而应在两条相邻的曲线间设置一定长度的直线，以保证列车运行平稳，这条直线称为夹直线，如图1-22所示。

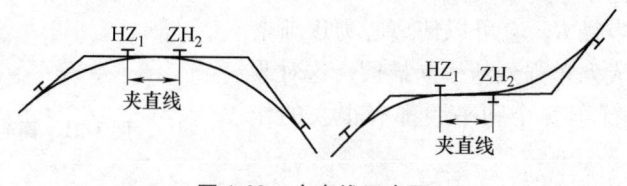

图1-22 夹直线示意图

车辆运行在同向曲线上，因相邻曲线半径不同，超高高度不同，车体向内的倾斜度也不同；车辆运行在反向曲线上，因相邻曲线超高方向不同，车体时而向左倾斜，时而向右倾斜。这两种情况都会造成车体摇晃振动，为了保证运营安全，提供平稳的行车条件，线路不宜连续设置多个曲线，并在曲线之间必须保证足够长度的夹直线，夹直线长度越短，摇晃振动越剧烈。

《地铁设计规范》规定：

1）正线、联络线及车辆基地出入线上，两相邻曲线间，无超高的夹直线最小长度，应按表1-3确定，在困难情况下不得小于一节车辆的全轴距。

表1-3 夹直线最小长度　　　　　　　　　　　　　　　（单位：m）

正线、联络线、出入线	一般情况	$\lambda \geq 0.5v$	
	困难时最小长度 λ	A 型车	B 型车
		25	20

注：v—列车通过夹直线的运行速度（km/h）。

2) 道岔缩短渡线，其曲线间夹直线可缩短为 10m。

四、曲线阻力

1. 基本阻力

基本阻力是指列车在空旷地段沿平、直轨道运行时所受到的阻力，包括车轴与轴承之间的摩擦阻力、轮轨之间的摩擦阻力以及钢轨接头对车轮的撞击阻力等。基本阻力在列车运行时总是存在的，列车在通过曲线时，除了克服基本阻力外，还需克服由于曲线而产生的附加阻力。

2. 曲线附加阻力

列车通过曲线时，由于惯性力的作用，外侧车轮轮缘紧压外轨，摩擦增加；又由于曲线外轨比内轨长，外轮在外轨上产生滑行等原因，运行在曲线上的列车所受到的阻力比其在直线上所受到的基本阻力大，两者之差即为曲线附加阻力。

3. 单位曲线附加阻力的计算

曲线附加阻力与列车重量之比，称为单位曲线附加阻力，用 w_r 表示。w_r 的大小通常采用经验公式来计算。

1) 当列车全列均受到曲线附加阻力影响时，即 $L_r \geq l$，如图 1-23a 所示。

$$w_r = \frac{600}{R}$$

式中 w_r——曲线附加阻力（N/kN）；
600——实验常数；
R——曲线半径（m）。

2) 当列车只有一部分受到曲线附加阻力影响时，即 $L_r < l$，如图 1-23b 所示。

$$w_r = (600/R)(L_r/l)$$

式中 L_r——曲线长度（m）；
l——列车长度（m）。

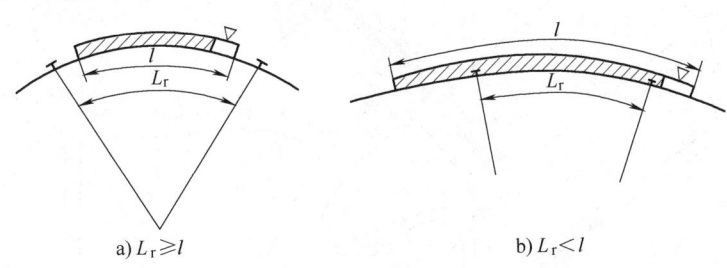

图 1-23 列车运行在曲线上

3) 当列车同时运行在几个曲线时的 w_r，可分别按列车只有一部分受到曲线附加阻力影响时的计算方法，计算列车在各条曲线上所受到的曲线附加阻力，然后加总即可。即列车所受最大单位曲线附加阻力为

$$w_r = (600/R_1)(L_{r1}/l) + (600/R_2)(L_{r2}/l) + \cdots + (600/R_n)(L_{rn}/l)$$

综上所述，曲线附加阻力与曲线半径成反比，即曲线半径越大，曲线附加阻力越小，对行车越有利；而曲线半径越小，曲线附加阻力则越大，给运营工作带来的不利影响越大，但

是线路适应地形、避让障碍物的能力越强。因此，在设计地铁线路时，必须根据地铁线路所允许的载客列车的最高运行速度，由大到小合理地选用曲线半径。

根据 $w_r = 600/R$ 可知，曲线半径越小，曲线附加阻力越大，还会给运营工作带来以下不利影响：

① 限制行车速度。从列车通过曲线的最大允许速度 $v_{\max} = \sqrt{\dfrac{R(h+\Delta h)}{11.8}}$ 可知，列车通过曲线的最大允许速度与曲线半径的平方根成正比。曲线半径越小，列车通过曲线的速度受到的限制越大。

② 增加轮轨磨耗。列车运行在曲线上时，由于内侧与外侧钢轨长度不等，使车辆的内轮与外轮在钢轨上产生相对纵向滑行，钢轨与轮缘磨耗增加。曲线半径越小，这种磨耗越严重。

③ 增加轨道设备。列车运行在曲线上时，为防止外轮对外轨挤压而引起的轨距扩大以及钢轨带动轨枕在道床上的横向移动，对小半径曲线地段的轨道应增加轨枕根数，加设轨距杆、轨撑。

④ 增加轨道养护维修费用。小半径曲线地段的轨距、水平、方向都极易发生变化，因此养护维修工作量较大，增加了养护维修费用。

五、线路平面图

用一定的比例尺（1∶2000 或 1∶10000）和规定的符号，把线路中心线及两侧的地形、地物投射到水平面上绘出的图称为线路平面图，如图 1-24 所示。在线路平面图上，应标明线路里程标和百米标以及曲线要素及起、终点里程。

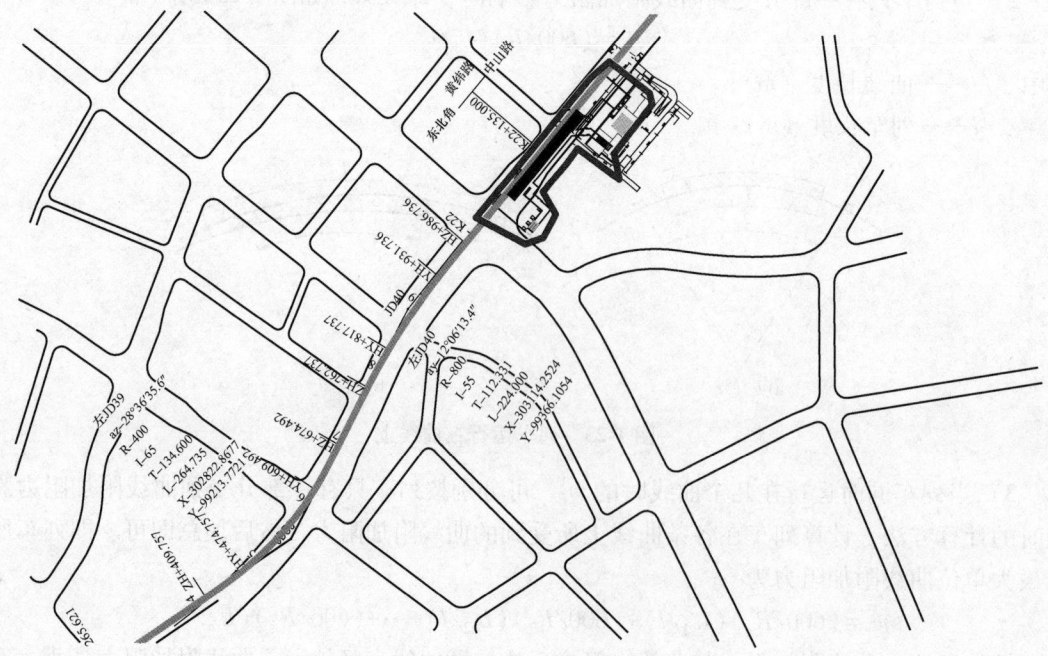

图 1-24　线路平面示意图

项目一　城市轨道交通线路概述

【拓展提高】

曲线轨距加宽

城市轨道交通车辆在曲线轨道上行驶时，由于车辆固定轴距的影响，转向架前一轮对的外轮轮缘和后一轮对的内轮轮缘紧贴钢轨，致使行车阻力增大，轮轨磨耗加剧，如图1-25所示。

为使轨道交通车辆能顺利通过曲线，曲线地段轨距要适当加宽。

1）在加宽的曲线轨距与直线轨距之间，需要有一定的过渡段，使轨距递减均匀，保持较好的轨向。有缓和曲线时，轨距加宽应在整个缓和曲线内递减，使其与超高顺坡和正矢递减三者同步。虽缓和曲线

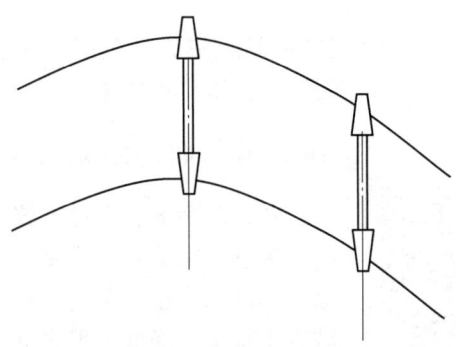

图1-25　车辆通过曲线运行状况

较长，轨距递减率很小，亦不宜在缓和曲线内缩短递减范围。无缓和曲线时，则由圆曲线的始终点向直线上递减，在一般条件下，递减率不得大于1‰。

2）两曲线轨距加宽按1‰递减到终点，避免直接连接形成折线，应有直线段过渡，而过渡的直线段亦不宜太短，所以规定应不短于10m。

两曲线轨距加宽递减终点间的直线段不足10m时，如直线部分两轨距加宽相等，则直线部分保留相等的加宽度；如不相等，则直线部分从较大轨距加宽向较小轨距加宽均匀递减。

在站线上一些曲线半径较小，轨距有加宽，且缓和曲线较少，有的夹直线较短，但行车速度不高，故规定在困难条件下，站线上的曲线轨距加宽允许按不大于2‰递减。例如，反向曲线的夹直线长10m，两曲线轨距加宽皆为15mm，因无缓和曲线需在直线上递减，如按1‰递减时，皆需递减至对方曲线内，并在对方曲线外股形成加宽。这种条件下，可在整个直线上递减，递减率各为1.5‰，即整个直线上轨距为1450mm。

【任务实施】

依据基础理论知识，提出任务目标：绘制城市轨道交通线路平面图。将学生分成若干小组，每组绘制一个线路平面图，对每组的线路平面图进行综合评价。

任务三　线路纵断面的认知

【任务描述】

本任务主要介绍线路纵断面的组成、各组成部分的设置、坡道附加阻力的计算等相关理

论知识，通过对理论知识的学习，辅以多媒体教学展示相关图片，使学生对线路纵断面有更好的认识。

【基础理论】

线路中心线纵向展直后在铅垂面上的投影称为线路纵断面（单轨交通以轨道梁中心线为准），它表明线路的坡度变化。

一、线路纵断面的组成

线路纵断面的认知

线路纵断面由平道、坡道及设在变坡点处的竖曲线组成。在线路纵断面设计时，为使线路平顺，线路的运营条件良好，应尽可能地设计为平道，平道是线路纵断面的基本组成部分。但因自然地貌的起伏变化，为便于选线及避让障碍物，减少工程量，降低工程造价，城市轨道交通线路的坡道是必不可少的。

二、各组成部分的设置

1. 坡道

坡道是由于选线、避让障碍物需要及适应运行需要而设置的路段。

坡道的特征用坡段长度和坡度来表示。

1) 坡段长度为线路纵断面上该坡段两个相邻变坡点之间的水平距离。其中变坡点指线路纵断面上坡度的变化点。在列车通过变坡点时要产生附加离心力和附加加速度，为使行车平稳，宜设计较长的坡段，但为了适应线路高程的变化，坡段也不能太长，否则将产生较大的工程量，给施工带来困难，因此应综合考虑，确定最短坡段长度。坡段长度不宜小于远期列车长度的1/3，使一列列车范围内只有一个变坡点，避免变坡点附加力的叠加影响和附加力的频繁变化，以保证列车行车的平稳。同时应满足两相邻竖曲线间的夹直线长度不宜小于50m的要求，使竖曲线不互相重叠，并相隔一定距离，以利于线路维修养护和保持行车的平顺性。

2) 坡度是一段坡道两端变坡点的高差 H 与水平距离 L 之比，用 i 表示，如图1-26所示。

$$i = H/L = \tan\alpha$$

式中　i——坡度值（‰）；

　　　H——坡道高差（m）；

　　　L——坡道水平距离（m）；

　　　α——坡道夹角。

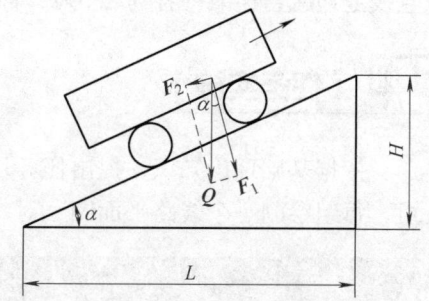

图1-26　坡道坡度及坡道附加阻力示意图

根据地形的变化，可分为上坡、下坡和平道。上、下坡是按列车运行方向来区分的，通常用"+"号表示上坡，用"-"号表示下坡，平道用"0"表示。

3) 城市轨道交通线路的坡度在满足排水及标高控制要求的前提下应尽可能平缓，其坡度的取值规定如下：

① 正线最大坡度不宜大于30‰，困难地段可采用35‰，联络线、出入线的最大坡度不

宜大于40‰（均不考虑各种坡度折减值）。

② 车站坡度。

a. 地下车站站台计算长度段线路坡度宜采用2‰，以防止车辆溜动，也便于站内线路排水；困难条件下不大于3‰。

b. 地面和高架桥上的车站宜设在平道上，以利于列车在车站停车平稳；困难地段坡度不大于3‰，便于停车和起动。

c. 车站站台计算长度段线路应设在一个坡道上，以简化设计、施工，也便于排水处理；有条件时车站宜设置在纵断面的凸形部位上，并设置合理的进、出站坡度，即进站上坡，出站下坡，这有利于节省列车制动和起动时的能耗。

③ 道岔宜设在坡度不大于5‰的坡道上，困难地段不大于10‰。

④ 折返线和停车线宜布置在面向车挡的下坡道上，隧道内的坡度宜为2‰，地面和高架线上的折返线、停车线，其坡度不宜大于1.5‰，以防止溜车，确保停车安全，同时又保证必要的最小排水坡度。

⑤ 车场线宜设在平道上，困难时库外线坡度不大于1.5‰，以防止溜车。

2. 竖曲线

线路纵断面上变坡点处所设的曲线称为竖曲线。

在线路纵断面上，若各坡段直接连接成折线，列车通过变坡点时，产生的车辆振动和局部竖向加速度增大，乘客舒适度降低。当相邻坡段坡度代数差过大时，车钩所承受的附加应力也会增大，而两车钩上下错移量就将过大，则可能发生断钩、脱钩等事故。因此，当两相邻坡道段或平道与坡道的坡度代数差不小于2‰时，必须在变坡点处用竖曲线把折线断面平顺地连接起来，以保证行车安全、平顺和乘客的舒适度。当坡度差小于2‰时，变坡点处的纵距很小，无须在基础平面做出圆弧，在后期施工、养护时，轨道扣件可自动将连接处顺为圆弧。

我国城市轨道交通线路通常采用圆曲线形竖曲线。地铁竖曲线半径应符合表1-4的规定。

表1-4 地铁竖曲线半径 （单位：m）

线 别		一般情况	困难情况
正线	区间	5000	2500
	车站端部	3000	2000
联络线、出入线、车场线		2000	

三、坡道附加阻力

1. 坡道附加阻力

当列车在上坡道上运行时，所受到的阻力比在平道上运行时所受到的阻力大，两者之差即为坡道附加阻力。

车辆在坡道上运行，重力分解为对轨道的正压力 F_1 与沿坡道的下滑力 F_2 两个分力，如图1-26所示，F_2 即为坡道的坡度引起的坡道附加阻力 W_i，上坡时，W_i 为正值；下坡时，W_i 为负值。

当 α 很小时，有 $\sin\alpha \approx \tan\alpha$，并取 $g = 10\text{m/s}^2$，因此
$$W_i = Q\sin\alpha \approx Q\tan\alpha = Qi$$

式中　W_i——坡道附加阻力（kN）；
　　　Q——列车重力（kN）；
　　　α——坡道夹角。

2. 单位坡道附加阻力的计算

单位坡道附加阻力为坡道附加阻力与列车重力之比，用 w_i 表示，单位为 N/kN。
$$w_i = W_i/Q = Qi/Q = \pm i$$

式中　i——坡度值。

由上式可知，列车在坡道上运行时所受单位坡道附加阻力（w_i）在数值上等于坡度值（i），即 i 越大，w_i 越大，对列车运行速度制约越大。

列车具有一定的长度，它在线路上运行时，会因坡道长度的不同而导致列车所受单位坡道附加阻力的大小不一样。

1）当坡段长度不小于列车长度时，即 $L_i \geq l$ 时，列车能够整列运行在同一坡道段上，列车所受最大单位坡道附加阻力为
$$w_i = \pm i$$

2）当坡段长度小于列车长度时，即 $L_i < l$ 时，列车只有一部分能够在坡道段上运行，列车所受最大单位坡道附加阻力为
$$w_i = \pm i \frac{L_i}{l}$$

式中　L_i——坡段长度（m）；
　　　l——列车长度（m）。

3）列车同时跨多个坡道段时，列车所受最大单位坡道附加阻力为
$$w_i = \frac{\pm i_1 L_{i1} \pm i_2 L_{i2} \pm i_3 L_{i3} + \cdots + i_n L_{in}}{l}$$

3. 最大坡度

最大坡度即一条线路上出现的坡度的最大值。一条线路最大坡度的确定，必须考虑各类车辆在最大坡道上停车时的起动与防溜，同时考虑必要的安全系数。最大坡度是地铁主要技术标准之一，它的大小对一个区段甚至对整条地铁线路的运输能力都有影响。铁路线路中，用一台机车牵引规定重量的货物列车，以规定的计算速度等速运行时所能爬上的最大坡度称为限制坡度。城市轨道交通线路中几乎没有限制坡度，因为客运线路的牵引重量有限，不起限制作用；城市轨道交通线路关注的重点是可靠性及旅行速度。限制坡度越小，列车重量可以增加，运输能力越大，运营费用就越省；限制坡度定得过小时，就不容易适应地面的天然起伏，使工程量增大，造价提高。

四、合理纵断面设计

合理纵断面既有利于列车运行，提高效率，降低消耗，提高安全可靠性，又能降低施工量，减少施工难度，加快施工进度。由于部分城市轨道交通线路设置在地下隧道或高架结构上，又因车站与区间的埋深或高差不一样，在设计地下隧道线路纵断面时，需注意保持合理

纵断面。

如图1-27所示,由于区间隧道轨面标高低于车站轨道面标高,因此列车在运行过程中处于出站下坡与进站上坡的有利状态,有利于列车起动加速与进站减速制动,与列车运行牵引要求相一致。合理纵断面使列车运行的电耗量下降,附加制动力减少,从而降低了运行成本及设备损耗。

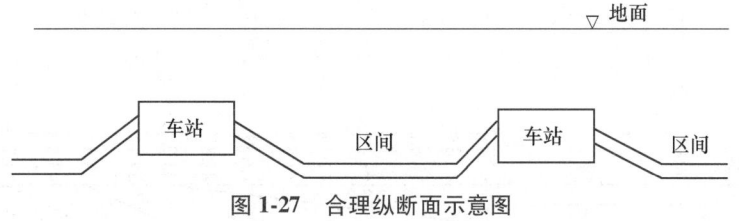

图1-27 合理纵断面示意图

如图1-28所示的纵断面,往往会出现在地下隧道且采用明挖法施工建设的系统中,由于片面强调减少挖掘土方,而未先明确列车运行特征及运营后的成本费用问题,以及受地质条件、地下结构等原因的影响,导致出现不合理纵断面。

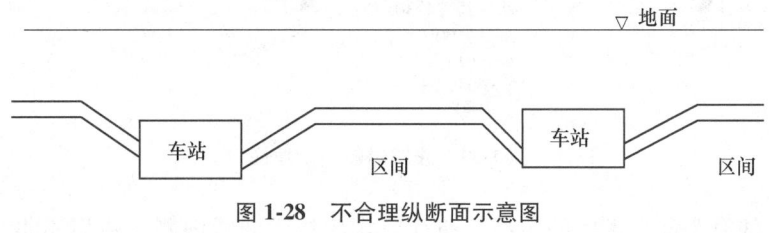

图1-28 不合理纵断面示意图

五、线路纵断面图

线路纵断面图是用一定的比例尺(水平方向为1∶10000,垂直方向为1∶1000)和规定的符号,把平面图上的中心线展直后投射到铅垂面上,并注有线路平面和纵断面有关资料的图,如图1-29所示。

线路纵断面图由图和资料两部分内容组成。

1. 图部分

图的部分表示线路纵断面概貌和沿线主要建筑物特征。图中细实线为地面线,粗实线为设计线。设计线上方数字为路基填方高度(m),下方数字为路基挖方深度(m)。路基填挖高度等于地面标高与路肩设计标高之差。图上还用符号和数字注明各主要建筑的位置、类型和有关尺寸。

2. 资料部分

线路纵断面图的下部分为资料部分,是对线路的位置、高程、平面概况、地质概况等的说明。

(1) 连续里程 一般以线路起点车站的旅客站房中心为零起算,在每一整千米处注明里程。

(2) 线路平面 线路平面是表示线路直、曲变化的示意图。凸起部分表示右偏角曲线,凹下部分表示左偏角的曲线,凸起与凹下的斜线转折点依次为ZH、HY、YH、HZ点。在

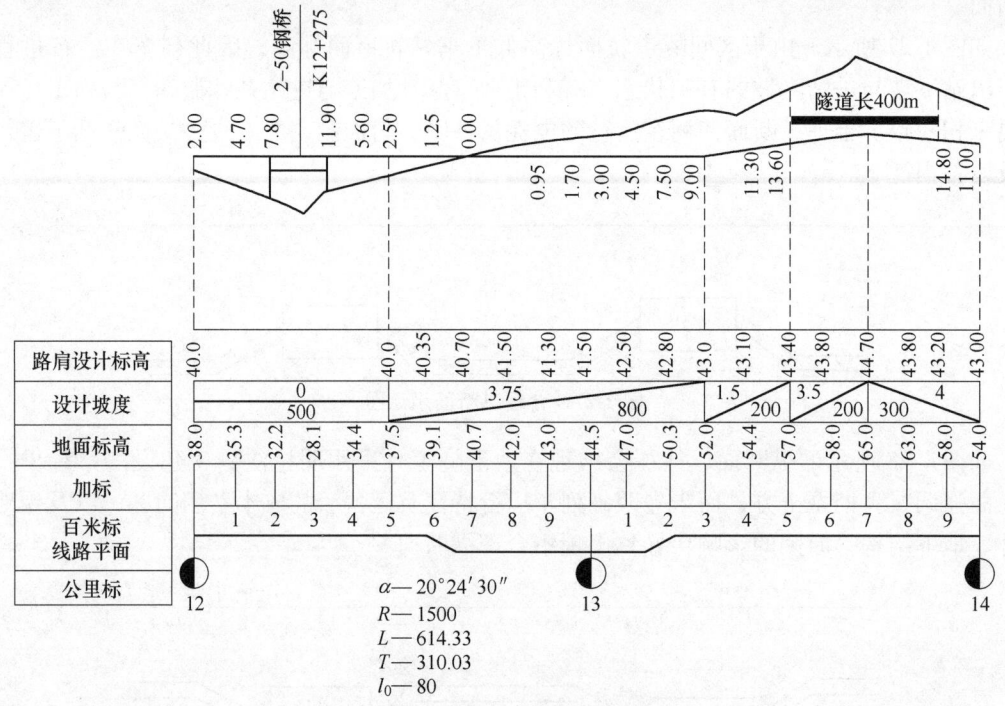

图 1-29 线路纵断面示意图

ZH 和 HZ 点处注有距前百米标的距离。曲线要素应注于曲线内侧。两相邻曲线间的水平线为直线段。从纵断面上可以看出曲线所在处的坡度情况。

（3）**百米标及加标** 在两千米标之间的整百米标处注百米标数。在百米标之间地形突变点应标注加标，其数字为距前百米标的距离。

（4）**地面标高** 在百米标和加标处标注地面标高。

（5）**设计坡度** 竖直线表示变坡点，两竖线间向上或向下的斜线、水平线分别表示上坡或下坡和平道。线上所注数字为坡度值（‰），线下所注数字为坡段长度（m）。

（6）**路肩设计标高** 在各变坡点、百米标、加标处标注上路肩设计标高，精度为 0.01m。

（7）**工程地质特征** 简明扼要填写沿线各路段重大不良地质现象、主要地层构造等情况。

【拓展提高】

换 算 坡 度

如果在坡道上有曲线，列车在坡道上运行时所遇到的单位附加阻力应为单位曲线附加阻力与单位坡道附加阻力之和。由于曲线附加阻力无正负值，而坡道附加阻力有正、负之分，所以总的单位附加阻力为

$$w_{总} = w_r + w_i$$

式中　w_r——单位曲线附加阻力（N/kN）。

根据前述的 $w_i = \pm i$ 的对应关系，将总的单位附加阻力换算为坡度，则有

$$i_{换}‰ = (w_r + w_i)‰ = (i_r \pm i)‰$$

如此求得的坡度，称为换算坡度，又称加算坡度。由此可知，当坡道上有曲线时，列车上坡运行时坡道就显得更陡；而下坡运行时，坡道则显得缓了。

【例 1-1】　试按图 1-30 所示资料（列车长 800m），求列车运行在 BC 段的换算坡度。

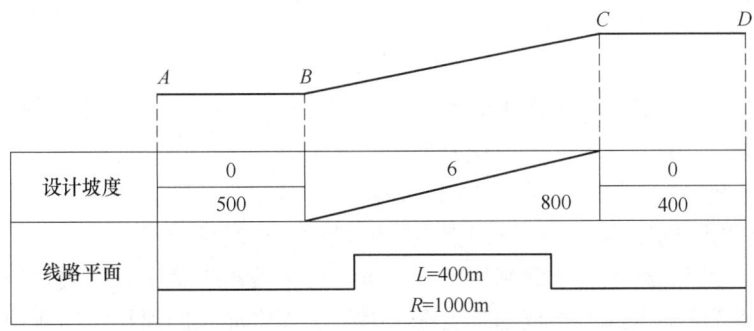

图 1-30　某区段纵断面示意图

【解】　列车上坡运行时的换算坡度为

$$i_{换}‰ = (w_r + w_i)‰ = \left(\frac{600}{1000} \times \frac{400}{800} + 6\right)‰ = 6.30‰$$

列车下坡运行时的换算坡度为

$$i_{换}‰ = (w_r + w_i)‰ = \left(\frac{600}{1000} \times \frac{400}{800} - 6\right)‰ = -5.70‰$$

所以，BC 段的换算坡度上坡时为 6.30‰，下坡时为 -5.70‰。

【任务实施】

依据基础理论知识，提出任务目标：绘制城市轨道交通线路纵断面。将学生分成若干小组，每组绘制一张线路纵断面图，对每组的线路纵断面图进行综合评价。

任务四　线路施工方法与选择

【任务描述】

本任务主要介绍城市轨道交通线路施工方法（明挖法、盖挖法、暗挖法）的施工技术等相关理论知识，通过对理论知识的学习，辅以多媒体教学展示相关图片，使学生对线路施工

方法与选择有更好的认识。

【基础理论】

与公路、铁路等工程一样，城市轨道交通线路也有很多施工方法，根据不同的结构用途、水文地质条件、周边环境要求、安全风险分析、成本投入、工程规模等选择不同的施工方法，常见的有明挖法、盖挖法和暗挖法等。

一、明挖法

明挖法是指挖开地面，由上向下开挖土石方至设计标高后，自基底由下向上顺作施工，完成隧道主体结构，最后回填基坑或恢复地面的施工方法。

明挖法的优点是施工技术简单、快速、经济，常被作为首选方案，在地面交通和环境允许的地方通常采用明挖法施工。但其缺点也是明显的，如阻断交通时间较长、噪声与振动等对环境的影响。明挖法施工属于深基坑工程技术。由于城市轨道工程一般位于建筑物密集的城区，因此，深基坑工程的主要技术难点在于对基坑周围原状的保护，防止地表沉降，减少对既有建筑物的影响。

明挖法又可分为敞口明挖和有围护结构的明挖。敞口明挖也称为无支护结构基坑明挖，适用于地面开阔、周围建筑物稀少、地质条件好、土质稳定且在基坑周围无较大荷载、对基坑周围的位移和沉降无严格要求的情况。一般采用大型土方机械施工和深井泵及轻型井点降水。而具有围护结构的明挖适用于施工场地狭窄，土质自立性较差，地层松软，地下水丰富，建筑物密集的地区。采用该方法施工时可以较好地控制基坑周围的变形和位移，同时可以满足基坑开挖深度大的要求。目前在我国地下铁道车站的修建中多采用有围护结构的基坑明挖方法，并取得了很好的经济效益。

明挖顺作法的施工步骤如图1-31所示。

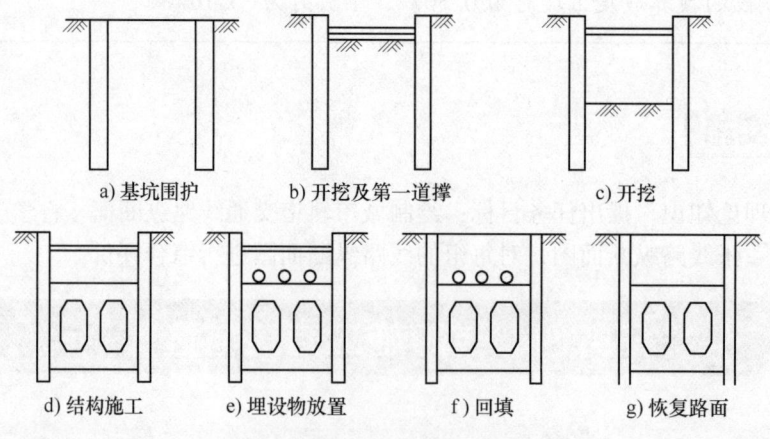

图1-31　明挖顺作法施工步骤

明挖法施工中的基坑可以分为敞口放坡基坑和有围护结构的基坑两类，在这两类基坑施工中，又采用不同的围护基坑边坡稳定的技术措施和围护结构，见表1-5。

表 1-5 明挖法基坑类型

明挖法基坑类型	敞口放坡基坑	边坡面不加支护的基坑
		喷混凝土面和锚杆护坡基坑
	有围护结构的基坑	工字钢桩围护基坑
		钢板桩围护基坑
		钢混凝土钻孔灌注桩围护
		人工挖孔桩围护基坑
		地下连续墙围护基坑
		土钉墙围护基坑
		深层搅拌桩围护基坑

在选择基坑类型时，应根据隧道所处位置、隧道埋深、工程地质和水文地质条件，因地制宜地确定。若基坑所处地面空旷，周围无建筑物或建筑物间距很大，地面有足够空地能满足施工需要，又不影响周围环境，则采用敞口放坡基坑施工。因为这种基坑施工简单、速度快、噪声小、无须做围护结构。如果基坑很深、地质条件差、地下水位高，特别是处于城市繁华的市区，地面建筑物密集，交通繁忙，无足够空地满足施工需要，没有条件采用敞口放坡基坑时，则可采用有围护结构的基坑。

二、盖挖法

采用明挖法修建地铁车站，其最大的缺点是对城市交通及居民生活干扰较大，而在交通繁忙的地段修建地铁车站，尤其是修建有综合功能的车站，或需要严格控制基坑开挖引起的地面沉降时，则可采用盖挖法施工。

盖挖法是由地面向下开挖至一定深度后，将顶部封闭，其余的下部工程在封闭的顶盖下进行施工的方法，即先以临时路面或结构顶板维持地面畅通，再向下施工。主体结构可以顺作，也可以逆作。在城市繁忙地带修建地铁车站时，往往占用道路，影响交通。当地铁车站设在主干道上，而交通不能中断，且需要确保一定交通流量要求时，可选用盖挖法。

盖挖法分类：顺作法、逆作法和半逆作法。

早期的盖挖法是在支护基坑的钢桩上架设钢梁、铺设临时路面维持地面交通，开挖到基坑底后，浇注底板至浇注顶板的盖挖顺作法。后来使用盖挖逆作法，用刚度更大的围护结构取代了钢桩，用结构顶板作为路面系统和支承，结构施作顺序是自上而下挖土后浇注侧墙楼板至底板完成。也有采用盖挖半逆作法，施工程序如下：围护结构→顶板→挖土到基坑底→底板及其侧墙→中板及其侧墙。

（一）盖挖顺作法

盖挖顺作法是于现有道路上，按照所需宽度，由地表完成挡土结构后，以定型的预制标准覆盖结构（包括纵、横梁及路面板）置于挡土结构上维持交通，往下反复进行开挖和加设横撑，直至设计标高。依次序由下而上建筑主体结构和防水，回填土并恢复管线路或埋设新的管线路。最后，视需要拆除挡土结构的外露部分及恢复路面交通，如图 1-32 所示。

盖挖顺作法主要依赖坚固的挡土结构，根据现场条件、地下水位高低、开挖深度以及周围建筑物的临近程度，可以选择钢筋混凝土钻（挖）孔灌注桩或地下连续墙。对于饱和的软弱地层，应以刚度大、止水性能好的地下连续墙为首选方案。随着施工技术的不断进步，

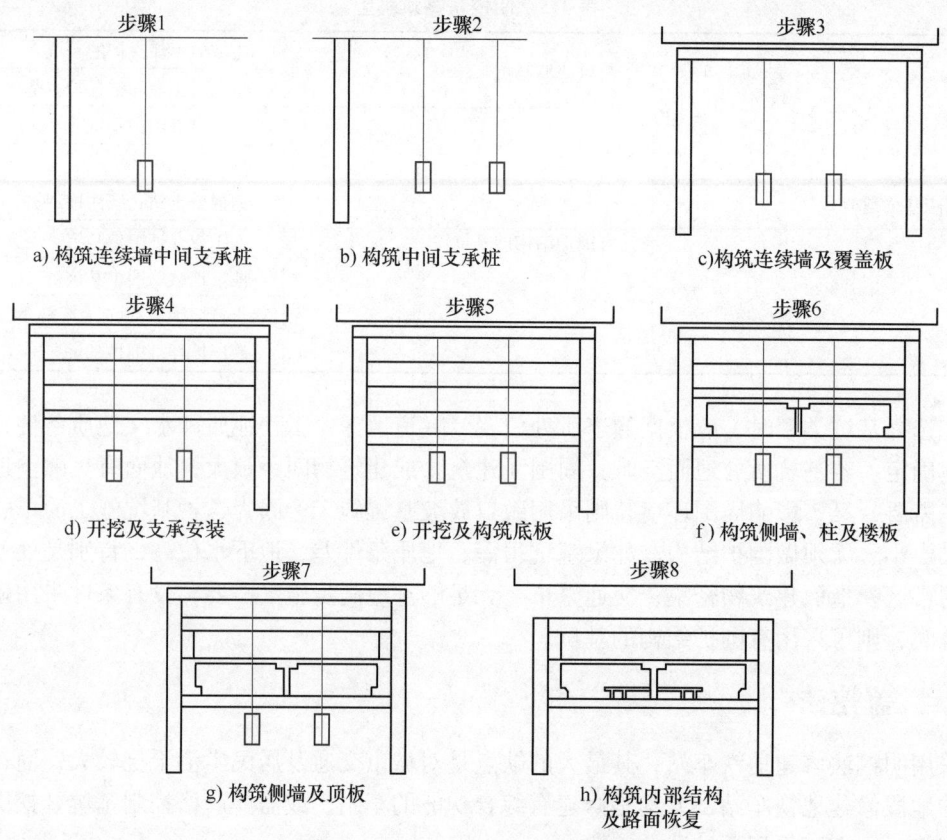

图 1-32 盖挖顺作法施工步骤

工程质量和精度更易于掌握,故现在盖挖顺作法中的挡土结构常用作主体结构边墙体的一部分或全部。

如开挖宽度很大,为了缩短横撑的自由长度,防止横撑失稳,并承受横撑倾斜时产生的垂直分力以及行驶于覆盖结构上的车辆荷载和悬挂于覆盖结构下的管线重量,经常需要在修建覆盖结构的同时建造中间桩柱以支承横撑。中间桩柱可以是钢筋混凝土的钻(挖)孔灌注桩,也可以采用预制的打入桩(钢或钢筋混凝土的)。中间桩柱一般为临时性支承结构,在主体结构施工完成时将其拆除。为了增加中间桩柱的承载力和减少其入土深度,可以采用底部扩孔桩或挤扩桩。

定型的预制覆盖结构一般由型钢纵横梁和钢-混凝土复合路面板组成。路面板通常厚200mm、宽300~500mm、长1500~2000mm。为便于安装和拆卸,路面板上均有吊装孔。

(二)盖挖逆作法

如果开挖面较大、覆土较浅、周围沿线建筑物过于靠近,为尽量防止因开挖基坑而引起邻近建筑物的沉陷,或需及早恢复路面交通,但又缺乏定型覆盖结构,可采用盖挖逆作法施工。

先在地表面向下做基坑的围护结构和中间桩柱,和盖挖顺作法一样,基坑围护结构多采用地下连续墙,或钻孔灌注桩,或人工挖孔桩。中间桩柱则多利用主体结构本身的中间立柱以降低工程造价。随后即可开挖表层土至主体结构顶板底面标高,利用未开挖的土体作为土模浇注顶板，它还可以作为一道强有力的横撑，以防止围护结构向基坑内变形，待回填土后将道路复原，恢复交通，以后的工作都是在顶板覆盖下进行，即自上而下逐层开挖并建造主体结构直至底板。在特别软弱的地层中，且临近地面建筑物时，除以顶楼板作为围护结构的横撑外，还需设置一定数量的临时横撑，并施加不小于横撑设计轴力70%～80%的预应力，如图1-33所示。

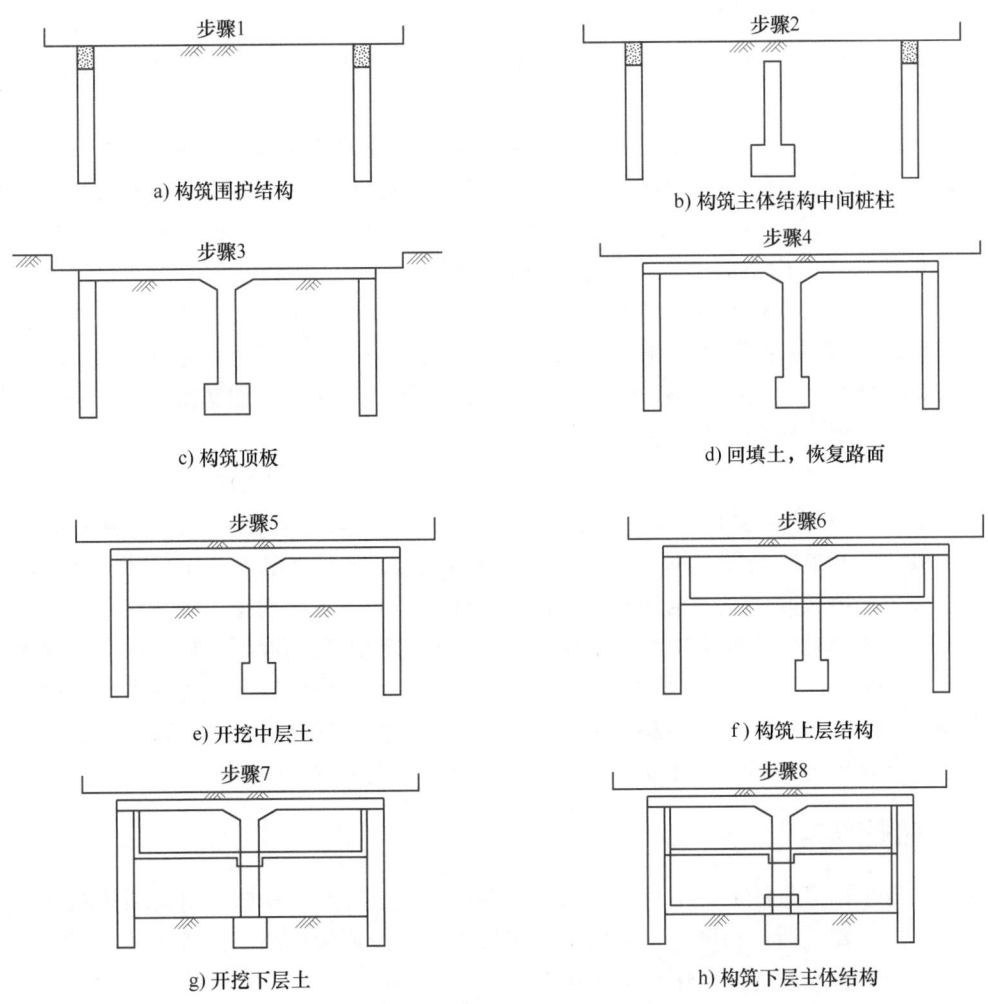

图1-33　盖挖逆作法施工步骤

为了减小围护结构及中间桩柱的入土深度，可在做围护结构和中间桩柱之前，用暗挖法预先做好它们下面的底纵梁，以扩大承载面积。当然，这必须在工程地质条件允许暗挖施工时才可能实现，而且在开挖最下一层土和浇注底板前，由于围护结构和中间桩柱都无入土深度，必须采取措施，如设置横撑以增加稳定性。北京地铁天安门东站就是采用这种施工方法。

采用盖挖逆作法施工时，若采用单层墙和复合墙，结构的防水层较难做好。只有采用双层墙，即围护结构与主体结构墙体完全分离，无任何连接钢筋，才能在两者之间铺设完整的防水层。但需要特别注意中层楼板在施工过程因悬空而引起的稳定和强度问题，一般可在顶板和楼板之间设置吊杆予以解决。

盖挖逆作法施工时，顶板一般都搭接在围护结构上，以增加顶板和围护结构之间的抗剪能力和便于铺设防水层。所以，需将围护结构外露部分凿除，或将围护结构仅做到顶板搭接处标高，其余高度用便于拆除的临时挡土结构进行围护。

（三）盖挖半逆作法

盖挖半逆作法类似逆作法，其区别仅在于顶板完成及恢复路面后，向下挖土至设计标高后先修筑底板，再依次向上逐层建筑侧墙、楼板。在半逆作法施工中，一般都必须设置横撑并施加预应力。

采用逆作法或半逆作法施工时都要注意混凝土施工缝的处理问题，由于它是在上部混凝土达到设计强度后再接着往下浇注的，而混凝土的收缩及析水，在施工缝处不可避免地要出现 3~10mm 宽的缝隙，将对结构的强度耐久性和防水性产生不良影响。施工缝一般多在立柱上设 V 形接头，在内衬墙上设 L 形接头进行处理。

针对混凝土施工缝存在的上述问题，可采用直接法、注入法或充填法处理。

1）直接法。在先浇混凝土的上面继续浇注，浇注口高出施工缝，利用混凝土的自重使其密实，对接缝处实行二次振捣，尽可能排除混凝土中的气体，增加其密实性。直接法是传统的施工方法，不易做到完全紧密接触。

2）注入法。

3）充填法。在下部混凝土浇注到适当高度，清除浮浆后再用无收缩或微膨胀的混凝土或砂浆充填。待充填的高度，用混凝土充填为 1.0m；用砂浆充填为 0.3m。根据试验结构，证明注入法和充填法能保证结构的整体性，在构件破坏前不会出现施工缝滑移破坏。

在逆作法和半逆作法施工中，如主体结构的中间立柱为钢筋混凝土柱，柱下基础为钢筋混凝土灌注桩时，需要解决好两者之间的连接问题。一般是将钢管柱直接插入灌注桩的混凝土内 1.0m 左右，并在钢管柱底部均匀设置几个孔，以利于混凝土流动，同时也加强桩、柱之间连接。有时也可在钢管柱和灌注桩之间插入 H 形钢加以连接。

三、暗挖法

暗挖法是在特定条件下，不挖开地面，全部在地下进行开挖和修筑衬砌结构的隧道施工方法。暗挖法主要包括：钻爆法、盾构法、掘进机法、浅埋暗挖法、顶管法、沉管法等。其中尤以浅埋暗挖法和盾构法应用较为广泛。

（一）浅埋暗挖法

浅埋暗挖法即松散地层的新奥法施工，新奥法是充分利用围岩的自承能力和开挖面的空间约束作用，采用锚杆和喷射混凝土为主要支护手段，对围岩进行加固，约束围岩的松弛和变形，并通过对围岩和支护的量测、监控，指导地下工程的设计施工。

浅埋暗挖法是针对埋置深度较浅、松散不稳定的上层和软弱破碎岩层提出来的，如深圳地铁间隧道大部分采用了浅埋暗挖法施工。

浅埋暗挖法主要适用于不宜明挖法施工的土质或软弱无胶结的砂、卵石等地段进行修建车站。这种方法是在开挖中采用多种辅助施工措施加固围岩，合理调动围岩的自承能力，开挖后及时支护，封闭成环，使其与围岩共同作业形成联合支护体系，有效抑制围岩的过大变形。

近年来，采用浅埋暗挖法施工的地下铁道工程已越来越多，它的优越性也越来越明显，目前它已经成为城市地下轨道施工采用的主要方法之一。

城市浅埋地下工程的特点主要是：覆土浅、地质条件差（多数是未固结的土砂、黏性土、粉细砂等）、自稳能力差、承载力小、变形快，特别是初期增长快，稍有不慎极易产生坍塌或过大的下沉，而且在地下工程附近往往有重要的地面建筑物或地下管网，给施工带来严格的要求等。浅埋暗挖法是以超前加固、处理软弱地层为前提，采用足够刚性的复合衬砌（由初期支护和二次衬砌及中间防水层所组成）为基本支护结构的一种用于软土地层近地表地下工程的暗挖施工方法。它以施工监测为手段，指导设计与施工，保证施工安全，控制地表沉降。在应用范围上，不仅可用于区间、大跨度渡线段、通风道、出入口和竖井的修建，而且可用于多跨、多层大型车站的修建；在结构形式上，不仅有圆拱曲墙、大跨度平拱直墙，还有平顶直墙等形式；在与其他施工方法的结合上，有浅埋暗挖法与盖挖法的结合，还有与半断面插刀盾构的结合。

1. 浅埋暗挖法的特点

（1）优点

1）适用于各种地质条件和地下水条件。

2）具有适合各种断面形式（单线、双线及多线、车站等）和变化断面（过渡段、多层断面等）的高度灵活性。

3）通过分部开挖和辅助施工方法，可以有效地控制地表下沉和坍塌。

4）与盾构法相比较，在较短的开挖地段使用，也很经济。

5）与明挖法相比较，可以极大地减轻对地面交通的干扰和对商业活动的影响，避免大量的拆迁。

6）从综合效益角度出发，是比较经济的一种施工方法。

7）拆迁占地少、不扰民、不干扰交通、节省大量拆迁投资。

8）简单易行，不需要多种专业设备，灵活方便，适用于不同地层、不同跨度、各种断面。

9）可以提供大量就业机会。

（2）缺点

1）速度缓慢。

2）喷射混凝土粉尘较多，工人劳动强度大，机械化程度不高。

3）高水位地层结构防水比较困难。

2. 浅埋暗挖法施工应贯彻的原则

（1）管超前　管超前是指采用超前管棚或小导管注浆防护，实际上就是采用超前支护的各种手段，提高撑子面的稳定性，防止围岩松弛和坍塌。

（2）严注浆　严注浆是指在导管超前支护后，立即进行压注水泥浆或其他化学浆液，填充围岩空隙，使隧道周围形成一个具有一定强度的壳体，以增强围岩的自稳能力。

（3）短开挖　短开挖是指一次注浆，多次开挖，即限制一次进尺的长度，减少对围岩的松弛。

（4）强支护　强支护是指在浅埋的松软地层中施工，初期支护必须十分牢固，具有较大的刚度，以控制开挖初期的变形。

(5) 快封闭 快封闭是指在台阶法施工中，如上台阶过长时，变形增加较快，为及时控制围岩松弛，必须采用临时仰拱封闭，开挖一环，封闭一环，提高初期支护的承载能力。

(6) 勤量测 勤量测是指对隧道施工过程进行经常性的量测，掌握施工动态，及时反馈。它是浅埋暗挖法施工成败的关键。

（二）盾构法

1. 盾构法施工步骤

盾构法是在盾构机刚壳体的保护下，依靠其前部的刀盘或挖掘机开挖地层，并在盾构机壳体内完成出渣、管片拼装、推进等作业。其主要施工步骤如下：

1) 在盾构法隧道的起始端和终端建工作井或者利用车站的端头井。
2) 盾构在起始工作井内安装就位。
3) 依靠盾构千斤顶推力（作用在已拼装好的衬砌环和工作井后壁上）将盾构从起始工作井的墙壁开孔处推出。
4) 盾构在地层中沿设计轴线推进，在推进的同时出土和安装管片。
5) 及时向衬砌背后的空隙注浆，防止地层移动固定衬砌环的位置。
6) 盾构进入终端工作井，在终端工作井内盾构可以被拆除，吊出工作井，也可在井内掉头，或穿越工作井（车站）继续推进第二条区间隧道。

2. 盾构法施工技术的优缺点

一般来讲，盾构掘进隧道不应也不能取代其他方法，但在不良的地层条件下做长距离掘土，对进尺和地面沉陷有严格的要求时，它相对其他方法在技术上更合理、更经济。其主要的优点和缺点如下：

(1) 优点

1) 盾构法施工易于管理，施工人员少，工作环境好，同时还具有衬砌精度高、衬砌质量可靠、防水性能好、地表沉降小、不影响城市交通。
2) 施工精度要求比较高，与普通土木工程不同，盾构施工中管片制作精度要求比较高，近似于机械制造工程，因为隧道断面是固定的，所以隧道轴线的误差和管片装配的精度要求也相对比较高。
3) 可以根据隧道和地基情况具体设计、制造和改造盾构机，选用盾构机时需要根据隧道施工具体情况设计和制造盾构，完成阶段施工后，盾构机还可以根据下一阶段的施工需要进行改造，循环使用。
4) 对工作人员较安全，工人劳动强度低，进度快。
5) 对城市的正常功能及周围环境的影响很小。除在盾构竖井处需要一定的施工场地外，隧道沿线不需要施工场地，施工中没有噪声和振动，对周围环境没有干扰，地下水位可保持。

(2) 缺点

1) 盾构的规划、设计、制造和组装时间长。
2) 施工工艺复杂，熟练操作机器需要较长时间。
3) 准备困难且费用高，只有长距离掘进时才较经济。

4）当地层条件变化时，原方案实施要承担较大风险。

5）盾构机是适合于某一特定区间的专用设备。盾构机必须根据施工隧道的断面大小、埋深条件、地基围岩的基本条件进行设计、制造或改造，断面如需变化，费用较高。

6）盾构施工是不可后退的，盾构施工一旦开始，盾构机就无法后退。因此，盾构施工的前期工作非常重要，一旦遇到障碍物或刀头磨损等问题只能通过实施辅助施工措施后，打开隔板上设置的出入孔进入压力舱进行处理。

7）施工设备复杂、断面形式变化不灵活、盾构造型与地形条件密切相关。

【拓展提高】

盾 构 机

盾构法施工技术的原理

盾构机是一种用于隧道暗挖的施工机械，它具有金属外壳，壳内装有整机及辅助设备，在钢壳体的掩护下进行土体开挖、土渣排运、整机推进和管片安装等作业，从而使隧道一次成形。应用盾构机进行隧道掘进的方法称为盾构法。

盾构施工技术使用盾构机，一边控制开挖面及围岩不发生坍塌，一边进行隧道掘进、出渣，并在盾构机内拼装管片形成衬砌、实施壁后注浆，从而在不扰动围岩的基础上修筑隧道。目前，盾构施工技术能保证完成几十厘米至10多米的各种直径的地铁、铁路、公路隧道及水工隧洞的施工，还能使用双联、三联、四联盾构完成地铁车站等大型地下工程的施工。在各种地质和水文地质条件下可应用不同构造的盾构，尤其在含水不稳定地层中更适合采用盾构施工。盾构施工安全、快速，其施工进度约为10m/d，但一次购买设备投资大。

盾构的基本原理是基于一个圆柱形的钢组件沿隧洞轴线被向前推进的同时开挖土。该钢组件总在防护着开挖出的空间，直到初步或最终隧洞衬砌建成。盾构必须承受周围地层的压力，同时要防止地下水的侵入。

【任务实施】

依据基础理论知识，提出任务目标：城市轨道交通线路施工方法与选择。将学生按生源地分成若干个小组，分别深入到企业调查，得到一手资料，根据不同小组的展示成果，进行综合评价。

任务五　线路维护与检查

【任务描述】

本任务主要介绍线路维护与检查定义、线路不同状况的养护维修等相关理论知识，通过对理论知识的学习，辅以多媒体教学展示相关图片，使学生对线路养护维修与检查有更好的认识。

【基础理论】

一、线路维护

地铁线路在列车动力作用和自然侵蚀的影响下，不仅发生弹性变形（即荷载离去后线路仍恢复原状），而且容易产生永久变形。其中永久变形又可分为两类：一类是几何位置的改变，如线路爬行，方向不良，轨距扩大与缩小等；另一类是轨道各部件的磨损，如钢轨的磨耗等。永久变形的存在，不仅影响列车的高速、平稳运行，而且当这种变形日积月累，超过一定限度后，还将大大降低线路的强度和稳定性，严重威胁行车安全。

线路永久变形主要是列车与线路相互作用的结果。永久变形的发展同运量有着极为密切的关系，一般来说，每日通过的列车对数越多，永久变形的积累越快（在线路状况和设备条件相同的情况下）。

对于列车运行的安全和平稳，最不利的不在于出现的变形本身，而在于这些变形沿线路的不均匀发展。譬如，线路在一年之内的均匀沉落即使达到 8~10mm，也不会对行车带来任何威胁。但是，在发生均匀沉落的同时，往往在线路较薄弱处，产生显著的局部沉陷，这就会影响行车的安全和平稳。

除机车车辆的作用外，风雨、冰雪、洪水以及温度变化等自然因素，对线路也有严重的影响。例如，风会将尘土吹入道床，使道床脏污；各种水的侵袭，如不及时采取防护措施，将使路基顶面土壤变软，而降低承载能力，引起翻浆冒泥等病害；在北方地区，到了冬季，土壤中的水分冻结将造成线路的不均匀隆起，线路积雪将增加列车的运行阻力。

由于受客观条件的限制，要制止不均匀变形的发生，困难很大。但可以把它控制在一定的范围内，以保证列车按规定的最高速度、安全、平稳和不间断地运行，这就是养路工作的基本任务。

为了有组织、按计划、合理地实施养路工作，我国地铁工务部门把养路工作划分为以下几个方面。

（一）线路维修

线路维修的主要任务是减缓永久变形的积累，经常保持线路设备完整和质量均衡，防止线路上一切不良现象的发生，及时发现，及时消除，以保证列车按规定速度安全、平稳和不间断地运行，并尽量延长线路设备的使用寿命。

线路维修分为综合维修、经常保养和临时补修。综合维修是按周期有计划地对线路进行综合性修理，其目的是改善轨道弹性，调整轨道几何尺寸，整修和更换设备零部件，使线路恢复完好的技术状态。经常保养是根据线路变化情况，在全年度和线路全长范围内，有计划有重点地养护，以保持线路质量经常处于均衡状态。临时补修主要是及时整修超过临时补修容许误差限度的轨道几何尺寸及其他不良处所，以保证行车平稳和安全。

（二）线路中修

线路中修是指在上次线路大修后，由于列车通过而逐渐积累下来的永久变形，造成不是线路维修所能消除的线路病害，从而在两次大修之间，所进行的一次线路修理。线路中修的周期，主要取决于轨枕底下 10~15cm 深度内道砟污脏的程度。线路中修的主要任务是加强道床，解决道床不清洁和厚度不足的问题，同时更换失效轨枕，整修更换伤损钢轨。通过中修，使线路质量基本上恢复到或接近原来的标准。地铁公司根据轨下基础种类决定是否安排中修，以及安排中修的内容。

（三）线路大修

线路大修的基本任务是：根据运输的需要及线路设备损耗规律，周期性地、有计划地对损耗部分更新和修理，恢复和提高设备强度，延长设备使用寿命，恢复和增强轨道承载能力。线路大修的目的是更新线路设备，消除由于列车通过而积累下来的线路永久变形。由于运量增长，列车轴重增加，行车速度提高，以及科学技术的发展，原有设备不能满足运输需要时，则要用新型设备来替换原有的线路设备。经过大修后的线路质量，完全恢复原有设计标准或达到新的更高的标准，以保证线路适应不断增长的运输需要。线路大修的周期，主要取决于钢轨的使用期限。

线路维修与线路大、中修有着密切关系，搞好线路维修就能延长线路大、中修的周期，而良好地完成线路大、中修，亦可减少线路维修的工作量。

线路大修分为两大类，即线路大修（或换轨大修）和单项大修。单项大修主要包括：成段更换再用轨，焊接铺设无缝线路，成段更换新混凝土枕、再用混凝土枕或混凝土宽轨枕，成组更换道岔或岔枕，成段更换混凝土轨枕扣件，路基大修，道口大修及其他设备大修等。

线路大修必须成段进行，并按设计施工。线路大修的主要工作内容包括：

1）按设计校正和改善线路平纵面。

2）全面更换新钢轨及配件、钢轨伸缩调节器以及不合规定的护轮轨，更换绝缘接头及钢轨接续线。

3）更换失效的轨枕和扣件，补充轨枕配置根数，修理伤损轨枕，线路上的木枕地段应尽可能改铺混凝土枕。

4）破底清筛道床、补充道砟，改善道床断面，对道床和基床翻浆冒泥进行整治。

5）更换新道岔或新岔枕，如不需要更换时，应调整道岔并抽换岔枕，清筛道床时，包括长岔枕范围内的侧线。

6）安装轨道加强设备。

7）铲平或填补路肩，整修基面排水横沟，清理侧沟，清除路堑边坡弃土。

8）整修道口。

9）因本线大修引起的，需要抬高邻线上的道岔、道口，抬高桥梁，有砟的桥上加高两侧挡砟墙。

10）补充、修理和刷新工务管理的线路标识、信号标识、钢轨纵向位移观测桩及备用钢轨架。

11）回收旧料，清理场地，设置常备材料。

二、线路设备检查

线路设备检查是线路维修工作的主要环节，它是获得线路设备状态信息，掌握线路设备变化规律，编制维修作业计划和分析设备病害的主要依据。

为了掌握线路状态，提高线路质量，及时地发现线路病害，研究其形成的原因和有计划地安排维修工作,必须对线路状态进行经常的检查。

根据线路设备变形的特点,线路设备检查分为静态检查和动态检测两种。静态检查与动态检测结合,才能较全面地掌握线路设备状态。

(一)线路检查制度

线路工长对管内正线线路、道岔,每月应检查两次,其他线每月检查一次。检查时对轨距、水平、三角坑应全面检查、记录;对轨向、高低及设备其他状态,应全面查看,重点记录,对伤损钢轨、夹板和焊缝应同时检查。

对线路严重病害地段和薄弱处所,应经常检查。

对无缝线路长轨条及钢轨伸缩调节器位移情况每月观测一次,5~8月及12月、1月每月观测两次,遇异常情况增加观测次数,填好所有观测记录。发现观测桩累计位移量大于10mm时(不含长轨条两端观测桩),应及时上报线路公司查明原因,采取相应措施。

线路工长对管内曲线正矢,每月至少应结合线路检查全面检查一次,并填好记录。对线路高低和直线轨向,用弦线重点检查,重点纪录。对普通线路爬行情况,每季度至少检查一次,爬行量大于20mm时,应安排计划整治。

线路队长对管内线路、道岔和无缝线路长轨条位移,每季度至少应检查一次,并做好记录,对线路严重病害地段和薄弱处所应加强检查。

线路公司经理(或主管副经理)每半年应有计划地检查线路、道岔和其他线路设备,并着重检查重点地段和薄弱环节。

(二)静态检查方法

除添乘列车检查线路质量和用轨道检查车检查线路质量外,线路检查制度规定的其他检查项目均为静态检查。

1. 检查人员和检查日期

由养路工长负责检查,并配备一名辅助人员。为了使检查准确和掌握设备变化规律,原则上不许变更检查人员,更不允许临时指派工长以外的人员负责检查。每月1~10日,15~20日为正线线路、道岔检查时间,半月一遍的检查间隔日期不少于10天,也不大于20天;其他线路每月检查一次。

2. 检查工具

使用经过定期鉴定的万能道尺检查轨距和水平,使用绝缘的支距尺检查道岔导曲线支距,携带统一编号的"线路检查记录簿"(表1-6)、"道岔检查记录簿"(表1-7),另备一把2m钢卷尺做其他项目的检查。

表1-6 线路检查记录簿

正线 __km 至 __km　　站线__股道　　曲线半径__m　　超高__mm　　顺坡率__%

检查日期	检查项目	钢轨编号					
		接头	中间	接头	中间	接头	中间
	轨距						
	水平、三角坑						
	轨向、高低及其他						
	临时补修日期及内容						

表 1-7 道岔检查记录簿

站名＿＿ 道岔编号＿＿ 型号＿＿

检查日期	检查项目	转辙器部分							导曲线部分						辙叉部分												支距
		前顺坡终端	尖轨尖端	尖轨中部	尖轨跟端			直线			导曲线			辙叉心前		辙叉心中		辙叉心后		照查间隔		护背距离		
					直	曲	前	中	后	前	中	后	直	曲	直	曲	直	曲	直	曲	直	曲	
	轨距																						
	水平			×											×	×			×	×	×	×	
	轨向、高低及其他																						
	临时补修日期及内容																						

3. 检查部位

轨距、水平为定点检查部位。每节钢轨长 12.5m 及以下的线路，在接头和大腰处各检查一处；每节钢轨长 25m 的线路，每节钢轨检查 4 处，即接头处、大小腰处；无缝线路长钢轨每千米检查 160 处。普通单开道岔的轨距、水平、照查间隔和护背距离按规定的部位检查。前后高低和直线轨向由工长全面目测，凭经验判断是否超过临时补修的容许偏差，再用弦线确定。对无缝线路长钢轨位移情况，填入无缝线路长钢轨位移观测记录簿（表 1-8）。对曲线正矢的检查按每 10m 一个桩点进行测量，检查结果填入曲线正矢检查记录簿（表 1-9）。对道岔导曲线的支距的检查，按支距点标记的位置进行，把检查结果填入记录簿中。上述 3 项的检查应携带必要的弦线或支距尺，并增加一名检查人员。

表 1-8 无缝线路长钢轨位移观测记录簿

＿＿线＿＿行＿＿km+＿＿ ~ ＿＿km+＿＿ 锁定轨温＿＿℃

检查日期	检查时间	气温/℃	轨温/℃	左股/mm						右股/mm						原因分析
				始端轨缝	各观测点位移量			终端轨缝		始端轨缝	各观测点位移量			终端轨缝		
					1	2	3				1	2	3			

注：1. 在单线上各测点顺计算公里方向编号，在双线上各测点顺列车运行方向编号。
  2. 顺编号方向分左右股。
  3. 顺编号方向位移为"+"号，逆编号方向位移为"-"号。

表 1-9　曲线正矢检查记录簿

曲线位置__km+__~__km+__，曲线半径__m
缓和曲线长__m，曲线全长__m
直缓点位置：__号测点+__m
缓直点位置：__号测点+__m

测点号	计算正矢	年 月 日			年 月 日			记事
		现场正矢	拨道量	拨后正矢	现场正矢	拨道量	拨后正矢	

同时，也要检查和发现其他影响行车平稳和安全的隐患，如伤损轨件是否有发展、是否有严重的不良轨缝地段、接头或护轨螺栓是否有折断、道床是否严重不足等。

4. 检查程序和要领

1）上道检查前先确认检查工具是否合格。万能道尺的轨距测量值应标准，水平正反两方向偏差不得大于 1mm，万能道尺和支距尺应绝缘良好。

2）由工长在规定的检查点测量轨距和水平，并按先轨距后水平的顺序读出与标准尺寸的偏差数。例如，+2、-3，即轨距+2mm，水平-3mm。轨距的加减号按如下办法确定：大于标准的误差用"+"号，小于标准的误差用"-"号；水平的加减号按如下办法确定：直线以左股为标准股，道岔以直上股为标准股，标准股高为正，反之为负；曲线以下股为标准股，对面股较标准股高出数值减去规定的外轨超高值为水平数。

3）记录人员经复诵核准后，记入记录簿中。并对轨距、水平、三角坑超限处所进行圈注，提示工长对超限处所进行分析，协助工长点撬，查清作业项目，确定作业位置、工作量及所需材料及规格，并记入记事栏中。其他项目由工长目测，并同时将临时补修工作数量及所需材料及规格记入记事栏中。

4）回到工区后，由记录人员把每千米线路、每组道岔的超限数量及最大超限值、临时补修工作项目和工作量、所需材料数量及规格汇总，交给工长，作为编制临时补修计划的依据。

（三）动态检查方法

线路的动态检查主要是由轨道检查车来进行的。当前在我国推广使用的 GJ-3 型和 XGJ-3 型轨道检查车，是采用惯性基准原理，利用光电、陀螺、电子等新技术，用计算机处理各种检查数据，实现了检测与数据处理自动化。轨道检查车不但使检查结果真实可靠，而且还能对线路质量进行综合分析。随着检查次数的增多，可以逐步代替手工静态检查，并为安排维修计划提供依据。

1. 检查周期

鉴于各地铁公司正线里程不同，可参考现行的《铁路线路维修规则》规定，每月至少对管内正线检查一次。对状态较差的线路适当增加检查次数。随着行车速度的提高和新型现代化轨道检查车数量的增加，应根据运量和行车速度确定检查周期，逐步实现用动态检查代替静态检查，并用检查提供的分析数据安排维修计划。

2. 轨道检查车的检测项目

以当前广泛使用的 GJ-3 型轨道检查车为例,共有以下几种检测项目:

1)左右轨高低。
2)左右轨轨向。
3)轨距。
4)动态水平。
5)扭曲(三角坑,基长 2.5m)。
6)车体垂直加速度。
7)车体水平加速度。

此外,还可显示接头振动、曲线状态和地面标志等。

3. 轨道动态检查偏差值及扣分标准

各检查项目的动态偏差值反映了轨道动态的不平顺。按其不平顺的程度,参考铁路标准规定了各项偏差等级划分及扣分标准。

轨道动态检查偏差值分级档次及扣分标准见表 1-10。

表 1-10 轨道动态检查偏差值分级档次及扣分标准

项目	(Ⅰ) 作业验收	(Ⅱ) 经常保养	(Ⅲ) 临时补修
轨距/mm	+6,-3	+10,-6	+16,-10
高低/mm	6	10	16
轨向/mm	6	10	16
水平/mm	6	10	16
三角坑(基长 2.5m)/mm	6	9	14
车体垂向加速度/g	0.08	0.12	0.16
车体横向加速度/g	0.06	0.09	0.15
接触轨轨距/mm	±8	±14	±20
接触轨水平/mm	±6	±12	±18
扣分数/处	1	5	100

注:1. 表中不平顺各种偏差限值为实际幅值的半峰值。
2. 高低、轨向不平顺按实际值评定。
3. 水平限值不含曲线上按规定设置的超高值及超高顺坡量。
4. 三角坑限值包含缓和曲线超高顺坡造成的扭曲量。
5. 固定型辙叉的有害空间部分不检轨距、轨向,其他检查项目及检查标准与线路相同。
6. 扣分标准:Ⅰ级为作业验收标准,每处扣 1 分;Ⅱ级为经常保养标准,每处扣 5 分;Ⅲ级为临时补修标准,每处扣 100 分。
7. 质量评定:优良—每千米扣分在 50 分及以内;合格—每千米扣分在 51~300 分内;失格—每千米扣分在 300 分以上。

其中Ⅲ级超限标准为临时补修的动态管理值,凡超过Ⅲ级超限处所必须立即整修,以确保行车安全和平稳。

4. 轨道检查车检测资料及其应用

(1) 轨检记录图纸 每公里走纸长度为 400mm 或 500mm。各检测项目的纸上不平顺值按固定比例反映地面动态不平顺数值,可以在纸上确定超限等级和超限长度。超限长度以振幅超过一级超限的范围来计算,超限等级以最高的峰值至基线的距离确定。并可按图纸比例核对超限位置。

（2）公里小结报告　以每公里为单元,对各检测项目的各级超限处所和超限长度进行统计,并给出公里的扣分数,同时提供本公里检查时的行车速度。大部分轨道检查车还同时提供超限地点、不平顺数值和超限长度。

（3）Ⅲ级超限报告表　因为Ⅲ级超限处所必须及时进行整修,以确保行车安全和平稳。所以,轨道检查车在检查完一个线路区段后,由计算机提供一份Ⅲ级超限报告表,对Ⅲ级超限处所按不同检测项目提供超限位置、最大峰值和超限长度,便于工区查对和整修。

（4）区段总结报告表　对线路检查完毕后,当日提供区段总结报告表,对该段、该线各检查项目各级超限个数、超限长度、扣分数和该项扣分占总扣分的百分比提供数据,见表1-11。

表1-11　轨道区段总结表

　　　年　　　月　　　日　线路公司名　　　　　　队名　　　　　　线名　　　　

项　　目		Ⅰ级	Ⅱ级	Ⅲ级	扣　分　数	百　分　比
高低	个数	0	0	0	0	0.0
	长度/m	0	0	0		
轨向	个数	0	0	0	0	0.0
	长度/m	0	0	0		
轨距	个数	23	34	0	193	100.0
	长度/m	52	93	0		
水平	个数	0	0	0	0	0.0
	长度/m	0	0	0		
三角坑	个数	0	0	0	0	0.0
	长度/m	0	0	0		
垂直加速度		0	0	0	0	0.0
水平加速度		0	0	0	0	0.0
接触轨轨距（有三轨时）		0	0	0	0	0.0
接触轨水平（有三轨时）		0	0	0	0	0.0
Σ		23	34	0	193	

千米扣分数分段累计里程数及百分比			平均每千米超限处所		
0~50	51~300	>300	Ⅰ级	Ⅱ级	Ⅲ级
19（100.0%）	0（0.0%）	0（0.0%）	1.21	1.79	0.00

注：150~169km平均每千米扣分数10.2（实际检查公里：19km）。

（5）曲线摘要报告表　对每处曲线提供曲线头尾位置、曲线长度,在圆曲线内实测正矢、半径、超高、轨距加宽的平均值和驶出圆缓点的车速。可以和设备图表的资料核对,掌握现场曲线的变化情况,同时提供该曲线最大实测正矢处的位置（极限点）,以及最大正矢数值、半径、超高,按未被平衡超高允许值61mm计算并给出此处的最高允许速度。

（6）轨道质量指数（TQI）表　传统的评分方法虽然简单,易于理解,也在一定程度上反映了轨道的质量状态,但是,这种方法只有超限峰值参与统计,其他大量的检测数据被舍弃，不可能准确地反映轨道的质量状态。

轨道质量指数是以 200m 的轨道区段作为单元，分别计算单元区段上左右轨高低、左右轨轨向、轨距、水平、三角坑等 7 项几何不平顺幅值的标准差，各单项几何不平顺幅值的标准差称为单项指数，将 7 个单项指数之和作为评价该单元区段轨道平顺性综合质量状态的指标，称为轨道质量指数。

将 200m 作为轨道质量指数的计算单元区段，目的是便于指导现场维修作业。每单元区段轨道质量指数的大小可以反映轨道技术状态的好坏。在相同运量、车速和轨道条件下，可以看出维修管理水平和作业质量的好坏。在同一单元区段积累和分析轨道质量指数，可以明显看出轨道改善或恶化的程度。

【拓展提高】

线路设备大修

线路设备大修是根据运输需要及线路设备损耗规律，周期性地、有计划地对损耗部分进行更新和修理，恢复和提高设备强度，延长设备使用寿命，增加轨道承载能力。

线路设备大修必须以正式批准的设计文件和施工计划为依据，大修作业不能影响列车运营（在停电时间内安排工作）。涉及其他设备变更，应先报方案，经地铁运营公司批准后再行编制。在安排大修工作时，要全面规划，突出重点，有步骤地解决线路、道岔、接触轨的薄弱环节，以适应地铁运输发展的需要。

【任务实施】

依据基础理论知识，提出任务目标：线路养护维修与检查。根据不同的作业任务，选择合适的工具，根据作业计划安排学生分组练习，按照验收标准对作业质量进行验收，最后教师检查。

任务六　线路标志的认知

【任务描述】

本任务主要介绍常见的线路标志等相关理论知识，通过对理论知识的学习，辅以多媒体教学展示相关图片，使学生对线路标志有更好的认识。

常见的轨道标志

【基础理论】

城市轨道交通线路标志是城市轨道交通的组成部分之一，是用来表示线路状态和位置的一种标志设施，它完整地标明线路的平、纵断面的设计要素，为城市轨道交通线路技术状态提供了鲜明的测量、界定标记。线路标志设置在线路里程增加方向的右侧车辆限界以外，距钢轨头部外侧不小于2m处设置线路标志，主要是供工务人员养护维修线路使用，同时也使司机能及时掌握线路的情况，做到安全行车。工作人员据此掌握线路技术状态的变化，十分方便；它既为列车运行的位置和地点起提示作用，也为列车运行（包括停放）起限制和警示作用，与列车运行信号共同对运营安全起着重要作用。

一、标面颜色、标志

1) 考虑城市轨道交通位于城市、多为地下的特点，轨道交通标志标面的颜色选用红、黄、蓝、白和黑5种习惯用的基本色。根据需要，互相协调配合使用。
2) 线路标志标面，一般选用白底黑字；行车标志标面除有特殊要求和规定外，一般标志选用蓝底白字；警示标志选用黄底黑字；禁止标志选用白底红字或全红色。
3) 标面皆加涂反光材料，反光材料可选用Ⅰ级或Ⅱ级反光膜。
4) 图案及字样均采用与反光材料相适应的油墨喷刷。
5) 标志所用数字、汉字写法采用仿宋体或黑体。
6) 标面有效数字的采用规定：

① 里程单位一般写至厘米，曲线半径、坡段等长度单位标写至米，超高单位标写至毫米。

② 坡度写至小数点后两位。例如，28.65‰表示坡度为千分之28.65。

7) 立柱、柱墩混凝土表面应光洁平整，皆用白色涂料打底。

二、标志和标牌形式、材料

1. 形式

1) 按几何形状分，标志和标牌形式有弯折形、平板形（圆形和长方形）、扁柱体形和圆柱体形等。
2) 按安装方式分，标志和标牌形式有立柱式、埋入式、挂壁式、悬挂式等。

2. 材料

1) 地下线路和高架线路标志一般采用铝合金板材（厚1.5mm）制作，地面线路标志一般用混凝土材料（厚度100~150mm）制作。
2) 立柱采用钢管（直径60mm）或混凝土立柱。

三、标志和标牌安装

1) 按各标志、标牌的功能和使用要求进行安装，必须牢固可靠。标志、标牌标面设计要求一致，安装方式不做强行规定，可根据安装地点现场实际情况，因地制宜地选用埋入式、挂壁式、悬挂式或其他形式。

① 弯折形标志设置于隧道边墙或桥梁栏杆上时，弯折棱向线路突出，均用直径为6mm的螺栓或膨胀管螺栓固定。

② 安装在隧道壁上的标志，可安装在电缆架的上方或下方等合适地点，应错开管片接

项目一　城市轨道交通线路概述

缝和管片连接螺栓位置。

③ 安装在高架桥上的标志，必要时应设置单独支架，支架设计应结合高架桥护栏、电缆支架、声屏障等设置综合考虑。

④ 设置于线路路肩上的标志，标面与线路垂直，底边高出路基顶面 20cm，埋入路基内 50cm 固定。

2) 标志的金属件包括底板、构架和紧固件均需进行防锈处理，高架和地面线路宜采用不锈钢材质的螺栓。

四、常见的标志

1. 线路标志

线路标志是用来表示状态和位置的一种标志。常见的线路标志有百米标、坡度标、曲线要素标、平面曲线始终点标、竖曲线始终点标、道岔编号标、站名标、桥号标、涵洞标、水位标等。

线路标志的认知

2. 信号标志

信号标志是对列车操作人员起指导作用的标志。常见的信号标志有限速标、停车位置标、警冲标等。

除警冲标外，其余标志均应安装在行车方向右侧司机易见的位置，不得相互遮挡，所有标志都不应侵入设备限界。

五、标志图例

部分标识、标志图例如图 1-34～图 1-41 所示。

（1）**百米标**　百米标设在一条线路自起点计算每一个整百米处，如图 1-34 所示。

（2）**曲线标**　曲线标设在曲线中点处，其面向线路的侧面标明曲线中心里程、半径大小、曲线和缓和曲线长度、外轨超高以及加宽值，如图 1-35 所示。

图 1-34　百米标

图 1-35　曲线标

（3）**圆曲线和缓和曲线始终点标** 圆曲线和缓和曲线始终点标设在直缓、缓圆、圆缓、缓直各点处，标明所向方向为直线、圆曲线或缓和曲线，如图1-36所示。

（4）**坡度标** 坡度标设在线路坡度的变坡点处，两侧各标明其所向方向的上、下坡度值及其长度，箭头表示上坡或下坡，箭尾处数字表示坡度，下面数字表示坡段长度，侧面标明变坡点里程，如图1-37所示。

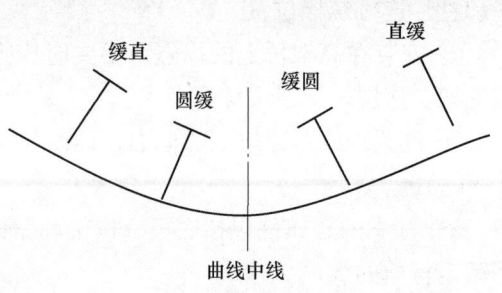

图1-36 圆曲线和缓和曲线始终点标

图1-37 坡度标

（5）**站名标** 站名标用于提示司机前方车站名称，如图1-38所示。

（6）**鸣笛标** 鸣笛标设在道口、大桥、隧道及视线不良地点的前方500~1000m处。列车司机见此标志，需长声鸣笛提醒人们列车即将到达，如图1-39所示。

图1-38 站名标示意图　　　　图1-39 鸣笛标示意图

（7）**警冲标** 警冲标设在两汇合线路间距离为4m的中间，用来指示列车的停留位置，防止侧面冲撞，如图1-40所示。在线路曲线部分所设道岔附近的警冲标与线路中心线间的距离，应按限界的加宽增加。

（8）**停车标**　停车标指示列车的停车位置，如图1-41所示。

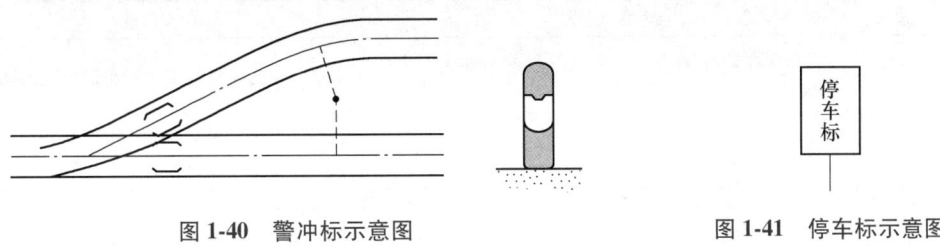

图1-40　警冲标示意图　　　　　　　　图1-41　停车标示意图

（9）**桥梁标**　桥梁标标明桥梁编号和中心里程，一般设于计算里程方向线路的右侧桥头前。

【拓展提高】

一、"限速标""解除限速标"的设置

1．"限速标""解除限速标"的设置目的

因城市轨道交通行车均为自动控制，正常运行的列车均按运行图行驶，可不必设置"限速标""解除限速标"。但限速值是车辆选型及运营速度的基础，能够满足远期最小发车间隔及全线最短运营时间的最高运行速度，且在特殊情况下，如列车故障需人工驾驶时需要设置。因此，应依据线路及轨道结构工况，设置"限速标""解除限速标"。"限速标""解除限速标"迎行车方向的一侧应绘制限速值，便于司机瞭望。

2．"限速标""解除限速标"设置原则

1）超过运行图所定速度即为超速行驶，需要设置"限速标""解除限速标"。基本上对所有曲线均需设置。随着发车间隔的缩短，列车运行速度也会相应提高，这就要求限速值根据运行速度的变化而变化。

2）超过《地铁设计规范》缓和曲线长度中所列的适应速度，即为超速行驶，需要设置"限速标""解除限速标"。由于列车行驶速度是基于该适应速度基础上的，所以对全线小半径曲线均需设置。

3）轨道施工时所设超高，再考虑容许的欠超高相应提高的速度，超过上述速度，即为超速行驶，需要设置"限速标""解除限速标"，约35%的曲线需设置。

二、车厂内信号标志

车厂内的信号标志装设在列车运行方向右侧，特殊情况装设在左侧。车厂内各种信号标志及其功能见表1-12。

表1-12　各种信号标志及其功能

信号标志	设置位置	功能
警冲标	设于两汇合线路线间距为4m的中间	指示列车或调车停车位置
停车位置标	装设在试车线尽端式调车信号机前方50m处、牵出线调车信号机前120m处、材料装卸线车挡前10m处等	指示司机对标停车

(续)

信号标志	设置位置	功能
预告标	设在试车线尽端式调车信号机前方350m、250m、150m处	作为预告接近尽端式调车信号机的标志
接触网终点标	设在线路库前、牵出线、试车线两端接触网终端	警告客车司机运行时不准客车司机室后第一个客室门越过该标,防止客车脱弓
一度停车标	装设在平交道口前1m处	指示司机对标停车,确认平交道口与库门的状态,防止发生冲突或压入
停车收靴(转换受电模式)标	装设在走行线信号机前10m处、洗车线洗车信号机前4m处、试车线信号机前15m处	指示司机对标停车,并在此处停车收靴,转换为受电弓模式受电
停车降弓(转换受电模式)标	装设在走行线信号机前8m处	指示司机对标停车,并在此处降下受电弓,转换为集电靴模式受电
停车降弓标	装设在不落轮镟修线库前,于平交道口前1m处,与接触网终点标齐平	指示司机进入该线路的客车需降弓
3km/h限速标	装设在牵出线、洗车线、速线路,越过该标时须限速3km/h运行	提示司机前方将进入尽头线或设备要求限速线路,越过该标时需限速3km/h运行
50km/h限速标	装设在试车线距停车位置标300m处,两端各安装一块	指示司机驾驶机车车辆在试车线运行时,越过此标时速度不能高于50km/h,如在此标处速度仍为50km/h时,需施加全制动停车
停车位置转换模式标	装设于转换轨信号机前10m处	指示司机在此处停车转换驾驶模式

【任务实施】

依据基础理论知识,提出任务目标:认知城市轨道交通线路标志。将学生按生源地进行分组,深入到企业调查,认知城市轨道线路标志,根据不同小组的展示成果,进行综合评价。

【案例】

案例名称:盾构接收——石家庄市轨道交通4号线一期工程实现首个区间双线贯通

案例描述:

2024年3月4日上午,随着"复兴2号"盾构机刀盘旋转出洞,石家庄市轨道交通4号线一期工程石铜路站—玉村南路站区间右线盾构顺利接收。这标志着4号线一期工程实现首个区间隧道双线贯通,工程建设取得新突破。

2023年11月2日,"复兴2号"盾构机从石铜路站始发,开始了历时4个多月的石铜路站—玉村南路站区间隧道右线的掘进征程。盾构掘进期间,需要24h全天候安全精准操控,建设者们在工地度过了龙年春节。他们用勇毅坚守和精益求精的匠心一步步地构筑着"地下长龙"。

项目一 城市轨道交通线路概述

在盾构接收现场，石家庄轨道交通 4 号线一工区项目经理介绍，石铜路站—玉村南路站区间隧道右线全长约 1109m，处于中粗砂、粉质黏土地层，涉及到下穿隧道和管线等多处风险源，施工难度较大。为确保盾构机安全平稳掘进，石家庄市轨道集团以及施工单位制定了行之有效的管理和施工方案。施工过程中，建立了盾构远程信息化控制系统，对盾构参数实时监测，实现智能化掘进、标准化管理。掘进期间，采用克泥效工法控制沉降，实现地表及建筑物沉降零预警，确保了区间的成功贯通。接下来，"复兴 2 号"盾构机将进行转场和调试检修，按计划将掘进石铜路站至友谊南大街站区间隧道。

案例总结：

抢抓大好春光，铆起十足干劲。作为未来的地铁人，我们也要精益求精，只争朝夕，以实际行动助力现代化、国际化美丽省会城市建设。

【任务工单】

任务名称	线路标志的认知	学时	2	班级	
姓名		学号		成绩	
实训设备、工具及仪器	纸张、胶水、铅笔、尺子、橡皮等	实训场地		日期	
任务目的	1. 在教师指导下，利用工具制作出曲线标志的模型。 2. 在教师指导下，利用工具制作出坡度标志的模型。 3. 在教师指导下，利用工具制作出信号标志的模型。				

一、资讯

1. 设置线路标志的原因主要是满足_____人员养护维修线路使用，同时也使_____能及时掌握线路的情况，做到安全行车。

2. 线路标志设置在线路里程增加方向的_____车辆限界以外，距钢轨头部外侧不小于_____处。

3. 信号标志是对列车操作人员起指导作用的标志。常见的信号标志有站名标、_____、_____、解除限速标、警冲标、进站预告标等。除_____外，其余标志均应安装在行车方向右侧司机易见的位置，不得相互遮挡。所有标志都不应侵入_____。

4. 曲线标，设在曲线_____处，其标明曲线中心里程、半径大小、曲线和缓曲线长度、_____以及加宽值。

5. 坡度标，设在线路坡度的_____处，两侧各标明其所向方向的上、下坡度值及其长度，箭头表示上坡或下坡，箭尾处数字表示_____，下面数字表示_____，侧面标明_____里程。

6. _____，设在两汇合线路间距为 4m 的中间，用来指示列车的停留位置，防止侧面冲撞。

二、计划与决策

1. 以小组为单位开展地铁线路标志的搜集与制作工作。
2. 实践过程设置：教师为每个小组的监督员，并设置演练组长 1 名，记录员 1 名。

组长：负责搜集实施过程的指挥控制，确保每位学生参与到各个环节，并对每位学生的实施过程进行评估。

记录员：负责实践过程的各项文案记录工作，记录每位学生的回答情况，记录实践过程中存在的不足及提出的改进意见。

3. 实践过程围绕下列主题开展：

①地铁线路标志（含信号标志）；②线路标志的设置；③线路标志的种类；④线路标志的作用；⑤信号标志的设置；⑥信号标志的种类；⑦信号标志的作用。

（续）

三、实施

1. 设备准备：线路平面图。
2. 作业过程。①准备工作：准备用具；②认知线路标志；③认知信号标志。
3. 教师指导。在教师指导下，利用纸张、塑料、剪刀、笔、胶水等工具，制作不同的线路标志和信号标志的模型，要求：
1）以小组协作形式完成。
2）搜集拟制作的线路标志信息，运用各种工具制作模型。
3）搜集拟制作的信号标志信息，运用各种工具制作模型。
4）模型要求做到细致逼真。

四、检查

任务完成后，做如下检查：
1. 制作的线路标志是否合理：_____。
2. 制作的信号标志是否合理：_____。
3. 是否按照要求设置了一定数量的线路标志和信号标志：_____。

五、评估

1. 请根据自己完成任务的情况，对自己的工作进行自我评估，并提出改进意见。

_____

_____

_____

2. 工单成绩（总分为自我评价、组长评价和教师评价得分值的平均值）

自我评价（100分）	组长评价（100分）	教师评价（100分）	总分（100分）

【项目学习效果综合考核】

一、填空题

1. 城市轨道交通线路按其与地面位置的关系可分为（   ）、（   ）和（   ）。
2. 城市轨道交通线路按其在运营中的地位和作用可分为（   ）、（   ）和（   ）。
3. 辅助线包括（   ）、（   ）、（   ）、（   ）、（   ）和（   ）。
4. 正线包括（   ）和（   ）。
5. 安全线的有效长一般不少于（   ）m。
6. 列车折返方式，根据折返线位置可以分为（   ）和（   ）。
7. 线路平面的组成要素是（   ）、（   ）和（   ）。
8. 《地铁设计规范》规定，正线及辅助线的圆曲线最小长度，A型车不宜小于（   ）m、B型车不宜小于（   ）m，其他困难情况下不得小于一节车辆的全轴距。
9. 《地铁设计规范》规定，城市轨道交通线路的缓和曲线长度为（   ）m，即不短于一节车辆全轴距长。
10. 线路纵断面的组成要素是（   ）、（   ）和（   ）。

11. 正线的最大坡度不宜超过（　　　　）。
12. 线施工的方法主要有（　　　　）、（　　　　）和（　　　　）。
13. 线路维修分为（　　　　）、（　　　　）和（　　　　）。

二、判断题
1. 按照线路铺设方式划分，城市轨道交通可以分为地下线、地面线、高架线。（　）
2. 城市轨道交通线路经过中心城区时，只能以地下隧道为主。（　）
3. 城市轨道交通列车的折返方式有环线折返、尽端线折返、渡线折返。（　）
4. 圆曲线半径越小，弯曲度越大，行车速度越高。（　）
5. 城市轨道交通列车运行与铁路列车运行一样，一般采用左侧行车制。（　）
6. 线路纵断面表明了线路的直、曲变化状态。（　）
7. 曲线半径越大，曲线附加阻力越小，对行车越有利。（　）
8. 警冲标是一种线路标志。（　）

三、简答题
1. 城市轨道交通线路的特点有哪些？
2. 地面线路的优缺点有哪些？
3. 城市轨道交通折返线的布置形式有几种？
4. 什么是缓和曲线？特点是什么？
5. 小半径曲线运行给城轨交通运营工作带来哪些影响？
6. 单位坡道附加阻力如何计算？
7. 明挖法的施工步骤是什么？
8. 线路维护的方法有哪些？
9. 线路维护的主要任务是什么？
10. 常见的线路标志与信号标志有哪些？

四、画图题
用图形表示折返线的各种形式。

项目二 路基及桥隧建筑物

【教学导航】

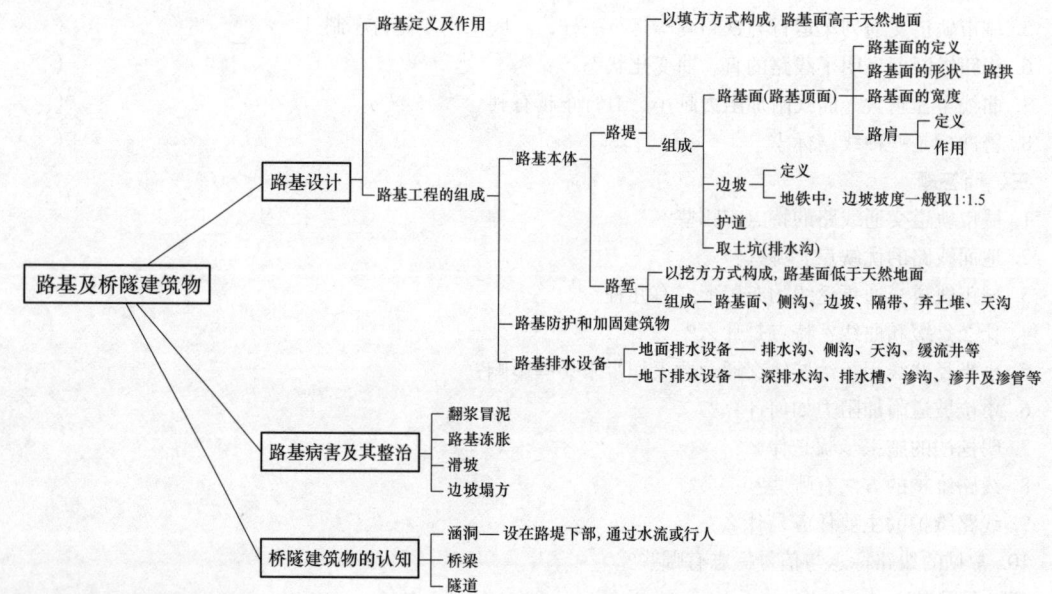

【知识目标】

1. 理解路基的基本定义与作用。
2. 掌握路基的组成。
3. 了解路基的防护加固方法。
4. 熟记路基的横断面形式。
5. 掌握路堤式路基和路堑式路基的基本结构。
6. 熟悉路基常见病害。
7. 了解桥隧建筑物。

【能力目标】

1. 能够对路基结构组成有一定的认识。
2. 能够明确路基设计过程中需要注意的基本原则。
3. 能够对路基横断面形式进行区分并判断适用范围。
4. 能够简要绘制路堤式路基和路堑式路基结构图。
5. 能够区分路基常见病害并提出整治方案。

项目二　路基及桥隧建筑物

【素养目标】

1. 通过学习路堤式路基和路堑式路基的基本结构及设置，培养学生在面对实际工程时，分析和解决复杂问题的能力。

2. 实际工程中，路基横断面形式的设计与施工需要多个部门和岗位的协同合作，学习本部分知识有助于培养学生的协作能力。

【重点掌握】

1. 路基本体组成与作用。
2. 路基的横断面形式。
3. 路基的防护与加固。
4. 路堤式路基和路堑式路基结构。
5. 路基常见病害。

任务一　路基设计

【任务描述】

本任务主要介绍路基的基本定义、作用与结构，路基设计的基本原则以及路基排水工程和支挡建筑物等知识。通过对知识的学习，辅以多媒体教学展示相关图片，使学生对路基设计有较全面的认识。

【基础理论】

路基是为满足轨道铺设和运营条件而修建的土木结构物，是由开挖或填筑而形成的直接支承轨道的结构，也称为线路下部基础。

路基是轨道的基础，是线路的重要组成部分。它直接承受轨道及列车的静荷载和动荷载，并将荷载向地基深处传递扩散。路基的质量情况对于整个线路质量和行车安全有很大影响。

路基工程具有以下特点：①路基主要是由松散的土石材料构成的。②路基可能暴露在大自然之中，路基处在各种复杂的、变化的自然条件之中，如气候、降雨、地质等条件，因而它时刻受到这些自然条件的侵袭和破坏。同时又由于路基的材料主要是土石填筑，土石属于松散体，所以路基对自然条件的变化是非常敏感的，路基对自然环境的抵抗能力差。③路基同时受轨道静荷载和列车动荷载的作用。由于路基要承受轨道或者轨道和列车的负荷，在重力的作用下，路基容易产生累积变形，土的强度降低，更容易出现疲劳的现象。

一、路基工程的组成

为了保证路基正常工作,路基工程主要由 3 部分构筑物组成:

1. 路基本体

路基本体是直接铺设轨道结构并承受列车荷载的部分,主要有路堤、路堑等,它是路基工程中的主体构筑物。

路基认知1

2. 路基防护和加固构筑物

路基防护和加固构筑物是指路基的附属构筑物,如挡土墙、护坡等。

3. 路基排水设备

排水设备也属于路基的附属构筑物,如排除地面水的排水沟、侧沟、天沟和排除地下水的排水槽、渗水暗沟、渗水隧洞等。

二、路基本体

垂直于线路中心线的路基断面,称为路基横断面。

路基主要有路堤和路堑两种形式,地铁和轻轨的路基以路堤更为常见。

路堤是以填方方式构成的,铺设轨道的路基面高于天然地面,主要由路基面、边坡、护道和取土坑(或排水沟)组成,如图 2-1 所示。路堤用同一种填料填筑,以免产生不均匀下沉,当不得不采用不同材料填筑时,应防止接触面形成滑动面或在路堤内形成水囊。路堑是以挖方方式构成的,铺设轨道的路基面低于天然地面,路堑由路基面、侧沟、边坡、隔带、弃土堆和天沟组成,如图 2-2 所示。

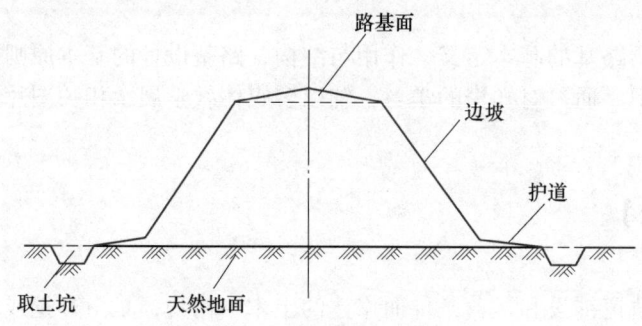

图 2-1 路堤横断面简图

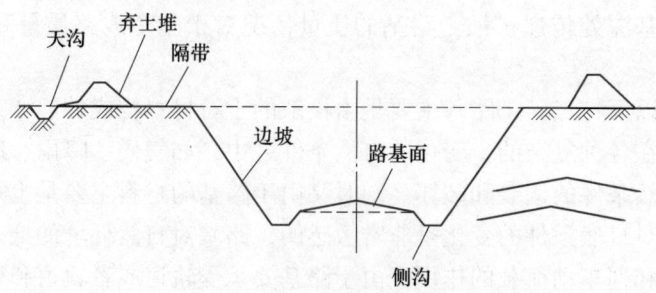

图 2-2 路堑横断面简图

（一）路基面

路基面也称为路基顶面，即铺设轨道的工作面，由直接在其上面铺设轨道的部分及路肩组成，在路堑中为堑体开挖后形成的构造面。

1. 路基面形状

路基面做成有横向排水坡的拱状，称为路拱，以利于排除雨水，避免路基面处积水使土浸湿软化，造成病害。路拱的形状为三角形，由路基中心线向两侧设4%的人字排水坡。单线路拱高0.15m，双线路拱高0.2m，底宽等于路基面宽度B，如图2-3、图2-4所示。

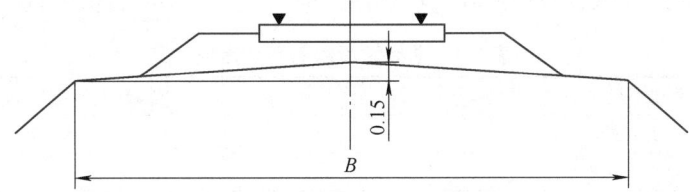

图2-3 区间单线路拱（单位：m）

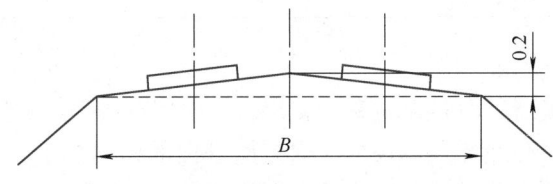

图2-4 区间双线路拱（单位：m）

2. 路基面宽度

路基面宽度为两侧路肩边缘之间的距离，其值应根据正线数目、线间距、轨道结构尺寸、路基面形状、路肩宽度等因素计算确定。

以双线非渗水路基面宽度为例，如图2-5所示。

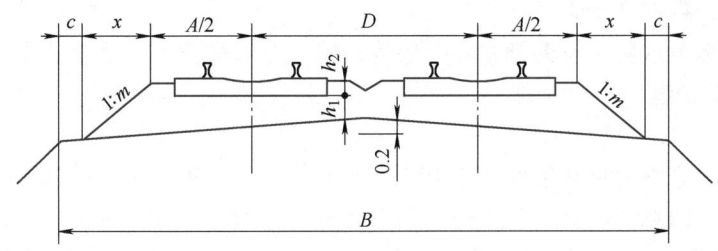

图2-5 双线非渗水路基面（单位：m）

路基面宽度B的计算公式为

$$B = \frac{M \pm \sqrt{M^2 - 4N}}{2}$$

式中　　B——路基面宽度；

$M = D + A + 2c + 2m(0.2 + h_1 + h_2)$；

$N = m(0.4D + 0.8c - 0.6)$；

D——双线的线间距；
A——道床顶面宽度；
c——路肩宽度；
m——道床边坡坡率；
h_1——路基中心的钢轨处轨枕下的道床宽度；
h_2——轨枕埋入道床的深度。

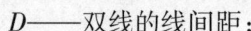
路基认知2

《地铁设计规范》规定：区间曲线地段的路基面宽度，应在曲线外侧加宽，单线应在曲线外侧，双线应在外股曲线外侧，按表2-1的数值加宽。

表2-1 曲线地段路基面加宽值

曲线半径 R/m	路基面加宽值/m
$R \leq 600$	0.5
$600 < R \leq 800$	0.4
$800 < R \leq 1000$	0.3
$1000 < R \leq 2000$	0.2
$2000 < R \leq 5000$	0.1

3. 路肩

路基面两侧，道床覆盖以外的部分称为路肩。其作用是增强路基的稳定性，保护路基受力的中心部分，防止道砟滚落至路基面外，保持路基面的横向排水，供养护维修人员行走、避车、放置养护机具，供防洪抢险临时堆放砂石料，供埋设各种标志、通信信号、电力给水设备等。因此，路肩必须在考虑了施工误差、高路堤的沉落与自然剥蚀等因素以后，保持必要的宽度。《地铁设计规范》规定：当路肩埋有设备时，路堤及路堑的路肩宽度均不得小于0.6m，无埋设设备时不得小于0.4m。

由于受地下水影响容易引起基床翻浆冒泥等病害，因此路基路肩高程应高出线路通过地段的最高地下水位和最高地面积水水位，应另加上毛细水强烈上升高度和有害冻胀深度或蒸发强烈影响深度，再加0.5m。

若采取降低地下水位、设毛细水隔断层等措施，路肩高程可不受上述限制。

（二）边坡及护道

1. 边坡

路基两侧的边线称为路基边坡。边坡常修筑成单坡形、折线形或阶梯形，每一坡段坡面的斜率用边坡上下两点间的高差与水平距离之比表示，当高差为1单位长时，水平距离折算为m单位长，则斜率为$1:m$。在路基工程中，以$1:m$方式表示的斜率称为坡度。地铁地面线路一般为低路堤，其边坡坡度一般取$1:1.5$。边坡与地面的交点，在路堤中称为坡脚，在路堑中称为堑顶。

2. 护道

路堤坡脚与排水沟或取土坑边缘之间的部分称为护道，以保护路堤坡脚免受排水沟或取土坑中水流的冲刷而危及路堤边坡的稳定性。护道表面应平顺，其宽度不小于1.0m，并有2%~4%的向外排水坡。

（三）侧沟

侧沟位于路基面两侧，用以排泄路堑边坡和路基面上流下来的地面水，其横断面呈梯形，沟深一般不小于 0.6m，沟底宽度不小于 0.4m，两侧边坡为 1∶1~1∶1.5，沟底纵向坡度不小于 2%。

（四）隔带与弃土堆

隔带指堑顶边缘至弃土堆坡脚的地带，其宽度一般为 2~5m。设置隔带可以减少弃土堆对边坡的压力，有利于边坡稳定。

弃土堆指开挖路堑时堆放在隔带外的弃土。弃土堆于迎水一侧，可以阻挡地面水流入路堑。弃土堆的高度一般不超过 3m，内、外侧边坡均不应陡于 1∶1.5，弃土堆顶部应做成向外的横向坡，其坡度不小于 2%。

（五）基床

基床是指路基上部受列车动荷载作用和水文气候变化影响较大的土层，其状态直接影响列车运行的平稳和速度的提高。

路基基床由表层与底层组成，表层厚度应不小于 0.5m，底层厚度应不小于 1.5m。

高度小于基床厚度的低路堤，基床表层厚度范围内天然地基的土质及其天然密实度应符合基床表层的要求。基床底层厚度范围内天然地基的静力触探比贯入阻力 P_s 值不得小于 1.2MPa 或天然地基基本承载力不小于 0.15MPa，否则应进行换填、改良或加固处理。

路堑基床表层的土质及天然密实度应满足基床表层的要求，基床底层厚度范围内天然地基的静力触探比贯入阻力 P_s 值不得小于 1.0MPa 或天然地基基本承载力不小于 0.12MPa，否则应进行换填、改良或加固处理。

（六）基底

路堤下地基内承受路堤及轨道、列车等荷载作用的部分称为路堤基底。在路堑中，因为路基是在地基内以开挖方式构成的，所以路堑的基底为路堑边坡土体内和路堑路基面以下的地基内产生应力变化的部分。基底的稳固对路基本体以及轨道的稳定性都至关重要。因此，在软弱基底上修筑路堤时，必须对基底进行处理，以免危及行车安全与正常运营。

三、路基防护和加固建筑物

路基防护和加固建筑物是指为使路基本体及路基周围土体稳定而修建的建筑物，主要包括：路基边坡的防护、挡土墙、抗滑（锚固）桩等。路基防护和加固建筑物工程的好坏，直接关系着路基和边坡的稳定，影响到行车安全。因此，做好路基防护和加固建筑物工程显得十分重要。

对受自然因素作用易产生损坏的路基边坡坡面，应根据边坡的土质、边坡坡度与高度、水文地质条件等，选用适宜的防护措施。

一般地段，在适宜植物生长的土质边坡上应优先选用植物防护，如采用种草、铺草皮、种植灌木等方式。沿河地段路堤的坡面防护工程常采用修建挡土墙、干砌片、石护坡、混凝土护坡和防护林等措施。

路基在下列情况下修筑支挡建筑物，如图 2-6 所示。

图 2-6 挡土墙

1) 路基位于陡坡地段或风化的路堑边坡地段。
2) 为避免大量挖方及降低边坡高度的路堑地段。
3) 为了节约用地，少占农用和城市用地的地段。
4) 为了保护重要的建筑物和生态环境等重要的地段。

四、路基排水设备

为防止地面水和地下水对路基的冲刷、浸蚀，要修建排泄或拦截建筑物，使地面水和地下水水位降低或能顺畅流走，保持路基经常处于干燥、坚固和稳定状态。

路基范围内的地下水，往往给路基的稳定性带来很大危害。例如，对于一般的黏性土及泥质岩石的路堑，由于地下水的存在，增加了路基土体中的含水量，在列车荷载及其他外力作用下，产生路基病害或严重变形；地下水浸湿基床土，将引起翻浆冒泥、冻胀等基床病害；地下水在边坡中的活动，可引起地表土滑动等边坡变形。因此路基应设有一套完整的排水设施，且排水设施应布置合理，当与桥梁、隧道、车站等排水设施衔接时，应保证排水畅通。其中地面排水设备有排水沟、侧沟、天沟及缓流井等；地下排水设施主要类型有深排水沟、排水槽、渗沟、渗井及渗管等。

1. 排水沟

排水沟位于路堤护道外侧，当地面较平坦时，设于路堤两侧；当地面较陡时，应设于迎水一侧。路基排水沟的断面需按流量及用地情况确定，并确保边坡稳定。排水沟断面形式一般采用梯形，一般靠路基一侧坡度为 1∶1.5，另一侧为 1∶1。一般可采用底宽 0.4m，深度 0.6m 的梯形断面。干旱少雨地区深度可减至 0.4m。

2. 天沟

天沟位于路堑堑顶弃土堆外侧，用以排截堑顶上方流向路堑的地表水。天沟与堑顶边缘的距离应不小于 5m。天沟的横断面与侧沟相同，一般采用宽 0.4m，深 0.6m 的梯形断面，天沟的两侧坡度根据土质条件可取为 1∶1~1∶1.5。

3. 渗沟

路线所经地段遇有潜水、层间水、路堑顶部出现地下水，以及地下水位较高而影响路基或路堑边坡稳定时，可采用渗透的方式将地下水汇集于沟内，并通过沟底通道将水排放到指定地点，这种地下水排除设施称为渗沟，渗沟的结构图如图 2-7 所示。

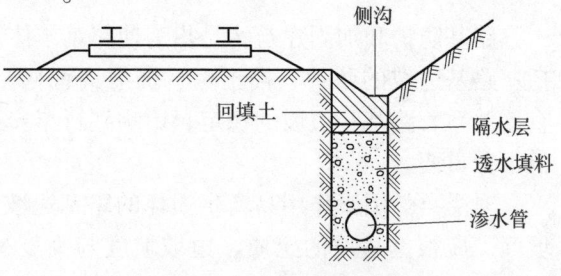

图 2-7 渗沟结构图

渗沟具有疏干表层土体、增加边坡稳定性、截断及引排地下水、降低地下水位、防止土壤中的细颗粒被冲蚀等作用。

4. 排水槽

排水槽是一种兼排地面水和地下水的设备，侧壁有渗水孔，侧壁外最好填一层反滤层。排水槽通常采用矩形断面，底宽为 0.6~1.0m，浆砌片石砌筑。

【拓展提高】

路 基 沉 降

路基沉降是指道路的基础由于受到外力或是自身的重力作用而下沉的现象。轨道的累积下沉使轨面平顺状态逐渐恶化，不仅影响列车的高速、平稳运行，而且当下沉变形积累到一定程度时，将大大降低和削弱轨道结构的强度和稳定性，危及行车安全。随着列车运行速度的提高和重载铁路的发展，这一问题将更为严重。

对有砟轨道路基而言，一般其工后沉降应不大于20cm，路桥过渡段应不大于10cm，沉降速率应不大于5cm/年；对无砟轨道路基而言，一般其工后不均匀沉降量，不应超过扣件允许的调高量，路桥或路隧交界处差异沉降应不大于1cm，过渡段沉降造成的路基和桥梁或隧道的折角应不大于1/1000。减少地基沉降的方法主要分两种，一种是对天然地基土体进行土质改良，包括排水结固法、强夯法、原位压实法和换填法等；另一种是将软土地基形成复合地基，如水泥土桩复合地基、低强度桩复合地基等。

【任务实施】

依据理论知识，提出任务目标：让学生自行查阅相关资料，深入了解更多的路基设计相关标准，认识路基设计以及施工的过程，并分组讨论，最后根据成果进行学生互评与教师综合评价。

任务二　路基病害及其整治

【任务描述】

本任务主要介绍路基的主要病害及整治与预防措施等知识。通过对知识的学习，辅以多媒体教学展示相关图片，使学生对路基病害有较全面的认识。

【基础理论】

一、路基病害

路基在列车荷载的作用和自然条件的影响下，不可避免地会引起路基土壤力学性质发生变化。路基病害类型主要有：翻浆冒泥、路基冻胀、滑坡、边坡塌方等类型。

1. 翻浆冒泥

土质路基面因道床污染及排水不良，在列车反复振动作用下形成泥浆向上翻冒现象，称为翻浆冒泥（图2-8）。此病害不仅会使轨道下沉和变形，还会由于道床的空隙被泥浆填充，

图 2-8 翻浆冒泥

晴天干燥时，泥浆与石砟黏结在一起使道床板结，造成道床的弹性下降，雨天潮湿时，泥浆与石砟混在一起会降低路基的承载力，在列车动力作用下造成道砟陷入路基面，引起轨面坑洼，导致列车运行的不平稳，甚至会危及行车安全。翻浆冒泥的整治办法是排除地表水，降低地下水位，彻底清筛道床，加铺砂垫床或更换路基顶面土壤等。

2. 路基冻胀

路基冻胀是严寒地区线路上，由于路基排水不良和地下水浸蚀，在严寒季节发生的路基顶面不均匀隆起的现象。冻胀使轨道出现高低不平，将严重危及行车安全。路基冻胀的整治办法是排除地表水和降低地下水位，更换土质，改良土质或将炉渣覆盖在路基基床表层作为保温材料。

3. 滑坡

滑坡是指在一定的地形地质条件下，由于地表水的大量侵入或地下水的作用，土体或岩体在重力的作用下，沿某一层面或软弱带做整体缓慢或急速滑动的现象。滑坡的综合防治办法为拦截地下水、排除地表水和修建支挡建筑。

4. 边坡塌方

边坡塌方发生的主要原因有：土质太软易塌陷；挖土放坡系数太小；地下有软弱土层或流砂及地下水，护壁或支撑不足以支撑土的压力。

二、路基防护与整治

路基的整治应贯彻"预防为主、综合治理"的原则，首先弄清发生病害的原因，经过综合分析，因地制宜采取整治的措施。

【拓展提高】

路基病害的主要成因及整治方式

1. 翻浆冒泥

基床翻浆冒泥是路基本体变形而引起的病害。一般发生在基床为黏土类的路基地段，排水不良的路堑和站场比较多见。基床排水不良承载力不足或受水浸承载力进一步下降的土质基床在列车荷载反复作用下，将逐渐形成基床翻浆冒泥的病害。水若源于降雨，翻浆冒泥表现为季节性，即雨季发生，旱季不发生；水若源于地下

路基病害及其整治

水，则翻浆冒泥表现为常年性，但雨季比较严重。主要整治方式为疏通或修建防渗侧沟、天沟、排水沟等地表排水系统；修建堵截、导引、降低地下水位的盲沟、截水沟、侧沟、下渗沟等排除地下水或降低地下水位的排水系统。以消除或减小地表水和地下水对路基基床的侵害，使基床土经常保持疏干状态。

2. 路基冻胀

冻害发生在寒冷地区，如路基土为透水性较差的细粒土，当含水量较高或路基面积水，在冻结过程中，土中水重新分布和聚集形成冰块，又引起不均匀的冻胀现象。冻胀是由于路基下部的水向上集聚并冻结成冰所致的，过大的冻胀可使柔性路面鼓包、开裂，使刚性路面错缝、折断，冻胀是翻浆过程的一个阶段，同时也是一种单独的路基病害。

常用的整治措施有：修建减少路基基床含水量的排水设施；挖除冻害地段的基床土，换填无冻胀或冻胀很小的碎石、河沙、砂类土等；在基床表层铺设保温层，改善基床温度环境，使表层下的基床土不冻结或减小冻结深度；人工盐化基床土。选择上述措施时，应注意总体效果，考虑相互配合，以期达到根除冻害的目的。

3. 滑坡和边坡塌方

位于河流岸边、河滩或水库岸边的路基，因常年或季节性受水流冲刷、波浪和渗流的作用，往往造成路基冲空、边坡滑坍等病害。滑坡和边坡塌方防护工程分直接防护和间接防护两类。直接防护是对路基本体加固，以抵御水流的冲刷；间接防护是借导流或挑流工程，改变水流性质，间接达到避免或减轻水流对路基冲刷的目的。直接防护有铺草皮护坡、抛石护坡、片石护坡、石笼护坡；间接防护主要有修建挑水坝、顺坝、潜坝和防水林带等方式。

【任务实施】

根据所学知识，提出任务目标：分组安排学生调查不同土质气候下的路基常见病害有哪些，并研究其成因，最终给出整治与预防措施。根据不同小组的展示成果，最终给出综合评价。

任务三　桥隧建筑物的认知

【任务描述】

本任务主要介绍桥梁、隧道和涵洞的相关知识。通过对知识的学习，辅以多媒体教学展示相关图片，使学生对桥隧建筑物有较全面的认识。

【基础理论】

城市轨道交通系统进入城区后，随着城市地势的变化或城区建筑群的不同，或从空中走，形成高架桥梁；或进入地下，形成隧道。桥隧建筑物包括桥梁、隧道、涵洞等。

一、桥梁

桥梁是城市永久性建筑的一部分，结构寿命应按 50 年以上考虑，因而桥梁可以作为城市景观的一部分，与城市的其他建筑相协调。高架桥上应考虑管线设置或通过要求，并设有紧急进出通道，防止列车倾覆的安全措施，应设有防水、排水措施，在必要地段设置防噪屏障。高架线路的区间桥跨结构宜采用工厂预制的钢筋混凝土梁或预应力混凝土梁，当梁的跨度大于30m时，可采用后张预应力混凝土梁或钢梁。高架车站可采用钢筋混凝土框架结构，站内行车轨道部分的桥跨结构应与站台部分的梁板分开。同一条线路各高架车站的结构应力求统一。城市轨道交通高架桥一般比较长且平，宽度较窄，单线为5m，双线为9.5m，其对于基础沉降、桥墩刚度及桥梁工艺造型要求较高。

高架桥一般有以下3种结构形式：

（1）**槽形梁结构** 跨度L=10m、20m、30m、35m，建筑高度为0.35~0.5m。

（2）**脊梁结构** 跨度L=25m、30m、35m、40m，建筑高度为0.5~0.6m。

（3）**超低高度板结构** L=10m，建筑高度为0.44~0.8m；L=15m，建筑高度为0.54~1.00m；L=20m，建筑高度为0.66~1.40m。

城市轨道交通高架桥梁主要由桥面、梁、墩台、基础等组成。

桥隧建筑物的认知

1. 梁

目前，在城市轨道交通高架桥上应用较多的梁的形式有预应力混凝土槽形梁、预应力混凝土板梁和预应力混凝土T形梁等几种。预应力混凝土槽形梁是一种下承式桥梁，由车道板、主梁和端横梁3部分组成。

2. 墩台与基础

高架桥的墩台除具有足够的强度和稳定性以承受荷载外，还需要考虑美观，使其与城市环境和谐、匀称、协调，一般有以下几种形式：

（1）**T形墩** T形墩自重小，节省材料、减少占地面积，具有较大的强度和刚度，其与上部结构的轮廓线过度平顺，受力合理。

（2）**双柱墩** 双柱墩体积小，透空空间大，稳定性好，结构轻巧，所适用的上部结构较灵活。

（3）**Y形墩** Y形墩与T形墩一样，体积小、材料少、占地少、外观简洁、桥下透空空间大，但其结构相对来说较复杂，施工比较麻烦。

桥梁基础形式有扩大基础和桩基础。扩大基础适用于岩石及持力层较浅的地基，桩基础适用于砂质及软土地基。

二、隧道

隧道是修建在地层内的建筑物。在城市轨道交通中占有较大比重的应当数地下铁道。地下铁道由于在地下运行，对地面上的其他交通工具无干扰，其运输能力不受气候影响，也避免了地面轻轨和高架交通所产生的噪声对城市的污染，在战争期间还可作为民用防空设备，所以地下铁道的优点非常明显，但是地下铁道造价昂贵，应充分进行技术经济比较后，分区段确定线路方案。

（一）区间隧道的特点

地铁的地下线路铺设在隧道中，连接两个地铁车站之间的隧道称为区间隧道。区间隧道的走向和埋深，受工程地质和水文地质条件、地面和地下环境、施工方法等因素制约，直接关系造价的高低和施工的难易。

地铁区间隧道结构包括行车隧道、渡线、折返线、地下存车线、联络线及其他附属建筑物。

区间隧道的开挖大多沿闹市区的街道下面，开挖必然引起地面沉降，如何控制地面沉降量，不至影响既有建筑物的安全，是城市地下铁道施工所面临的一大课题。

（二）区间隧道的断面形式

1. 浅埋式地下铁道

浅埋式地下铁道一般采用矩形断面。

2. 深埋式地下铁道

深埋式地下铁道根据施工方式不同，可以设计为矩形断面（如地下连续墙施工方法），也可以设计为圆形断面（如地下盾构掘进施工法）和椭圆形断面。

三、涵洞

涵洞是设在路堤下部的填土中，用以通过水流或行人的一种建筑物，如图2-9所示。

图2-9 涵洞

按照建筑材料的不同，涵洞有石涵、混凝土涵、钢筋混凝土涵、铁涵等。涵洞的断面有矩形、圆形、拱形等不同形式。涵洞的孔径一般为0.75~6.0m。

涵洞主要由洞身（由若干管节组成）、基础、端墙和翼墙所组成。管节埋在路基之中，具有一定的纵向坡度（从进口向出口），以便排水。端墙和翼墙的作用是便于水流进出涵洞，同时还可以保护路堤边坡，使它不受水流的冲刷。

【项目学习效果综合考核】

一、填空题

1. 路基工程主要由（　　　）、（　　　）和（　　　）组成。
2. 路堤路基本体由（　　　）、（　　　）、（　　　）及（　　　）组成。
3. （　　　　　　　　　）称为路基面。
4. （　　　　　　　　　）称为路拱。
5. 路基面中，（　　　）覆盖以外的部分称为路肩。
6. 路基（　　　）称为路基边坡。

7. 当路肩埋有设备时，路堤及路堑的路肩宽度均不得小于（　　）m，无埋设设备时路肩宽度不得小于（　　）m。

8. 路基横断面形式主要有：（　　）和（　　）。

9. 路基病害类型主要有：（　　）、（　　）、（　　）和（　　）4种类型。

二、简答题

1. 路基的基本作用是什么？
2. 什么是路基本体？
3. 什么是基床？什么是基底？
4. 路基面宽度如何确定？
5. 什么情况下修建支挡建筑物？
6. 路基排水工程主要包括哪些？
7. 什么是路基横断面？
8. 什么是路肩？路肩的作用是什么？
9. 边坡是如何规定的？
10. 护道的作用是什么？
11. 路基有哪些常见的防护加固方式？
12. 路基有哪几种常见病害？如何防治各种路基病害？

项目三 轨道结构

【教学导航】

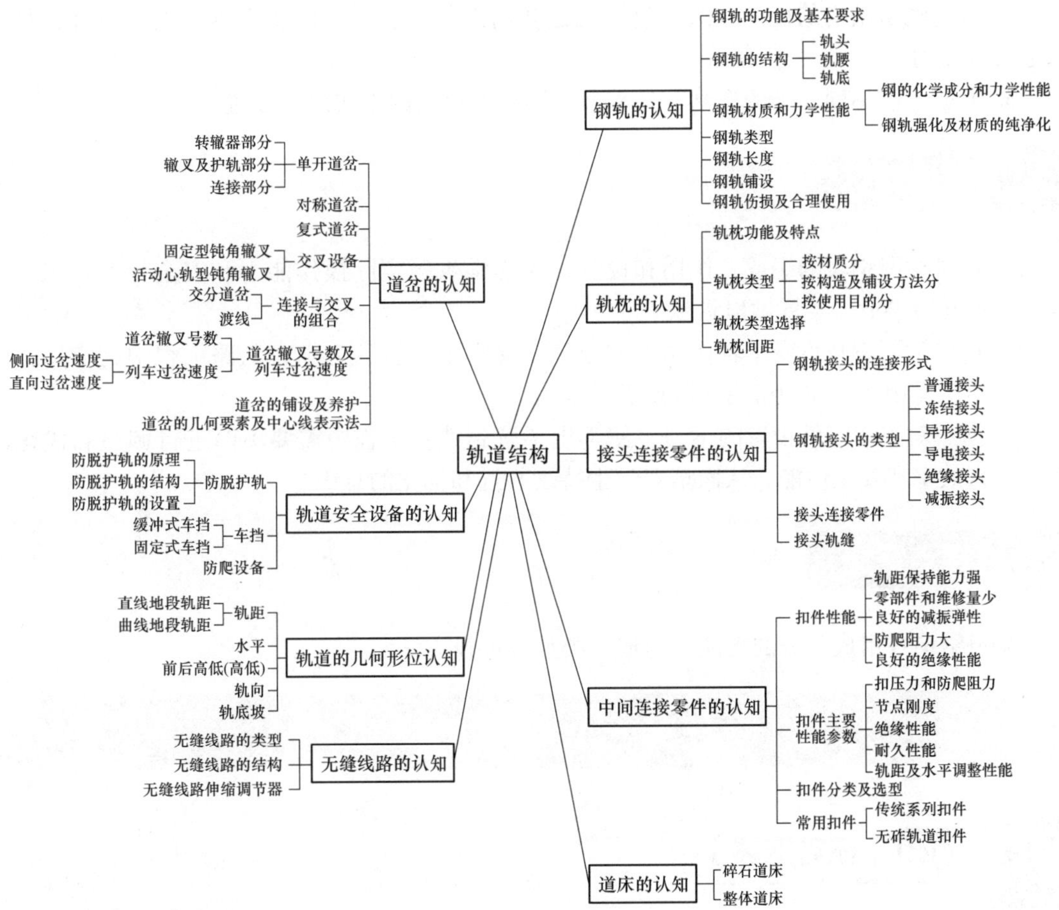

【知识目标】

1. 熟悉轨道结构的作用及组成。
2. 掌握钢轨的作用、类型、结构及铺设方法。
3. 理解轨枕的作用、类型及铺设数量规定。
4. 掌握接头连接零件的作用、组成；接头类型及钢轨接头连接形式。
5. 熟悉中间连接零件的作用、主要参数、类型及选型标准。
6. 掌握道床的作用及类型。

7. 掌握道岔的作用、种类及组成。
8. 了解无缝线路的类型、结构及铺设方法。
9. 探究道岔几何要素及中心线表示法。

【能力目标】

1. 能够分析不同类型轨道结构的适用场景和优缺点，为实际工程中的轨道选型提供依据。
2. 掌握轨道结构的设计方法，包括轨道几何形位、道岔几何要素等方面的设计，具备轨道设计能力。
3. 能够绘制不同种类的道岔，并掌握不同种类道岔的组成以及设置。

【素养目标】

1. 通过学习钢轨的组成、作用和设置，培养学生的实际操作能力和安全生产意识，为我国轨道交通事业的发展做出贡献。
2. 通过学习钢轨承受车轮作用力的原理，使学生了解到力学在铁路工程中的应用，从而培养学生运用力学知识解决实际问题的能力。
3. 通过对连接零件设置的学习，使学生了解到铁路工程中需要不断进行调整和优化以提高运行效率和安全性能，从而培养学生持续改进和优化的意识。

【重点掌握】

轨道结构各组成部分的功能、组成、类型及铺设方法。

任务一　钢轨的认知

钢轨认知

【任务描述】

本任务主要介绍了钢轨的作用、类型、标准长度及铺设方法相关理论知识，通过对理论知识的学习，辅以多媒体课件教学，使学生对钢轨有全面的认知。

【基础理论】

轨道结构是列车运行的基础，引导列车的运行方向，直接承受列车的巨大压力，并将列车的巨大压力通过车轮首先作用在钢轨顶面，再依次传给轨枕、道床和路基或桥隧建筑物。

轨道结构应具有足够的强度、稳定性、耐久性、平顺性，并具有正确的几何形位，以确保列车在规定的最大载重和最高速度下安全、平稳、快速地运行。

城市轨道交通列车轴重轻，行车密度大，运营时间长，维修时间短，因此，城市轨道交通线路和一般铁路相比，有所不同。其轨道结构除了要求具有足够的强度、稳定性和耐久性等基本特征外，还要求：

1) 具有适当的弹性，使列车运行时所引起的振动和噪声控制在容许的范围内。

2) 具有一定的绝缘性能，以减小杂散电流对周围金属构件的电腐蚀。

3) 能够适应维修时间短的特点，养护工作要小，零部件使用寿命长。

4) 尽量选用轨道结构零件的标准品种，以降低工程造价和养护费用。

轨道结构一般由钢轨、轨枕、连接零件、道床、道岔和其他附属设备组成，如图 3-1 所示。随着列车牵引形式和轮轨形式的变化，还出现了磁浮结构、橡胶轮轨结构和单轨结构等轨道结构形式。

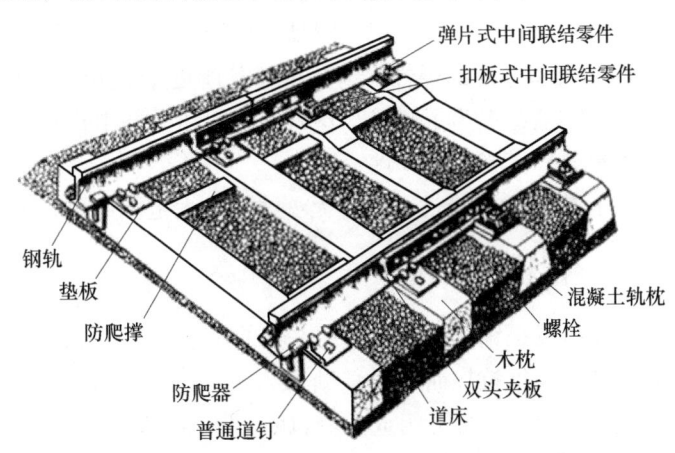

图 3-1 轨道结构的基本组成

一、钢轨的功能及基本要求

1. 功能

钢轨与列车车轮直接接触，钢轨质量的好坏直接影响行车的安全性和稳定性。为了使线路能按照设计速度保证列车运行，钢轨必须具备以下功能：

1) 引导列车运行的方向，为车轮提供连续、平顺和较小摩擦阻力的滚动轨面。

2) 承受来自车轮的巨大垂向压力，并以分散的形式传递到扣件、轨枕、道床等轨下结构。钢轨除了承受车轮的巨大垂向压力外，还需承受横向水平力和纵向水平力。

3) 在电气化线路或自动闭塞区段，钢轨还可兼作轨道电路之用。

2. 基本要求

为实现这些功能，对钢轨提出了以下基本要求：

(1) 足够的强度、韧性和耐磨性 钢轨是作为一根支承在弹性基础上的无限长梁进行工作的。它主要承受轮载作用下的弯曲应力，同时也承受轮轨接触应力，以及轨腰与轨头或轨底连接处可能产生的局部应力和温度变化作用下的温度应力。在这些力的作用下，钢轨会产生压缩、伸长、弯曲、扭转、磨耗等复杂的变形。为使列车能够安全、平稳和不间断地运行，钢轨的应力和变形均不可超过规定的限制，这就要求钢轨具有足够的强度、韧性和耐磨性。

(2) 钢轨顶面足够光滑 对列车来说，车轮与钢轨顶面之间的摩擦阻力太大会使行车阻力增加，这就要求钢轨有一个光滑的滚动表面，而列车依靠其车轮与钢轨顶面之间的摩擦作用牵引列车前进，则要求钢轨顶面具有一定的粗糙度，以使车轮与钢轨之间产生足够的摩擦力。从这一矛盾的主要方面出发，钢轨应维持其光滑的表面，必要时，向轨面撒砂以提高车轮与钢轨之间的黏着力。

（3）**较高的疲劳强度和冲击韧性**　钢轨长期在列车重复荷载作用下，随着轴重增加和钢轨重型化，轨头部分的疲劳损伤成为钢轨伤损的主要形式之一。为防止轨头内侧剥离及由此引起的钢轨横向折断，钢轨应具有良好的疲劳强度和冲击韧性。

（4）**具有一定的弹性**　钢轨依靠其刚度抵抗轮载作用下的弹性弯曲，这就要求钢轨具有足够的刚度，但为了减轻车轮对钢轨的动力冲击作用，防止列车走行部分及钢轨的折损，又要求钢轨具有必要的弹性。

（5）**良好的焊接性**　随着无缝线路的大范围应用，要求钢轨具有良好的焊接性。

二、钢轨的结构

通常可以把钢轨视为弹性地基上的连续梁，作用于其上的力主要为垂直力，其结果是使钢轨挠曲，而抵抗挠曲的最佳断面为工字形。因此，一般将钢轨断面设计成工字形，由轨头、轨腰和轨底3部分组成。钢轨断面如图3-2所示。

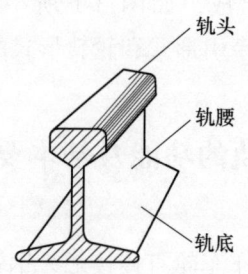

图3-2　钢轨断面示意图

钢轨断面设计应满足以下要求：

1. 轨头

轨头是直接和车轮接触的部分，应具有抵抗压溃和耐磨的能力，故轨头宜大而厚。轨头应具有足够的表面积，并具有与车轮踏面相适应的外形，使车轮传来的压力集中于钢轨中心轴；同时具备耐磨的性能，使车轮踏面和钢轨顶面磨耗均匀。轨头顶面应轧制成隆起的圆弧形，使车轮传来的压力集中于钢轨中心轴。钢轨被车轮长期滚压后，顶面形成200～300mm半径的圆弧。

2. 轨腰

轨腰主要承受剪力，必须具有足够的厚度和高度，具有较大的承载能力和抗弯能力。轨腰的两侧常为曲线，有利于传递车轮对钢轨的冲击力和减少钢轨因冷却而产生的残余应力。轨腰与轨头及轨底的连接，必须保证夹板能有足够的支承面。

3. 轨底

轨底的主要作用是分布压力及保持稳定，因此设计时必须使轨底有足够的宽度和厚度，并具有必要的刚度和抗腐蚀能力。

三、钢轨材质和力学性能

1. 钢的化学成分和力学性能

钢的化学成分主要为铁，还含有少量的碳、锰、硅、磷、硫等元素。

碳对钢轨的力学性能影响最大。如果钢轨的含碳量提高，其抗拉强度、耐磨性及硬度都迅速增加。但含碳量过高，会使钢轨的伸长率、断面收缩率和冲击韧性显著下降。因此，一般钢轨中碳的质量分数不超过 0.82%。

锰可以提高钢轨的强度和韧性，去除有害的氧化铁和硫夹杂物，其质量分数一般为 0.6%~1.0%。

硅易与氧化合，故能去除钢中气泡，增加密度，使钢制密实细致。在碳钢中，硅的质量分数一般为 0.15%~0.3%。若提高钢轨的含硅量，也能提高钢轨的耐磨性能。

磷与硫在钢中均属有害成分。磷过多（超过 0.1%），会使钢轨具有冷脆性，在冬季严寒地区，易突然断裂。硫不溶于铁，不论含量多少均生成硫化铁，在 985℃ 时，呈晶态结晶析出。这种晶体性脆易溶，使金属在 800~1200℃ 时发脆，在钢轨轧制或热加工过程中容易出现大量废品。所以钢轨中磷、硫的含量必须严格加以控制。

另外，在钢轨的化学成分中适当增加铬、镍、钼、铌、钒、钛和铜等元素，制成合金钢轨，可有效提高钢轨的抗拉强度和疲劳强度，以及耐磨性和耐腐蚀性。

2. 钢轨强化及材质的纯净化

为适应列车高速运行的需要，钢轨要重型化、强韧化及纯净化。

采用重型钢轨可以提高轨道结构的承载能力，延长钢轨疲劳寿命和线路大修周期，具有明显的技术经济效益。但由于重型钢轨的刚度大，相应弯曲变形较小，列车车轮对钢轨的动力作用大部分作用在轮轨接触区，同时由于重型钢轨扭转中心接近轨底，轨头产生的纵向正应力远远大于轨底的纵向正应力，从而加速了重型钢轨轨头病害的发展。为了增加重型钢轨的抗磨及抗接触疲劳能力，必须对其材质，尤其是轨头部分进行强化。

重型钢轨的强化有 2 种技术路线：

1）钢轨合金化。它的生产工艺简单，投资少，能源消耗少，钢轨整体被强化，表层强度均匀，焊接性好。

2）碳钢热处理（淬火）。这种方法也可获得同样的高强度和表面硬度，同时韧性好，节省合金，适于大批量生产。根据冶金学原理及我国冶金工业生产实践：如不改变钢种，单凭碳钢热处理，很难再大幅度地提高强度，唯有微合金与热处理相结合，两者相辅相成，才可得到既有更高强度，并有相应韧性、硬度和焊接性的优质钢轨。

钢轨热处理对材质纯净度的要求比普通钢轨更高，如果不提高钢轨的纯净度，钢轨重型化及强韧化的优势也不能更好地发挥。因此，材质纯净化是重型化和强韧化的基础。例如，钢轨中非金属夹杂、钢轨金属薄弱区的存在等，都是钢轨产生疲劳损伤的根源，以这些疲劳源为中心形成核伤，便会危及行车安全。

钢轨重型化、强韧化和纯净化应当有机地统一，只有统筹协调三者的关系，才能获得最佳综合技术经济效益。

四、钢轨类型

钢轨类型通常按照每延米大致重量来划分,我国现行主要钢轨类型有 38kg/m、43kg/m、50kg/m、60kg/m、75kg/m 等,记为 P38、P43、P50、P60、P75 等。其中 60kg/m 及以上类型的钢轨为重型钢轨,50kg/m 及以下类型的钢轨为轻型钢轨。

相对于轻型钢轨,重型钢轨的稳定性能更好,养护维修的工作量更少,而且还能增加回流断面,减少杂散电流,具有一定的优势。有关资料介绍,从技术性能上分析,60kg/m 钢轨与 50kg/m 钢轨相比,重量增加不多,但是允许通过的总重量可增加 50%。

城市轨道交通在经济条件允许时,无论地面线、地下线或高架线,运营正线都宜选用重型钢轨。对车场线来说,由于主要供空车运行且运行速度又低,考虑到经济性,选用 50kg/m 或 43kg/m 钢轨均是可行的。《地铁设计规范》规定:正线及配线钢轨宜选用 60kg/m 钢轨,车场线宜选用 50kg/m 钢轨。

道岔是轨道的薄弱环节,其钢轨强度不应低于一般轨道的标准,《地铁设计规范》规定:正线上的道岔钢轨类型应与相邻区间的钢轨类型一致,并且不得低于相邻区间钢轨的强度等级及材质要求。

60kg/m 钢轨与 50kg/m 钢轨的性能比较见表 3-1。

表 3-1 60kg/m 钢轨与 50kg/m 钢轨的性能比较

性 能 指 标	与 50kg/m 钢轨比较
钢轨抗弯强度	34%
弯曲应力	-28%
使用年限	50%~200%
疲劳破坏造成的更换率	-83.3%
列车冲击振动	-10%

不同类型钢轨横断面的各部分尺寸不同,钢轨主要形式尺寸见表 3-2。

表 3-2 钢轨主要形式尺寸

钢轨类型/(kg/m)	75	60	50	43	38
钢轨高度 A/mm	192	176	152	140	134
轨底宽度 B/mm	150	150	132	114	114
轨头宽度 C/mm	75	73	70	70	68
轨腰厚度 D/mm	20	16.5	15.5	15.5	13.0
钢轨类型/(kg/m)	75	60	50	43	38
轨头高度 E/mm	55.3	48.5	42	42	39
轨底厚度 F/mm	32.3	30.5	27	27	24
轨头侧坡	1:20	1:20	—	—	—
R_1-R_2-R_3/mm	15-80-500	13-80-300	13-300-∞	13-300-∞	13-300-∞
R_4-R_5/mm	7-17	8-25	5-12	5-12	7-7
R_6/mm	450	400	350	350	350

在钢轨的主要形式尺寸中，钢轨高度、轨头宽度、轨腰厚度以及轨底宽度是钢轨断面的主要参数。为使钢轨轧制冷却均匀，要求轨头、轨腰及轨底的面积分配比例合适。为了保证有足够的惯性矩及断面系数来承受竖直的轮载动力作用，钢轨高度应尽可能大些。但钢轨越高，其在横向水平力作用下的稳定性越差。所以，要求钢轨高度和轨底宽度间应有一个适当的比例，一般要求钢轨高度与轨底宽度之比为 1.15~1.20。

五、钢轨长度

我国标准钢轨的长度为 12.5m 和 25m。世界各国的钢轨尺寸有长有短，目前由于高速重载铁路都采用无缝线路，钢轨尺寸越短，钢轨焊接接头越多，所以世界各国都在大力发展长钢轨。

在曲线轨道中，内股钢轨比外股钢轨短，若内外两股钢轨铺同样长度的标准轨，则内股钢轨的接头势必较外股的接头超前，不能满足钢轨接头对接的要求。当然，由于线路上曲线半径和长度不一，难以使曲线上每个接头均正好相对，因此，允许内外两股钢轨接头有少量相错。在正线及到发线上，相错量不大于 40mm 加所用缩短轨缩短量的一半；在其他站线、次要线和使用非标准长度钢轨的线路上，容许再增加 20mm。为了使内外钢轨接头尽量对接，必须在内股钢轨的适当位置铺设厂制标准缩短轨。25m 钢轨的标准缩短轨有 24.96m、24.92m 和 24.84m 3 种。12.5m 钢轨的标准缩短轨有 12.46m、12.42m 和 12.38m 3 种。为了维修管理方便，同一曲线地段一般宜使用同一种标准缩短轨。

六、钢轨铺设

正线地段和半径为 250m 及以上的曲线地段，应铺设无缝线路。高架线路上的无缝线路需要做特殊设计。在曲线半径小于 300m 的地段，要铺设耐磨长钢轨，以减少磨损和接头振动。由于车轮踏面与钢轨顶面主要接触部分是 1/20 斜坡，为了使钢轨轴心受力，钢轨亦要设置向内倾斜的轨底坡。《地铁设计规范》规定地下线路轨底坡为 1/40。

七、钢轨伤损及合理使用

1. 钢轨伤损

钢轨伤损是指钢轨在使用过程中发生钢轨折断、钢轨裂纹以及其他影响和限制钢轨使用性能的伤损。钢轨在极其复杂的环境下运行，不可避免地会产生各种伤损。其伤损的原因，既有钢轨在冶炼过程中出现的缺陷，也有在运输、使用过程中出现的破损。钢轨伤损对运输安全有很大的威胁，因此，及时发现钢轨伤损并积极采取措施，保证线路行车安全，对工务部门是极为重要的。

为便于统计和分析钢轨伤损，需对钢轨伤损进行分类。根据伤损在钢轨断面上的位置、伤损外貌及伤损原因等分为 9 类 32 种伤损，常见的有钢轨磨耗、钢轨接触疲劳伤损及轨头核伤、轨腰螺栓孔裂纹等。下面介绍几种常见的钢轨伤损情况。

（1）钢轨磨耗 钢轨磨耗主要是指钢轨的侧面磨耗和波形磨耗。垂直磨耗随着轴重和通过总重的增加而增大，一般情况下是正常的。但是，轨道几何形位设置不当，会使垂直磨耗速率加快，这是要防止的，可通过调整轨道几何尺寸解决。

1）侧面磨耗。侧面磨耗是目前钢轨伤损的主要类型之一，主要发生在小半径曲线的外股钢轨上。列车在曲线上运行时，轮轨的摩擦与滑动是造成外轨侧磨的根本原因。列车通过小半径曲线时，通常会出现轮轨两点接触的情况，这时发生的侧磨最大。改善列车通过曲线钢轨的条件，如采用磨耗型车轮踏面、径向转向架等，均会降低侧磨的速率。近年来，在我国提速线路中，直线钢轨出现左右股交替侧磨，形成周期性轨道不平顺，称为直线钢轨不均匀侧磨。它的出现会导致提速列车剧烈摇晃，影响行车安全。从工务角度来讲，应改善钢轨材质，采用耐磨钢轨，加强养护维修，设置合理的轨距、外轨超高及轨底坡，增加线路的弹性，在钢轨侧面适当涂油等。这些方法都可减小钢轨侧面磨耗。

2) 波形磨耗。波形磨耗是指钢轨顶面出现的波状不均匀磨耗，如图 3-3 所示。按其波长分为短波磨耗（或称波纹形磨耗）和长波磨耗（或称波浪形磨耗）两种。波长为 50~100mm，波幅为 0.1~0.4mm 的周期性不平顺为短波磨耗；波

图 3-3　钢轨波形磨耗示意图

长在 100mm 以上，3000mm 以下，波幅在 2mm 以内的周期性不平顺为长波磨耗。

(2) 钢轨接触疲劳伤损　钢轨接触疲劳伤损的形成主要是由于金属接触疲劳强度不足以及车轮的重复作用，导致钢轨顶面金属冷作硬化，最终形成接触疲劳伤损。其形式有接触疲劳裂纹和轨头剥离等。列车速度及轴重的提高、钢轨材质及轨型的不适应等状况，将加速钢轨接触疲劳伤损的发生和发展。

(3) 轨头核伤　轨头核伤是最危险的一种钢轨伤损形式。钢轨在列车作用下会突然断裂，严重影响行车安全。轨头核伤产生的主要原因是轨头内部存在微小裂纹或缺陷（如非金属夹杂物及白点等），在重复动荷载作用下，在钢轨走行面以下的轨头内部出现极为复杂的应力组合，使细小裂纹成核，然后向轨头四周发展，直到核伤周围的钢料不能提供足够的抵抗，钢轨在毫无预兆的情况下猝然折断。所以钢轨内部材质的缺陷是形成核伤的内因，而外部荷载的作用是外因。核伤的发展与运量、轴重及行车速度、线路平面状态有关。为确保行车安全，要定期进行钢轨探伤检查。图 3-4 所示为轨头核伤。

图 3-4　轨头核伤示意图

(4) 轨腰螺栓孔裂纹　钢轨端部轨腰钻孔后，强度削弱，螺栓孔周围产生较高的局部应力，在列车冲击荷载的作用下，螺栓孔裂纹开始产生和发展。螺栓孔裂纹主要来自钻孔时产生的微小裂纹，而养护不当又促进裂纹的形成和发展。钢轨接头养护维修的状态，对螺栓孔应力的影响极大，特别是高低错牙、轨端低塌、鞍形磨耗及道床板结的影响更大。为防止螺栓孔周边应力集中，可采取将螺栓孔周边镗光的措施。

减缓钢轨伤损的措施有：净化轨钢，控制杂物的形态；采用淬火钢轨，发展优质重轨；改进钢轨力学性能；改革旧轨再用制度，合理使用钢轨；钢轨打磨；按钢轨材质分类铺

轨等。

2. 钢轨的合理使用

钢轨是线路的重要组成部分,在《钢轨使用规范》中,除明确指出钢轨的发展方向是重型化、强韧化和纯净化外,对合理使用钢轨也有明确规定。规定指出:应根据钢轨综合经济效益分析,确定钢轨合理的使用周期,实行钢轨分级使用制度,并积极做好旧轨的整修工作。

(1) 钢轨的分级使用 钢轨分级使用包含两个方面的含义:钢轨的二次或多次使用和钢轨在一次使用中的合理倒换使用。

钢轨的二次使用是指钢轨在繁忙线路上运营以后经过旧轨整修,再把它铺设到运量小的线路上再次使用,可以延长钢轨的使用寿命和提高钢轨的使用效率。重型旧轨的多次使用,可使整个非繁忙线路的设备得到显著加强。旧轨整修通常分为3类:综合整修轨、一般整修轨和焊接再用长轨条。现代钢轨的高质量、耐久性和可靠性,为钢轨的多次再用提供了可能性。钢轨设备的运营制度应是阶梯式的,钢轨随着其承载能力的减弱而逐步换到运量较小的区段上使用。

钢轨在一次使用中的倒换使用是钢轨合理使用的另一个方面。由于不同的轨道结构,钢轨伤损的速率也是不一样的,钢轨寿命的长短差别很大,在同一区段线路上将曲线轨道上下股钢轨倒换使用或直线与曲线钢轨倒换使用,是延长钢轨使用寿命的另一措施。

(2) 钢轨整修技术 钢轨整修分厂内钢轨修理和现场钢轨修理。厂内钢轨修理的主要作业内容有机械清洗、除锈、钢轨矫直、钢轨全长探伤、钢轨接触面修整、钢轨焊接、钢轨截锯及钻孔等。现场钢轨修理则主要是对钢轨接头病害的整修,有磨修和焊补2种作业方式。磨修即采用砂轮打磨机消除钢轨轨面不均匀磨耗或焊补掉块、剥离等缺陷后的打磨顺平。随着打磨列车的出现,磨修成为整治钢轨接头病害的主要手段,对于大范围的钢轨表面修理则采用打磨列车作业。当轨面不均匀磨耗、掉块、擦伤等病害接近或大于1mm时,应以钢轨的焊补作业为主。

(3) 钢轨打磨 钢轨打磨技术最初用于消除钢轨波形磨耗、车轮擦伤及接头处的鞍形磨耗。随着钢轨打磨技术的应用发展,钢轨打磨列车应运而生,钢轨打磨也从最初的钢轨修理转向钢轨保养,现在已发展成为一种多功能现代化的养路技术。根据钢轨打磨的目的及磨削量,钢轨打磨可分为修理性打磨、预防性打磨和钢轨断面打磨3类。

1) 修理性打磨。修理性打磨主要用来消除钢轨的波形磨耗、车轮擦伤及轨面裂纹等,钢轨的一次磨削量大,钢轨打磨周期较长。

2) 预防性打磨。预防性打磨近年来已发展成为控制钢轨接触疲劳的主要技术。它旨在控制钢轨表面接触疲劳的发展,钢轨打磨周期较短,以便在钢轨表面裂纹萌生时就予以消除。与修理性打磨相比,它可在钢轨上道后马上进行,也可在钢轨表面萌生疲劳伤损时立即进行,如果打磨时机选择恰当,可大大减缓钢轨伤损的发展,延长钢轨使用寿命。

3) 钢轨断面打磨。钢轨断面打磨是通过钢轨打磨改变钢轨的轨头形状,以改善轮轨接触状态,从而最终达到控制病害发生和发展的一种钢轨打磨方式。通过断面打磨可控制钢轨侧磨、改善轮轨横向力。但一种特定的打磨断面方式只适合某一类线路条件,不同的线路条件需要不同的打磨断面方式,不存在一种适合所有问题的钢轨打磨断面形式。

【拓展提高】

轨 道 电 路

1. 轨道电路的作用

轨道电路是信号自动控制的基础设备,主要用于自动检测列车、车辆的占用情况。

1）监督列车占用状态：轨道电路能够自动检测轨道上是否有列车占用,帮助系统判断轨道的空闲或占用。

2）传递行车信息：轨道电路不仅能够检测列车的存在,还能传递与列车运行相关的各种信息,如列车位置、速度等。

3）确保行车安全：通过轨道电路,可以自动控制信号机的显示,确保列车在正确的信号下运行,防止交通事故。

2. 轨道电路的组成

轨道电路主要由以下几部分组成：

1）钢轨：作为主要的导电路径,负责传输电流信号。

2）轨端接续线：用于保持电信号的连续性,减少因钢轨接头引起的信号衰减。

3）钢轨绝缘：在相邻的轨道电路之间提供隔离,划分不同的轨道区段。

4）送电设备：通常为电源,用于向轨道电路提供稳定的电流。

5）受电设备：负责接收由钢轨传输的信号,判断轨道的占用状态,并控制信号机的显示。

6）限流设备：如可调电阻,用于调整轨道电路的电压,防止电流过大损坏设备。

【任务实施】

依据基础理论知识,提出任务目标：地铁公司钢轨的类型调查。将学生按照生源地进行分组,每组同学深入地铁公司进行调查,认知本地铁公司钢轨的类型,根据不同小组的调查报告,进行综合评价。

【任务工单】

任务名称	钢轨的认知	学时	2	班级	
姓名		学号		成绩	
实训设备、工具及仪器	钢轨	实训场地		日期	
任务目的	1. 在教师指导下,利用身边工具（纸盒,板子,铁条等）,制作钢轨模型（2条）。 2. 运用各种工具制作模型,要求做到细致逼真,培养耐心、精益求精的精神。 3. 将模型与实际钢轨相对照,对不足之处进行优化。				

(续)

一、资讯
1. 在电气化铁路或自动闭塞区段，钢轨还可兼做_____。
2. 一般将钢轨截面设计成工字形，由_____、轨腰和_____3部分组成。
3. _____主要承受剪力，必须具有足够的厚度和高度，具有较大的承载能力和抗弯能力。
4. _____是直接和车轮接触的部分，应具有抵抗压溃和耐磨的能力，故宜大而厚，应具有足够的表面面积，并具有与车轮踏面相适应的外形，使车轮传来的压力集中于钢轨中心轴。
5. _____的主要作用是分布压力及保持稳定，因此设计时必须有足够的宽度和厚度，并具有必要的刚度和抗腐蚀能力。
6. 钢轨类型通常按照_____来划分，我国现行主要钢轨类型有38kg/m、43kg/m、50kg/m、_____kg/m、_____kg/m等，记为P38、P43、P50等。其中_____kg/m及以上类型的钢轨为重型钢轨，_____kg/m及以下类型的钢轨为轻型钢轨。
7. 《地铁设计规范》规定：正线及配线钢轨宜选用_____kg/m钢轨，车场线宜选用_____kg/m钢轨。
8. 我国标准钢轨的长度为_____m和_____m两种。
9. 由于车轮踏面与钢轨顶面主要接触部分是1/20斜坡，为了使钢轨轴心受力，钢轨亦要设置_____倾斜的轨底坡。《地铁设计规范》规定地下线路轨底坡为1/40。

二、计划与决策
1. 以小组为单位开展钢轨模型的制作工作。
2. 实践过程设置：教师为每个小组的监督员，并设置实践组长1名，记录员1名。
组长：负责搜集实施过程的指挥控制，确保每位学生参与到各个环节，并对每位学生的实施过程进行评估。
记录员：负责实践过程的各项文案记录工作，记录每位学生的回答情况，记录实践过程中存在的不足及提出的改进意见。
3. 实践过程围绕下列主题开展：①钢轨的断面形状及组成；②钢轨的标准长度。

三、实施
1. 设备准备：钢轨。
2. 作业过程：①准备工作：准备用具；②认知钢轨的断面形状及组成；③认知钢轨的标准长度。
3. 教师指导。在教师指导下，利用纸张、塑料、剪刀、笔、胶水等工具，制作钢轨的模型，要求：
1）以小组协作形式完成。
2）钢轨的断面形状满足要求。
3）按照钢轨的断面形状比例制作。
4）按照一定比例制作标准长度的钢轨。
4. 模拟演练。利用模型列车在制作好的钢轨上模拟运行。

四、检查
任务完成后，做如下检查：
1. 制作的钢轨断面形状是否合理：_____。
2. 制作的钢轨长度是否标准：_____。

五、评估
1. 请根据自己完成任务的情况，对自己的工作进行自我评估，并提出改进意见。
_____
_____
_____
_____

（续）

2. 工单成绩（总分为自我评价、组长评价和教师评价得分值的平均值）

自我评价（100分）	组长评价（100分）	教师评价（100分）	总分（100分）

任务二　轨枕的认知

轨枕认知

【任务描述】

本任务主要介绍了轨枕的作用、类型等相关理论知识，通过对理论知识的学习，辅以多媒体课件教学，使学生对轨枕有全面的认知，通过任务实施阶段，调查各地铁公司轨枕类型，并进行比较。

【基础理论】

一、轨枕功能及特点

轨枕是轨下基础的主要部件之一，主要作用是支承钢轨，承受来自钢轨传来的竖向垂直力、横向和纵向的水平力，并弹性地传布于道床，有效地保持轨道的几何形位，特别是轨距和方向。因此，轨枕应具有一定的坚固性、弹性、耐久性、足够的刚度和承受面积，还要具有造价低廉、制作简单、铺设和养护方便等特点。

二、轨枕类型

轨枕根据不同的分类方式可分为不同的类型。

1. 按材质分

按材质分，轨枕可分为木枕、混凝土枕和钢枕。

（1）**木枕**　木枕又称为枕木，是铁路上最早采用而且直到现在依然采用的一种轨枕，如图3-5所示。木枕断面一般为矩形，标准长度为2.5m。木枕的主要优点是弹性好，可缓和列车的动力冲击作用；有较好的绝缘性能；与钢轨连接比较简单；结构简单，制造容易，重量轻，运输、铺设、养护、更换方便等。

木枕的主要缺点是要消耗大量的木材，而且易腐朽、磨损，使用寿命较短（一般只有15～20年）；养护维修工作量大，需要经常更换，每年制作轨枕所消耗的优质木材数量惊人；随着木材资源的严重缺乏，价格也比较昂贵；由于木材种类和部位的不同，其强度、弹性不完全一致，在列车作用下会形成轨道不平顺，增大轮轨动力作用。所以现在城市轨道交通领域木枕已不多见。

项目三 轨道结构

图 3-5 木枕示意图

（2）混凝土枕 在我国主要线路上，除部分小半径曲线上还存在木枕外，绝大部分线路已铺设混凝土枕，如图 3-6 所示。

图 3-6 混凝土枕示意图

混凝土枕按配筋方式分为普通钢筋混凝土枕和预应力钢筋混凝土枕 2 种。普通钢筋混凝土枕制作简单，但耗钢量大，抗弯能力很差，容易产生裂缝，现已被预应力钢筋混凝土枕所代替。预应力钢筋混凝土枕由于预先施加预应力，因此耗钢量小，且不易开裂，使用寿命长。我国主要采用整体式预应力混凝土枕，简称混凝土枕（PC 枕）。混凝土枕按其结构形式可分为整体式、组合式和短枕式。整体式轨枕整体性强，稳定性好，制作简单，是线路上广泛使用的一种形式；组合式轨枕由两个钢筋混凝土块组合而成，整体性不如整体式轨枕，但钢杆承受正负弯矩的能力比较强；短枕式轨枕主要用在整体道床上。

混凝土轨枕长度与轨枕受力状态有关。根据不同支承情况，通过对不同轨枕长度进行计算表明，长轨枕可以减小中间断面负弯矩，但轨下断面上正弯矩将增大，两者互相矛盾，一般应以轨下断面正弯矩与枕中断面负弯矩保持一定比例来确定轨枕的合理长度。混凝土枕长度一般在 2.3~2.7m 之间，我国Ⅰ、Ⅱ型枕长度均为 2.5m。有关试验结果表明，增加轨枕长度有以下优点：可减小枕中断面外荷载弯矩，以提高轨枕结构强度；提高纵、横向稳定性和整体刚度，改善道床和路基的工作状况，对无缝线路的铺设极为有利；提高了道床的纵、横向阻力，可适当减少轨枕配置数量。我国新设计的Ⅲ型轨枕长度有 2.5m 和 2.56m 两种。

混凝土枕的高度在其全长上是不一致的，轨下部分高些，中间部分矮些。这是因为轨下断面通常在荷载作用下产生正弯矩，而中间断面则在荷载作用下产生负弯矩。混凝土枕采用直线配筋，且各断面上的配筋均相同，所以配筋的中心线处于轨下部分的应在断面形心之下，而在中间部分的则应在断面形心之上。这样对混凝土施加的预压应力形成有利的偏心距，使混凝土的拉应力不超过允许限度，防止混凝土枕裂缝的形成和扩展。

混凝土枕的主要优点是不受气候、腐蚀的影响，有利于提高轨道的强度；使用寿命长，可以降低轨道的养护维修费用；具有较强的横向和纵向阻力，稳定性好；铺设高弹性垫层可以保证轨道弹性均匀；加上材料来源广泛，所以得到了广泛的应用。缺点是质量大，刚度大，更换困难，与木枕线路相比其轨底挠度较平顺，故轨道动力坡度小。当列车通过不平顺的混凝土枕线路时，轨道附加动力增大，故对轨下部件的弹性提出了更高的要求，以提高线路抗振能力。

图 3-7　钢枕

（3）**钢枕**（图 3-7）　在铁路发展史上，钢枕已有近 100 多年的历史了，几乎和混凝土枕的年龄相当。自铁路诞生以来，木枕一直是传统的轨枕，早已被人们所熟悉，并且一直沿用到现在。随着水泥工业的发展，而后又出现了混凝土枕。至于钢枕，人们对它还了解甚少，比较陌生。20 世纪 30 年代至今，钢铁的消耗量剧增，价格成倍增长等，使钢枕难以同木枕、混凝土枕相竞争，钢枕的发展停滞下来。

2. 按构造及铺设方法分

按构造及铺设方法分，轨枕可分为横向轨枕、纵向轨枕、短轨枕和宽轨枕。

横向轨枕与钢轨垂直间隔铺设，是一种最常用的轨枕，如图 3-8 所示；纵向轨枕沿钢轨方向铺设，一般仅用于特殊需要的地段，如图 3-9 所示；短轨枕是在左右两股钢轨下分开铺设，常用于混凝土整体道床，如图 3-10 所示；宽轨枕底面积比横向轨枕大，减少了对道床的压力和道床的永久变形，如图 3-11 所示。

图 3-8　横向轨枕

图 3-9　纵向轨枕

项目三 轨 道 结 构

图 3-10 短轨枕

图 3-11 宽轨枕

3. 按使用目的分

按使用目的分，轨枕可分为用于一般区间线路的普通轨枕、用于道岔的岔枕和用于桥梁上的桥枕。

岔枕是用在道岔上的专用轨枕，如图 3-12 所示。道岔处要引导列车从一股道转入另一股道，导致此处的轨枕受力状况与产生的应力会跟普通线路上的轨枕情况不同。因此，岔枕的结构与一般轨枕的结构也不同。在我国铁路上，岔枕以使用木枕为主，近年来设计和铺设了混凝土岔枕和钢岔枕。木岔枕断面和普通木枕基本相同，长度分为 12 级，其中最短的为 2.60m，最长的为 4.80m，级差为 0.20m，采用螺纹道钉与垫板连接。钢筋混凝土岔枕最长为 4.90m，级差为 0.10m。混凝土岔枕与Ⅲ型混凝土枕具有相当的有效支承面积，采用无挡肩形式，岔枕

图 3-12 岔枕

顶面平直，岔枕中还预埋有塑料套管，依靠扣件摩擦及旋入套管中的道钉承受横向荷载。为了不让转换设备占用轨枕空间，适应大型养路机械设备的需要，提速道岔中还设计并采用了钢岔枕。钢岔枕内腔应满足电务转换设备的安装要求，同时考虑允许尖轨或心轨−15mm～+15mm 的伸缩量。钢岔枕外宽要控制，以保证与相邻岔枕间形成足够的捣固空间。钢岔枕自身还应有足够的刚度，在轮载作用下尽可能减小挠度，保证为上部构件及转换设备提供良好的支承条件。

钢岔枕与垫板、外锁闭设备间设有绝缘部件。钢岔枕底部焊有不规则条块，增大与道床间的摩擦系数。

为使道岔的轨下基础具有均匀的刚性，岔枕的间距应尽可能保持一致。转辙器和辙叉范围内的岔枕间距，通常采用 0.9～1 区间线路的枕木间距。设置转辙杆的一孔，其间距应适当增大。道岔钢轨接头处的岔枕间距应与区间线路同类型钢轨接头处轨枕间距保持一致，并使轨缝位于间距的中心。

铺设在单开道岔转辙器及连接部分的岔枕，均应与道岔的直股方向垂直。辙叉部分的岔枕，应与辙叉角的角平分线垂直，从辙叉趾前第二根岔枕开始，逐渐由垂直角平分线方向转

到垂直于直股的方向。

桥枕就是在桥面上铺设轨道时所用的枕木。由于要安放护轮轨，因此桥枕上有多处预留的孔洞，和普通枕木外观上有差别。

三、轨枕类型选择

城市轨道交通正线隧道内线路一般采用短轨枕或无轨枕的整体钢筋混凝土道床，车场线采用普通钢筋预应力混凝土轨枕，在道岔范围内少数区段可以采用木枕。

目前，我国混凝土枕统一为3个级别：Ⅰ型、Ⅱ型和Ⅲ型预应力混凝土轨枕。城市轨道交通地面线路使用最广泛的是Ⅱ型预应力混凝土轨枕。

在整体道床线路上，根据其特点，分别采用混凝土短枕、混凝土长枕和混凝土支承块。

隧道内的整体道床路段一般采用预应力钢筋混凝土长枕，高架线路宜采用新型轨下基础，这种新型的轨枕结构不同于传统的道砟道床上铺设的轨枕，而是以混凝土道床为主的构造形式，采用承轨台、支承块整体式道床。

此外，还有一种新型弹性轨枕。高速线路对轨道的平顺性、稳定性、可靠性、耐久性的要求越来越严格。有砟轨道在长期的高速列车荷载反复作用下已达到承载能力的极限，表现为碎石道床的破坏不断加剧，由于行车密度大，可用的维修时间越来越少。为此，不得不采取铺设重型钢轨和重型轨枕来强化有砟轨道的技术对策。这虽然可以改善有砟轨道状态的持久均衡性，有利于高速行车和既有线路提速的实施，另外轨道刚度也会随之增大，不利于轮轨动态相互作用关系，仅靠低刚度轨下胶垫来缓和高速轮轨动力冲击作用是远远不够的。为了解决轨道弹性问题，出现了以降低轨道刚度、提高轨道弹性和降低轨道振动、噪声为主要目的的弹性轨枕轨道结构。弹性轨枕轨道是指在轨枕底部设置弹性垫层以提高轨道弹性的轨枕，有些在轨枕侧面也设置弹性垫层，根据其使用目的的不同，分有砟道床用弹性轨枕和无砟轨道用弹性轨枕。

四、轨枕间距

轨枕间距也是轨道设计中的重要参数之一。轨枕间距与每千米配置的轨枕根数有关，而轨枕每千米铺设的轨枕数与运量、列车速度、列车轴重及钢轨、轨枕类型有关。一般每千米1440~1840根。对于运量大、速度高的线路，轨枕应该布置得密一些，减小道床、路基面、钢轨以及轨枕的应力和振动。

对于一般线路，轨枕应该布置得相对稀疏些。最终目的是在最经济的条件下，使轨道具有足够的强度和稳定性。但在一些特殊地段，如半径不小于400m的曲线地段，轨枕应该布置得密一些，以减小道床、路基面、钢轨以及轨枕的应力和振动，同时使线路轨距、轨向易于保持，每千米铺设短枕1680根。坡度大于12‰的下坡地段和长度不小于300m的隧道内线路应适当增加轨枕的铺设数量。但轨枕也不能布置得太密，太密则不经济，而且净距过小，也会在一定程度上影响捣固质量。具体铺设数量应符合《地铁设计规范》的规定，见表3-3。

表 3-3 轨枕类型和配置数量标准

五年内年计划通过总重 Mt			$W_年 \geq 25$	$25 > W_年 \geq 15$	$W_年 < 15$
轨枕配置数量 /(根/km)	木枕		1840	1760~1840	1680~1760
	Ⅱ型混凝土枕		1840	1760	1680~1760
	Ⅲ型混凝土枕	无缝线路	1667		
		普通线路	1680		
	混凝土宽枕		1760	1760	1760

【拓展提高】

一、木枕的防腐处理

木枕的使用寿命短,其失效原因很多,主要有腐朽、机械磨损和开裂。木枕腐朽是生物作用的过程,而机械磨损和开裂则是列车反复作用和时干时湿的结果,这三者是互为因果的。木枕一旦腐朽,强度就会降低,同时又会加剧机械磨损和开裂的发展。相反,木枕一旦出现机械磨损和开裂,木质受到损伤,就为加速腐朽提供了有利条件。为延长木枕使用寿命,应对这三者进行综合治理。

木枕的防腐处理是延长其使用寿命的最有效措施。木枕常用的防腐剂有水溶性防腐剂和油类防腐剂两类,其中以油类防腐剂为主要类型,木枕防腐处理按规定的工艺流程,在一个密封蒸制罐中进行。

木枕除进行防腐处理外,还应采取措施,防止机械磨损及开裂的出现。为了减少机械磨损,木枕上必须铺设垫板,并预钻道钉孔。为防止木枕开裂,必须严格控制木枕的含水量,并改善其干燥工艺。一旦出现裂缝,应根据裂缝大小,分别采取补救措施,如用防腐浆膏掺以麻筋填塞,或加钉(C形钉、S形钉、组钉板)及用铁丝捆扎,使裂缝愈合。

二、我国混凝土枕现状

我国城市轨道交通线路使用的混凝土枕,随着轨道设计荷载(轴重、速度、通过总重)的增加,轨枕断面的设计承载弯矩也有所增大。在设计中,主要采用提高混凝土等级,增加预应力和断面高度等措施。目前使用的Ⅰ型轨枕和Ⅱ型轨枕,其外形尺寸完全相同。

1. Ⅰ型轨枕

Ⅰ型轨枕的承载能力是按轴重 21t、最高速度 85km/h、铺设密度 1840 根/km 设计的。随着国民经济和铁路运输的发展,我国列车牵引动力已经发生了很大变化,Ⅰ型混凝土枕已不能适应这些外部条件的变化,破损加剧,使用寿命缩短。因此,在我国正线线路上Ⅰ型轨枕正逐步被淘汰。

2. Ⅱ型轨枕

Ⅱ型轨枕是根据重载线路承受荷载大、重复次数多的特点,采用疲劳可靠性进行设计的。设计标准是按年运量 60Mt,机车轴重 25t、货车轴重 23t,最高行车速度 120km/h,铺设 60kg/m 钢轨。与Ⅰ型轨枕相比,轨下断面正弯矩的计算承载能力提高 13%~25%,中间断面正弯矩提高约 8.8%,中间断面负弯矩提高 14%~41%。

Ⅱ型轨枕是目前我国轨枕中强度较高的类型，是主型轨枕，基本上能适用于次重型、重型轨道。Ⅱ型轨枕的不足是安全储备还不够大，对提高轨道的整体稳定性能还不足。现场使用情况调查表明，在重型、次重型轨道上使用的轨枕，在某些区段出现轨中顶面横向裂纹、沿螺栓孔纵向裂纹、枕端龟纹、侧面纵向水平裂纹、挡肩斜裂等，轨枕年失效下道率平均约为12%。由此可知，Ⅱ型轨枕难以适应重型和特重型轨道的承载条件。

3. Ⅲ型轨枕

Ⅲ型轨枕是1988年，由原铁道部专业设计院、原铁道部科学研究院等单位研制，分为有挡肩和无挡肩两种形式。为适应不同线路的需要，长度有2.5m和2.6m两种，其结构强度相同，Ⅲ型轨枕是目前我国的主型轨枕，适用于重型轨道。

【任务实施】

依据基础理论知识，提出任务目标：地铁公司轨枕类型调查。将学生按照生源地进行分组，每组同学深入地铁公司进行调查，认知本地铁公司轨枕的类型，根据不同小组的调查报告，进行综合评价。

【任务工单】

任务名称	轨枕的认知	学时	2	班级	
姓名		学号		成绩	
实训设备、工具及仪器		实训场地		日期	
客户任务描述	1. 在教师指导下，利用身边工具（筷子，纸盒，板子，铁条等），制作不同类型轨枕模型。 2. 运用各种工具制作模型，要求做到细致逼真，培养耐心、精益求精的精神。 3. 模型与实际轨枕相对照，对不足之处进行优化。 4. 调研不同线路使用的轨枕类型。				
一、资讯 1. 轨枕是轨下基础的主要部件之一，主要作用是支撑钢轨，承受来自钢轨传来的竖向垂直力、_____和纵向的水平力，并弹性的传布于_____，有效的保持轨道的几何形位，特别是_____和_____。 2. _____与钢轨垂直间隔铺设，是一种最常用的轨枕；_____沿钢轨方向铺设，一般仅用于特殊需要的地段；_____是在左右两股钢轨下分开铺设，常用于混凝土整体道床；_____底面积比横向轨枕大，减少了对道床的压力和道床的永久变形。 3. 城市轨道交通正线隧道内线路一般采用_____或无轨枕的整体钢筋混凝土道床，车场线采用普通钢筋预应力混凝土轨枕，在道岔范围内少数区段可以采用_____。 4. 轨枕间距也是轨道设计中重要参数之一。轨枕间距与每千米配置的轨枕_____有关，而轨枕每千米铺设的轨枕数与_____、_____、机车车辆轴重及钢轨、轨枕类型有关。 二、计划与决策 1. 以小组为单位开展轨枕模型的制作工作。 2. 调研不同线路使用的轨枕类型。					

（续）

3. 实践过程设置：教师为每个小组的监督员，并设置实践组长 1 名，记录员 1 名。

组长：负责搜集实施过程的指挥控制，确保每位学生参与到各个环节，并对每位学生的实施过程进行评估。

记录员：负责实践过程的各项文案记录工作，记录每位学生的回答情况，记录实践过程中存在的不足及提出的改进意见。

4. 实践过程围绕下列主题开展：①轨枕的种类；②轨枕的设置。

三、实施

1. 设备准备：轨枕。
2. 作业过程。①准备工作：准备用具；②认知轨枕的种类；③认知轨枕的设置。
3. 教师指导。在教师指导下，利用纸张、塑料、剪刀、笔、胶水等工具，制作不同类型的轨枕模型，要求：

1) 以小组协作形式完成。
2) 搜集拟制作的轨枕类型信息，运用各种工具制作模型。
3) 模型要求做到细致逼真，能够充分展示轨枕的设置。

四、检查

任务完成后，做如下检查：

1. 制作的轨枕模型是否合理：_____。
2. 是否掌握了轨枕的种类及设置：_____。

五、评估

1. 请根据自己完成任务的情况，对自己的工作进行自我评估，并提出改进意见。

_____
_____
_____

2. 工单成绩（总分为自我评价、组长评价和教师评价得分值的平均值）

自我评价（100 分）	组长评价（100 分）	教师评价（100 分）	总分（100 分）

任务三　接头连接零件的认知

【任务描述】

接头连接零件的认知

本任务主要介绍了接头连接零件的作用、组成、接头类型以及接头连接形式等相关理论知识，通过对理论知识的学习，辅以多媒体课件教学，使学生对接头连接零件有全面的认知，通过任务实施阶段，调查各地铁公司接头连接零件有何区别，并进行比较。

【基础理论】

钢轨与钢轨之间的连接,称为钢轨接头。接头处轮轨动力作用大,相应的养护维修工作量大,因此,钢轨接头是轨道结构的薄弱环节之一。

一、钢轨接头的连接形式

钢轨接头按左右两股钢轨接头位置可划分为对接和错接两种。对接是指两根钢轨的接头恰好彼此相对,这样就可以避免错接时列车通过时左右摇摆。正线钢轨接头应采用对接,可减少列车对钢轨的冲击次数,改善运营条件,受力条件好,又便于维修。曲线内股的接头较外股钢轨的接头超前,曲线内股钢轨应采用厂制缩短轨调整钢轨接头位置,与曲线外股标准长度钢轨配合使用,以保证内、外股钢轨的接头相错量符合规定。辅助线和车场线半径不大于200m的曲线地段钢轨接头采用对接;曲线易产生支嘴,故应采用错接,错接距离不应小于3m,也就是大于车辆的固定轴距。

钢轨接头按其与轨枕的位置分为悬接和垫接。悬接是指钢轨接头正好处于两根轨枕之间,这种形式弹性较好;垫接是指钢轨接头位于轨枕上。目前我国线路均采用悬接又对接的形式。

二、钢轨接头的类型

钢轨接头按其连接方式,可分为普通接头、冻结接头、异形接头、导电接头、绝缘接头和减振接头。

1. 普通接头

普通线路钢轨与钢轨之间用夹板连接,称为普通接头。普通钢轨接头如图3-13所示。

图3-13 普通钢轨接头

2. 冻结接头

冻结接头是指采用夹板与高强螺栓连接钢轨,使轨端密贴或预留小轨缝,将钢轨锁定阻止其伸缩的一种接头形式。目前,国内外采用的钢轨接头冻结方式主要有普通冻结接头和新型冻结接头。

(1) **普通冻结接头** 普通冻结接头是先在钢轨螺栓孔内插入月牙形垫片,再用高强度螺栓将接头夹板与钢轨夹紧,强制两根钢轨的轨端密贴,使轨缝不再发生变化,即使接头部分有构件实现冻结,也不能产生任何位移。目前,这种接头已在高架无缝线路中应用。

（2）**新型冻结接头**　近年来,出现了采用施必牢防松机构、哈克紧固件等连接形式的钢轨接头连接及 MG 接头等新型钢轨冻结接头。与普通冻结接头不同的是,新型冻结接头主要依靠高强螺栓连接提供钢轨与夹板间足够的摩擦阻力,阻止钢轨与夹板间的伸缩,要求钢轨接头螺栓强度高,并具有一定的防松功能。在钢轨接头连接中运用新型冻结接头技术,可以有效地冻结钢轨接头,减少接头病害,冻结后的线路可以比照普通无缝线路进行管理。

3. 异形接头

不同类型的两根钢轨互连时,应使用异形接头,如图 3-14 所示。异形接头使用的是异形夹板,异形夹板的两端,分别与不同形钢轨断面相吻合,且应使两钢轨作用边及顶面相互对齐。异形钢轨的连接,除使用异形夹板外,在接头轨枕上还应铺设异形垫板。但异形接头强度低、轨头断面突变,顶面和侧面不易平顺,对行车和维修不利。故不同类型的钢轨应采用异形钢轨连接。例如,将 60kg/m 轨一端轧制成 50kg/m 轨的断面,用该异形轨作过渡,衔接 60kg/m 轨线路和 50kg/m 轨线路。

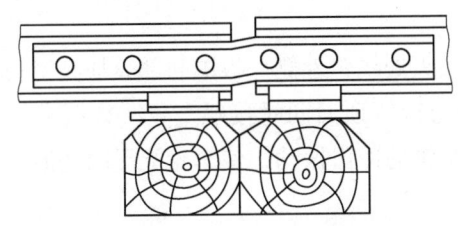 

图 3-14　异形接头

4. 导电接头

在自动闭塞区段及电力牵引区段的钢轨接头处,为了传导信号电流或作为牵引电流的回路,应采用导电接头。钢轨接头处的轨间导电装置为两根直径 5mm 左右的镀锌铁丝,铁丝两端插入截头锥形的镀铅插销中,插销则插入轨腰上的圆孔中,如图 3-15 所示。

5. 绝缘接头

在自动闭塞分区两端的钢轨接头处,为保证轨道电流不能从这一闭塞分区传到另一闭塞分区,应采用钢轨绝缘接头,如图 3-16 所示。绝缘接头设于轨道电路区段两端的钢轨接头处,它的作用是保证相邻轨道电路的电气隔离。在夹板与螺栓间、钢轨螺栓孔四周及两根钢轨的接缝处,均使用绝缘材料隔断电流。绝缘接头除夹板与螺栓外,用于绝缘的零件有绝缘套管、绝缘垫圈、绝缘垫层等。

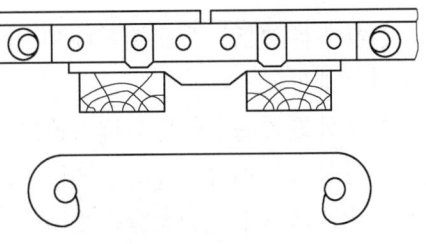

图 3-15　导电接头

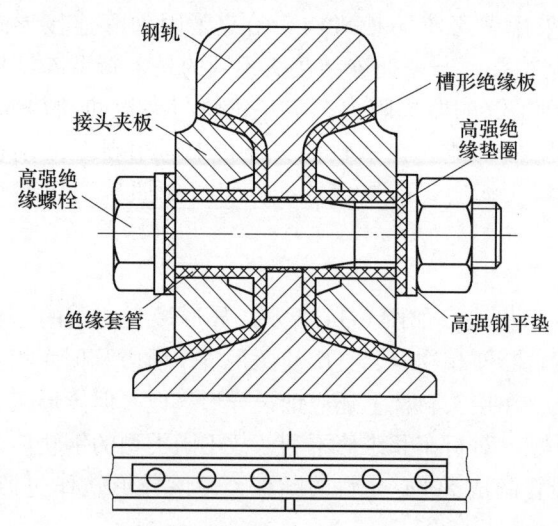

图 3-16 绝缘接头

6. 减振接头

减振接头又称为承越式接头，是指在钢轨接头处线路外侧夹板中间部分加高至与钢轨头部持平，当车轮通过轨缝时，减振夹板的顶面与钢轨顶面同时接触车轮，减振夹板的刚度大，可减小车轮通过轨缝的折角和台阶，减缓车轮的冲击振动，使车轮能平顺过渡，达到减振的效果。

三、接头连接零件

连接零件包括接头连接零件和中间连接零件两大类。这里仅介绍接头连接零件，中间连接零件详细见任务四。

接头处设置的零件称为接头连接零件。接头连接零件的作用是把钢轨连接起来，使钢轨接头部分具有与钢轨一样的整体性，以抵抗弯曲和移位，并满足热胀冷缩的要求。在城市轨道交通中已基本采用了无缝线路结构，接头连接零件的数量大大减少，但在无缝线路的缓冲区、轨道电路的绝缘区、有道岔的线路区段中，接头连接零件还是不能缺少的。

接头连接零件由夹板（鱼尾板）、螺栓、螺母和弹簧垫圈等组成。

夹板是用来夹紧钢轨的。夹板是承受弯矩、传递纵向力、阻止钢轨伸缩的重要部件，要求有一定的垂直和水平刚度及足够的强度。夹板的形式很多，在我国的线路上曾经使用的有平板式、角式、吊板式及双头式。目前，我国标准钢轨采用斜坡支承双头对称型夹板（简称双头式夹板）。这种夹板的优点是在竖直荷载作用下具有较大的抵抗弯曲和横向位移的能力。夹板上下两面的斜坡能楔入轨腰空间，但又不贴住轨腰，当夹板稍有磨耗连接松弛时，可以重新拧紧螺栓，保持钢轨连接牢固。

螺栓、螺母是用来夹紧夹板和钢轨的配件，螺栓宜采用高强度碳钢制成，并加以热处理，以提高螺栓的紧固力和耐磨、耐蚀性能。垫圈是为了防止螺栓松动而配置的部件，分圆形和矩形两种。在无缝线路收缩区的钢轨接头处应加设高强度平垫圈。连接两根钢轨时先用两块夹板夹住钢轨，然后用螺栓拧紧，如图 3-17 所示。每一个夹板上有 6 个螺栓孔，圆形孔和长圆孔两种孔形相间布置。用螺栓将其拧紧，螺栓孔的孔径略大于螺栓直径。依靠钢轨螺栓孔孔径与螺栓直径之差，以及夹板螺栓孔孔径与螺栓直径之差，可以得到所需要的预留轨缝。每块夹板都要用 6 枚螺栓拧紧，且为防止车轮在接头部位脱轨时，车轮轮缘将所有的螺栓剪断，螺母的位置在钢轨的内外侧相互交错。

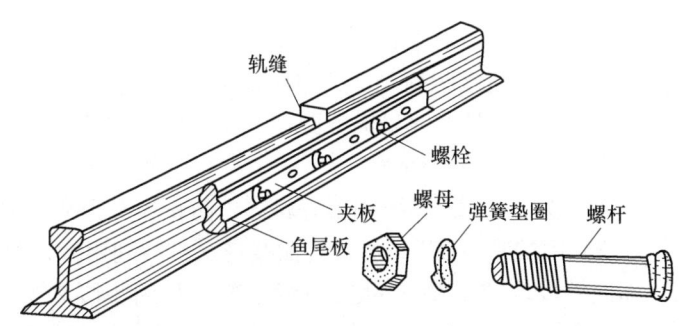

图 3-17　接头连接零件示意图

四、接头轨缝

普通线路上铺设的钢轨一般为标准长度的钢轨，并将其逐根连接。在钢轨接头处预留适当的缝隙，这一缝隙称之为轨缝。普通线路为适应钢轨的热胀冷缩，施工时应在钢轨接头处预留轨缝，其基本原则是：当轨温达到当地最高轨温时，轨缝≥0，轨端不受挤压力，以防止温度压力太大而胀轨跑道；当轨温达到当地最低轨温时，轨缝≤构造轨缝（构造轨缝指受钢轨、夹板及螺栓尺寸限制，在构造上能实现的轨端最大缝隙值），轨端不受剪力，以防止接头螺栓拉弯或拉断。

铺轨时预留轨缝大小，应满足锁定后的轨道在接头阻力和道床阻力挟制下，钢轨有足够的伸缩空间以释放部分温度应力。铺轨时，预留轨缝（冻结接头除外）应按下式计算：

$$a_0 = 0.0118(t_z - t_0)L + a_g/2$$

式中　a_0——更换钢轨或调整轨缝时的预留轨缝（mm）；

　　　t_z——更换钢轨或调整轨缝地区的中间温度（℃）；

　　　t_0——更换钢轨或调整轨缝时的轨温；

　　　L——钢轨长度（m）；

　　　a_g——构造轨缝，取 18mm。

t_z 的计算式为

$$t_z = (t_{max} + t_{min})/2$$

式中　t_{max}、t_{min}——当地历史最高和最低轨温。

最高、最低轨温差不大于 85℃ 的地区，在按上式计算以后，可根据具体情况将轨缝值减小 1~2mm。最高、最低轨温差大于 100℃ 的地区，铺设 25m 轨应个别设计。

【拓展提高】

曲线产生"鹅头"和"支嘴"

曲线产生"鹅头"是由于拨道方法不当所造成的，此外，曲线的头尾没有固定，标桩的位置发生位移，把曲线拨成直线，直线拨成曲线，这样都有可能造成曲线始终点出现"鹅头"。

轨端钢轨产生硬弯；夹板变形有侧弯；接头处道钉或扣件松弛失效，横向阻力减弱；预留轨缝不够，最高轨温时造成两轨端相顶受力；道床不足，曲线接头夹板螺栓松动等都会造成接头"支嘴"。接头"支嘴"只是曲线局部不圆顺，而且用拨道的方法也很难保持住，可能还会造成接头空吊，轨距扩大等其他病害。

曲线"鹅头"和钢轨接头"支嘴"，要调整好轨缝，防止接头顶死，采取接头夹板里外口互换的原则。对于比较顽固的"支嘴"，可设置曲线稳定桩。利用拨道整治接头"支嘴"，在"支嘴"处拨道，如向外拨动"支嘴"可拨两侧小腰，利用小腰来带动接头向外移动，向里拨动时则情况相反，另外还要加强"支嘴"处的轨道连接，控制好轨道发生横向位移，加宽上股道床，要求道砟饱满，保持曲线稳定。这样就可以减轻甚至消除"支嘴"，切记过程中不能在接头处用起道机硬顶拨道。

消除曲线"鹅头"，可在全面测量正矢前，先拨好曲线两端直线方向，用简易计算方法消除"鹅头"。然后测量正矢，进行拨道。对于缓和曲线要按照规定计算正矢，并将直缓、缓圆、圆缓、缓直点固定在正确位置上。曲线拨道时必须按照计算好的数值正确作业，防止为了减少工作量，盲目进行调整，任意改变计划正矢。在拨道过程中从曲线两端开始拨，逐渐到曲线中点汇合，可以有效避免产生的误差赶向一头。

【任务实施】

依据基础理论知识，提出任务目标：地铁公司接头连接零件调查。将学生按照生源地进行分组，每组同学深入地铁公司进行调查，认知本地地铁公司接头连接零件，根据不同小组的调查报告，进行综合评价。

【任务工单】

任务名称	接头连接零件的认知	学时	2	班级	
姓名		学号		成绩	
实训设备、工具及仪器		实训场地		日期	
任务目的	1. 调研实训基地内接头连接零件的类型属于哪种。 2. 能正确区分不同接头连接零件的功能。				

(续)

一、资讯

1. 钢轨接头按左右两股钢轨接头位置可划分为_____和_____两种。_____是指两根钢轨的接头恰好彼此相对，这样就可以避免错接时列车通过时左右摇摆。_____是指两根钢轨的接头错开铺设。

2. 钢轨接头按其与轨枕的位置分为_____和_____。_____是指钢轨接头正好处于两根轨枕之间，这种形式弹性较好；_____是指钢轨接头位于轨枕上。

3. 普通线路钢轨与钢轨之间用夹板连接，称为_____。

4. _____是指采用夹板与高强螺栓连接钢轨，使轨端密贴或预留小轨缝，将钢轨锁定阻止其伸缩的一种接头形式。

5. 不同类型的两根钢轨互联时，应使用_____。它使用的是异形夹板，异形夹板的两端，分别与不同型钢轨断面相吻合，且应使两钢轨_____及_____相互对齐。

6. 在自动闭塞区段及电力牵引区段的钢轨接头处，为了传导信号电流或作为牵引电流的回路，应采用_____。

7. 在自动闭塞分区两端的钢轨接头处，为保证轨道电流不能从这一闭塞分区传到另一闭塞分区，应采用钢轨_____。

8. _____，又称承越式接头，是指在钢轨接头处线路外侧夹板中间部分加高至与钢轨头部持平，当车轮通过轨缝时，减振夹板的顶面与钢轨顶面同时接触车轮，减振夹板的刚度大，可减小车轮通过轨缝的折角和台阶，减缓车轮的冲击振动，使车轮能平顺过渡，达到减振的效果。

9. _____的作用是通过它们把钢轨连接起来，使钢轨接头部分具有与钢轨一样的整体性，以抵抗弯曲和移位，并满足热胀冷缩的要求。

10. 每块夹板都要用6枚螺栓上紧，且为防止车轮在接头部位脱轨时，车轮轮缘将所有的螺栓剪断，螺母的位置在钢轨的内外侧_____。

二、计划与决策

1. 以小组为单位开展接头连接零件类型的调研工作。
2. 调研不同线路使用的接头连接零件的类型。
3. 实践过程设置：教师为每个小组的监督员，并设置实践组长1名，记录员1名。
组长：负责搜集实施过程的指挥控制，确保每位学生参与到各个环节，并对每位学生的实施过程进行评估。
记录员：负责实践过程的各项文案记录工作，记录每位学生的回答情况，记录实践过程中存在的不足及提出的改进意见。
4. 实践过程围绕下列主题开展：①接头连接零件的类型；②不同接头连接零件的功能。

三、实施

1. 设备准备：接头连接零件。
2. 作业过程。①准备工作：准备设备；②认知不同接头连接零件的功能；③认知接头连接零件的类型。

四、检查

任务完成后，做如下检查：
1. 是否清楚接头连接零件的不同类型：_____。
2. 是否掌握了不同类型接头连接零件的作用：_____。

五、评估

1. 请根据自己完成任务的情况，对自己的工作进行自我评估，并提出改进意见

_____
_____
_____

（续）

2. 工单成绩（总分为自我评价、组长评价和教师评价得分值的平均值）

自我评价（100分）	组长评价（100分）	教师评价（100分）	总分（100分）

任务四　中间连接零件的认知

中间连接零件的认知

【任务描述】

本任务主要介绍了中间连接零件的作用、组成、性能、主要参数、类型以及选型等相关理论知识，通过对理论知识的学习，辅以多媒体课件教学，使学生对中间连接零件有全面的认知，通过任务实施阶段，调查各地铁公司中间连接零件有何区别，并进行比较。

【基础理论】

中间连接零件也称为轨枕扣件，它是连接钢轨与轨枕或其他轨下基础的零件。扣件是轨道结构的重要部件，将钢轨和轨枕（等轨下基础）牢固连接，能保持钢轨在轨枕等轨下基础上的正确位置，防止钢轨不必要的横向和纵向移动。防止钢轨倾覆，还能提供适当的弹性，起到缓冲和减振的作用，并将钢轨承受的力传给轨枕或道床承轨台。因此，扣件要求有足够的强度、弹性和耐久性，能够长期有效地保持钢轨和轨枕的可靠连接，阻止钢轨相对于轨枕之间的移动。

扣件结构应力求简单，造价低，便于安装和拆卸，具有足够的强度和扣压力，适量的弹性和轨距、水平调整量，还要有良好的绝缘、防腐性能。进入21世纪以来，随着我国城市轨道线路的高速发展，大量新型扣件也不断出现。

一、扣件性能

在城市轨道交通系统中，列车的运行速度高、密度大、加减速频率大，对扣件的技术要求就更高。所以城市轨道交通系统线路上扣件应具有以下主要性能。

1. 轨距保持能力强

扣件系统应保持由钢轨和混凝土轨枕（混凝土轨道板）组成的轨道框架几何特征稳定，即保持轨距稳定，防止轨距变化，同时增强轨道框架的弯曲和扭转刚度，以保证轨道框架的稳定性。

2. 零部件和维修量少

城市轨道交通线路轨道维修维护只能在很短的时间内进行，因而要求扣件系统的零部件少和养护维修量少。这就要求扣件各个部分的强度要足够大，在使用周期内零部件不出现疲劳伤损和显著的残余变形；当扣件出现少量的磨损和残余变形时，扣件阻力不致变化巨大，扣件螺栓无须经常维护。总之，要求扣件具有优良的性能。

3. 良好的减振弹性

城市轨道交通大部分穿行于城市繁华地段，对减振降噪的要求很高，扣件必须具有良好的减振降噪的性能，以衰减轨道振动，降低噪声传播。

4. 防爬阻力大

扣件系统还要求防止钢轨相对于轨枕的纵向位移，即防止钢轨爬行。扣件必须具有足够的扣压力并且扣压力的衰减小，才能防止钢轨爬行。桥上的轨道结构还要考虑无缝线路的铺设要求，线路的纵向阻力如果过大，将会相应增加线路传递到桥梁墩台的纵向力和钢轨本身的应力；如果纵向阻力过小，就可能导致钢轨爬行或者在冬季温度过低时钢轨断裂，裂缝过大而影响行车安全。

5. 良好的绝缘性能

城市轨道交通线路对扣件的绝缘性能要求比一般线路更高，一方面是走行轨作为供电回路的要求，另一方面是信号的要求。扣件的绝缘性能不好，长时间之后，除了导致大量电流泄漏、浪费电能外，还会因为杂散电流的存在腐蚀结构钢筋和市政管线。

二、扣件主要性能参数

城市轨道交通线路扣件的主要性能参数必须考虑相关工程的情况，即线路铺设方式、线路技术参数、行车速度、车辆轴重和钢轨类型等。扣件的主要性能参数有：扣压力、防爬阻力、节点刚度、绝缘性能、耐久性能、轨距及水平调整性能等。

1. 扣压力和防爬阻力

扣件的扣压力和防爬阻力是一对共生参数，静态防爬阻力等于扣压力乘以综合摩擦系数。扣件的扣压力的大小是确保钢轨稳定的关键，当列车制动时，钢轨不发生永久位移。城市轨道交通列车一般轴重160kN，速度不超过100km/h，对扣件的要求不是很高，单一扣件的扣压力在68kN就可以满足要求。需要注意的是，并不是扣压力越大越好，过大的扣压力会导致轨下弹性垫层的初始压缩量过大，损失减振弹性。

2. 节点刚度

扣件的节点刚度是考查扣件弹性的指标，它包括动刚度值、静刚度值和动静比。扣件垂向静刚度值是取扣件压缩变形曲线某一段的割线斜率来确定的，一般取2040kN/mm。动刚度值是扣件的重要指标，是扣件在动荷载作用下的弹性，即减振性能。扣件动静比应控制在1.4以下。

3. 绝缘性能

在城市轨道交通设计中，供电、信号等都对钢轨扣件的绝缘性提出了具体要求。一般要求扣件中的单个绝缘部件常态绝缘电阻在 $10^8\Omega$ 以上。

4. 耐久性能

扣件的耐久性能是指扣件抵抗重复载荷的能力。设计扣件时，要依据城市轨道交通实测小半径200m曲线地段扣件所受的力，并参照国内外同类扣件的设计荷载。组装扣件疲劳荷载一般取竖向50kN，横向30kN，能承受300万次疲劳载荷的循环试验，各部件不损坏。

5. 轨距及水平调整性能

考虑到城市景观和运营维修的方便，城市轨道交通地下线路、高架线路多采用整体道床，在施工、运营中结构均会有施工误差，产生不均匀的沉降。同时，也会因轮轨互相作用使轨距及水平发生变化而超限。

轨距调整量主要是解决施工误差和钢轨侧磨导致轨距超限的问题，故要求负的调整量要大。考虑城市轨道交通工务大修周期长，日常维修条件差，要求扣件的轨距调整量比铁路的大，整体道床扣件轨距调整量一般可设计为（-12~+8）mm。

结构的沉降绝大部分是在结构设计时考虑并采取措施，但少量的变化仍需要通过钢轨扣件来调整。就目前的结构及轨道施工技术，对地下线路要求扣件有20~30mm的水平调整量。水平调整量的大小与地质情况密切相关，在不良的地质条件下，需要扣件有大的水平调整量。对于高架线，要求钢轨扣件有30~40mm的水平调整量，主要解决由于相邻桥墩的沉降落差值及梁的收缩徐变而引起的梁面上拱。

三、扣件分类及选型

1. 扣件分类

扣件按其形式可分为弹条式扣件和弹片式扣件；按其紧固形式可分为有螺栓紧固式扣件和无螺栓紧固式扣件；按其系统与基础连接方式可分为锚入螺栓式扣件、预埋套管式扣件和T形螺栓式扣件；按其结构与道床的连接方式分为不分开式扣件和分开式弹性扣件；按混凝土枕有无挡肩分为有挡肩扣件和无挡肩扣件；按轨枕的类型分为木枕扣件和混凝土枕扣件。

2. 扣件选型

扣件的选型要结合扣件的强度、扣压力和耐久性。高架桥无砟、无枕的轨道上，扣件还要求有一定的弹性，保持轨距和较大轨距水平调整量，以适应预应力梁的徐变和桥墩的不均匀沉降，满足减振、降噪、绝缘的要求。扣件的结构力求简单，尽量标准化，通用性好，造价低。对于扣件的铁质部件要进行防腐处理。不同道床形式的扣件，应符合表3-4的规定。

表3-4 扣件选型

道床类型	扣件方式	扣件	与轨枕连接方式
一般整体道床	弹性分开式	有螺栓弹条、无螺栓弹条	轨枕的预埋套管
高架桥上整体道床		有螺栓弹条、小阻力	
混凝土枕碎石道床	弹性不分开式	有螺栓弹条、无螺栓弹条	轨枕内预埋螺栓或铁座
木枕碎石道床	弹性分开式	有螺栓弹条、无螺栓弹条	采用螺纹道钉
车场库内整体道床、检查坑		有螺栓弹条、无螺栓弹条	在轨枕或立柱内预埋套管

四、常用扣件

城市轨道交通所使用的各种扣件大致可分为传统系列扣件和无砟轨道扣件。这里选取几种常用扣件做简单介绍。

1. 传统系列扣件

传统系列扣件用于采用碎石道床的地面线路和车场线路。

（1）木枕扣件 木枕扣件通常应用于站场 P50 轨木枕线路，木枕扣件包括道钉、扣板、垫板及弹性垫层。垫板为钢轨与木枕间插入的钢板，它可将钢轨传来的压力传递给较大的木枕支承面，减少对木枕的压力，从而有效地防止轨底切入木枕的支承面而引起机械磨损，延长木枕的使用寿命。同时，垫板的双肩抵住轨底侧面，可以使钢轨两侧道钉共同起抵抗横向力的作用，确保轨距稳定和防止钢轨向外侧倾斜。垫板上设有向线路中心倾斜的坡度，使钢轨形成 1:40 的轨底坡，以保持钢轨中部受力。

扣件方式主要有分开式和不分开式两种，如图 3-18 和图 3-19 所示。分开式扣件分开分别扣紧，即将钢轨与扣板，垫板与木枕分别单独扣紧，由于零件多，更换麻烦，已经很少应用。不分开式扣件是木枕上使用最广泛的一种扣件，用道钉把钢轨、铁垫板与木枕一起扣紧，零件少、安装方便，但容易受振动影响，道钉浮起，降低扣压力。木枕扣件的缺点是扣压力不足，也易于松动。

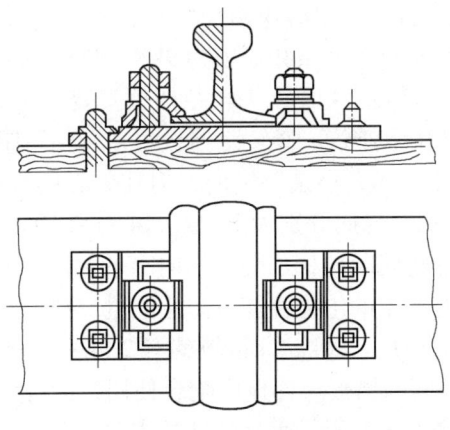

图 3-18 分开式扣件

图 3-19 不分开式扣件

（2）混凝土枕扣件 我国混凝土枕扣件，在初期主要使用扣板式和拱形弹片式两种，目前主要为弹条扣件。拱形弹片式扣件由于拱形弹片强度低，扣压力小，易引起变形甚至折断，目前已被淘汰。混凝土枕由于质量大、刚度大的特点，对扣件性能要求较高，对其扣压力、弹性和可调性均有较严格要求。

1）扣板式扣件由螺纹道钉、螺母、平垫圈、弹簧垫圈、铁座、扣板及垫片等组成，如图 3-20 所示。

扣板式扣件零件简单，调整轨距比较方便，但弹

图 3-20 扣板式扣件

性扣压力较低，在使用过程中容易松动，一般用于50kg/m及以下钢轨的线路上。

2) 弹条式扣件是最传统的混凝土扣件，分为Ⅰ型、Ⅱ型和Ⅲ型，应用最广泛的是Ⅰ型弹条扣件，如图3-21所示。

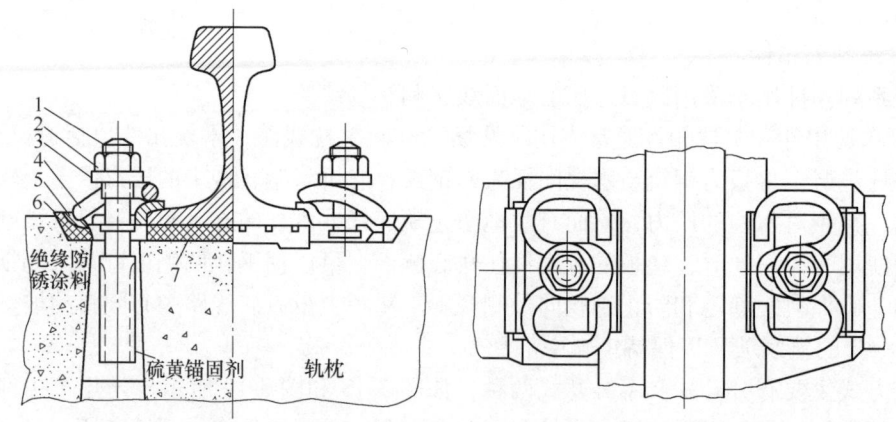

图 3-21 Ⅰ型弹条扣件
1—螺旋道钉 2—螺母 3—平垫圈 4—弹条 5—轨距挡板 6—挡板座 7—绝缘缓冲垫板

Ⅰ型弹条扣件由弹条、螺旋道钉、轨距挡板、挡板座及绝缘缓冲垫板组成：①弹条用来弹性地扣压钢轨，应具有足够的扣压力及强度。弹条有 A、B 两种型号，其中 A 型弹条较长，单个弹条扣压力为 8kN，弹程 9mm；B 型弹条单个弹条扣压力为 9kN，弹程 8mm，轨下胶垫的静刚度为 90~120kN/mm。对于 50kg/m 钢轨除 14 号接头轨距挡板安装 B 型弹条外，其余均安装 A 型弹条。60kg/m 钢轨则一律安装 B 型弹条。②轨距挡板用来调整轨距和传递钢轨承受的横向水平力，轨距挡板中间有长圆孔，其大小是一定的，但孔中心位置有两种，相应就有两个号码。50kg/m、60kg/m 钢轨各有两个号码分别为 20 号、14 号和 10 号、6 号。③挡板座用来支承轨距挡板，保持和调整轨距并将轨距挡板承受的横向水平力传递至轨枕的挡肩上，它应具有足够的强度。此外，还应具有一定的绝缘性能以防止漏电。挡板座两斜面的厚度不同，可调换使用，也可起到调整轨距的作用。50kg/m 钢轨就有 2-4 和 0-6 两种号码，而 60kg/m 钢轨只有 2-4 一种号码。不同号码的挡板与挡板座配合使用，就可用来调整轨距。④绝缘缓冲垫板是缓冲轮轨间的振动冲击作用和提供垂直弹性的主要零件，垫板的弹性靠压缩变形获得。

随着高速、重载铁路运输的发展，Ⅰ型弹条扣件已显能力不足，主要表现在以下几个方面：

① 弹条的扣压力不足和弹程偏小。弹条的扣压力和弹程的乘积，是衡量弹条性能优劣的重要指标，直接影响弹条扣压力的稳定性和防松能力。弹条有效扣压力的减小，致使防松能力降低。

② 弹条设计安全强度储备不足，不能适应重载需要，弹条损坏较多。

③ 在曲线地段，当弹条松动时扣件沿混凝土枕挡肩上滑，引起挡肩破损和轨距扩大。

近几年又研制成功了适用于重载、高速线路上的Ⅱ、Ⅲ型弹条扣件。

Ⅱ型弹条扣件除采用新材料重新设计外，其余部件与Ⅰ型弹条扣件通用。Ⅱ型弹条扣件具有扣压力大、强度安全储备大、残余变形小等优点，适用于Ⅱ型和Ⅲ型混凝土枕的 60kg/

m 钢轨线路。

Ⅲ型弹条扣件（图 3-22）为无螺栓无挡肩扣件，适合于重载大运量、高密度的运输条件。Ⅲ型弹条扣件适用于标准轨距线路直线或半径大于 350m 的曲线上，铺设 60kg/m 钢轨和Ⅲ型无挡肩混凝土枕的无缝线路轨道。Ⅲ型弹条扣件由弹条、预埋铁座、绝缘轨距块及橡胶垫板组成，具有扣压力大、弹性好等优点，特别是取消了混凝土挡肩，消除了轨底在横向力作用下发生横向位移导致轨距扩大的可能性，因此具有较强的保持轨距的能力。又由于该扣件采用无螺栓连接，大大减小了扣件的维修养护工作量。

2. 无砟轨道扣件

由于无砟轨道取消了有砟轨道中起增强减振和调整轨道变形的道砟层，轨道所需弹性和调整量几乎完全由扣件提供。此外在有减振降噪要求的地段，无砟轨道扣件还要考虑减振降噪的要求，因此对无砟轨道扣件的要求比有砟轨道扣件要高得多。

（1）不分开式扣件 钢轨由扣件直接紧固连接于混凝土轨枕或无砟轨道上，零部件少，连接牢固但钢轨高低调整量小，而且仅靠轨下弹性垫层提供弹性，这种扣件减振效果差。

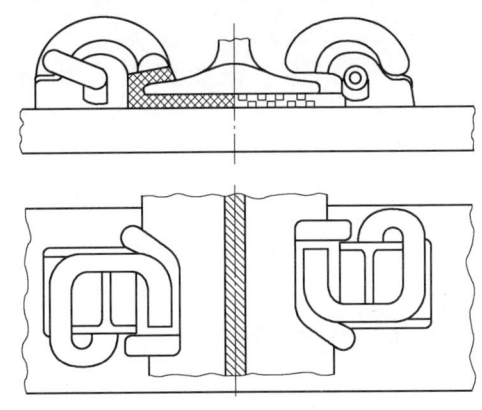

图 3-22 Ⅲ型弹条扣件

（2）分开式弹性扣件 分开式弹性扣件通常为带铁垫板的扣件，钢轨由扣压件紧固于铁垫板上，铁垫板通过锚固螺栓与预先埋设在混凝土轨枕或无砟轨道的绝缘套管配合或其他地方直接紧固在基础上，钢轨高低调整量大，而且轨下和铁垫板上均设弹条垫层提供弹性，减振效果好，但零部件较多，维修工作量相对较大。

【拓展提高】

一、锚固

钢筋的锚固是指钢筋被包裹在混凝土中，增强混凝土与钢筋的连接，使建筑物更牢固，目的是使两者能共同工作以承担各种应力（协同工作承受来自各种荷载产生的压力、拉力以及弯矩、扭矩等）。

二、预埋套管

预埋套管是为了管子穿过砖墙、混凝土梁、混凝土墙等构件预留的孔洞。它适用于人防、地下工程、化工、钢铁、自来水、污水处理等管路穿墙壁要求严密防水之处。一般预埋套管的管径比要穿越构件的管子的管径大两个规格。

预埋套管通常分为 3 种：

1) 普通套管。普通套管比要用的管道粗 2~4cm，固定在墙或板内，管道从中通过。

2) 柔性防水套管。柔性防水套管就是在套管与管道之间用柔性材料封堵，起到密封效果。

3) 刚性防水套管。刚性防水套管就是套管与管道间用刚性材料封堵以达到密封效果。

如果穿越的部位无防水要求，预埋的是一般套管，如有防水要求，则要预埋防水套管。

【任务实施】

依据基础理论知识，提出任务目标：地铁公司中间连接零件的类型调查。将学生按照生源地进行分组，每组同学深入地铁公司进行调查，认知本地地铁公司中间连接零件的类型，根据不同小组的调查报告，进行综合评价。

【任务工单】

任务名称	中间连接零件认知	学时	2	班级	
姓名		学号		成绩	
实训设备、工具及仪器		实训场地		日期	
任务目的	1. 调研实训基地内中间连接零件的类型属于哪种。 2. 能正确区分不同中间连接零件的功能。 3. 以小组协作形式完成，培养团队合作意识。				

一、资讯

1. 中间连接零件也称_____，它是连接钢轨与轨枕或其他轨下基础的零件。

2. 按扣件形式可分为_____扣件和弹片式扣件；按扣件紧固形式可分为_____紧固方式和无螺栓紧固式扣件；按扣件系统与基础连接方式可分为锚入螺栓式扣件、预埋套管式扣件和 T 形螺栓式扣件；按扣件结构与道床的连接方式分为_____扣件和分开式弹性扣件；按混凝土枕有无挡肩分为有挡肩扣件和无挡肩扣件；按轨枕的类型分为_____扣件和_____扣件。

3. 木枕扣件通常应用于站场 P50 轨木枕线路，木枕扣件包括_____、扣板、_____及弹性垫层。

4. _____：钢轨由扣件直接紧固连接于混凝土轨枕或无砟轨道，零部件少，连接牢固但钢轨高低调整量小，而且仅靠轨下弹性垫层提供弹性，这种扣件减振效果差。

5. _____通常为带铁垫板的扣件，钢轨由扣压件紧固于铁垫板上，铁垫板通过锚固螺栓与预先埋设在混凝土轨枕或无砟轨道的绝缘套管配合或其他地方直接紧固在基础上，钢轨高低调整量大，而且轨下和铁垫板上均设弹条垫层提供弹性，减振效果好，但零部件较多，维修工作量相对较大。

6. _____弹条扣件除采用新材料重新设计外，其余部件与Ⅰ型弹条扣件通用。它具有扣压力大、强度安全储备大、残余变形小等优点，适用于Ⅱ型和Ⅲ型混凝土枕的 60kg/m 钢轨线路。

7. _____弹条扣件为无螺栓无挡肩扣件，适合于重载大运量、高密度的运输条件。

8. 弹条式扣件是最传统的混凝土扣件，分为Ⅰ型、Ⅱ型和Ⅲ型，应用最广泛的是_____弹条扣件。

二、计划与决策

1. 以小组为单位开展中间连接零件类型的调研工作。

（续）

2. 调研不同线路使用的中间连接零件的类型。
3. 实践过程设置：教师为每个小组的监督员，并设置实践组长 1 名，记录员 1 名。
组长：负责搜集实施过程的指挥控制，确保每位学生参与到各个环节，并对每位学生的实施过程进行评估。
记录员：负责实践过程的各项文案记录工作，记录每位学生的回答情况，记录实践过程中存在的不足及提出的改进意见。
4. 实践过程围绕下列主题开展：①中间连接零件的类型；②不同中间连接零件的功能。

三、实施

1. 设备准备：中间连接零件。
2. 作业过程。①准备工作：准备设备；②认知不同中间连接零件的功能；③认知中间连接零件类型。

四、检查

任务完成后，做如下检查：
1. 是否清楚中间连接零件的不同类型：_____。
2. 是否掌握了不同类型中间连接零件的作用：_____。

五、评估

1. 请根据自己完成任务的情况，对自己的工作进行自我评估，并提出改进意见。

_____

_____

_____

2. 工单成绩（总分为自我评价、组长评价和教师评价得分值的平均值）

自我评价（100 分）	组长评价（100 分）	教师评价（100 分）	总分（100 分）

任务五　道床的认知

【任务描述】

本任务主要介绍了道床的功能、类型等相关理论知识，通过对理论知识的学习，辅以多媒体课件教学，使学生对道床有全面的认知，通过任务实施阶段，调查各地铁公司道床有何区别，并进行比较。

【基础理论】

道床是指铺设在路基之上，轨枕之下的碎石、卵石层或混凝土层。它是钢轨或轨道框架

的基础,是轨道的重要组成部分,起承受、传递载荷,稳定轨道结构的作用。道床具有以下功能:

1)列车的荷载通过钢轨、轨枕传递给道床,道床将荷载扩散,然后传给路基,从而减少路基面上的荷载压强,保护路基顶面。

2)具有良好弹性,可减缓和吸收轮轨的冲击振动,降低噪声。

3)为轨道提供纵、横向位移的阻力,保持轨道几何形位稳定,保证行车安全。

4)提供良好的排水性能,对减轻轨道冻害及提高路基的承载能力有重要作用。

5)便于轨道养护维修作业,校正线路的平纵断面。

为实现上述道床功能,根据具体线路条件的不同,对道床的材质也有严格的要求。应用比较早的是以碎石为道砟材料的道床,被称为碎石道床。它可用于地面正线、出入段/场线、试车线和库外线等。

随着城市轨道交通的飞速发展,传统的碎石道床在维修频繁程度以及维修费用等方面的劣势逐渐显露出来,以整体化或固化道床取代碎石道床的各种整体道床得到了广泛应用。整体道床用于地下线路、高架线路、车场库内线。基底坚实、稳定,排水良好的地面车站,也可以采用整体道床。

道床认知1

一、碎石道床

碎石道床是路基采用取土填筑办法,按照规定断面尺寸夯实形成的,一般采用独立路基方式,如图3-23所示。它将列车载荷均布于路基面上,起保护路基的作用;提供抵抗轨排纵、横向位移的阻力,保持轨道的几何形位;提供良好的排水性能;具有一定的弹性;能通过起道、拨道等手段,便于调整轨道的几何尺寸。

图3-23 碎石道床

碎石道床的材料为道砟,道砟材料有碎石(花岗岩、大理石、石灰岩)、筛选级配卵石、天然级配卵石、粗砂、中砂及熔炉渣等。为了满足道床功能,道砟应质地坚硬、有弹性、不易压碎和捣碎、排水性能好、吸水性差、不易风化、不易被风或水冲走。这种碎石道砟一般分为3种规格:标准石砟(粒径25~70mm)用于新建、大修及维修;中砟(粒径15~40mm)用于维修;细砟(粒径3~20mm)用于垫砟起道。

碎石道砟属于散粒体,其级配是指道砟中不同大小粒径颗粒的分布。道砟级配对道床的力学性能、养护维修工作量有重要的影响。

道砟颗粒形状对道床质量也有较大的影响,一般要求道砟颗粒棱角分明,近于立方体,表面粗糙的颗粒具有较高的强度和稳定性。针状、片状颗粒容易破碎,使道床强度和稳定性下降。颗粒长度大于平均粒径1.8倍的称为针状,厚度小于平均粒径60%的称为片状。我国道砟标准规定针状和片状指数均不大于50%。道砟中的黏土团或其他杂质、粉末都直接影响道砟的排水、板结等,要求黏土团或其他杂质的质量分数不超过0.5%,粒径在0.1mm以下的粉末质量分数不超过1%。

碎石道床的断面形状一般为上窄下宽的梯形，主要包括道床顶面高度、道床厚度、道床肩宽及边坡、道床顶面宽度等主要特征，如图3-24所示。

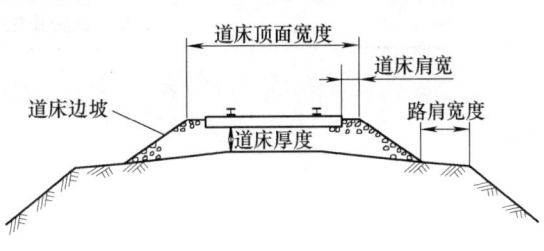

图3-24 碎石道床断面图

（1）道床顶面高度　混凝土枕碎石道床顶面应与轨枕中部顶面平齐，木枕碎石道床顶面应低于木枕顶面30mm。

（2）道床厚度　道床厚度是指直线上钢轨或曲线上内轨中轴线下轨枕底面至路基顶面的距离。

根据土质情况和地下水源情况的不同，道床有单层和双层两种。单层的是道砟层，双层的是先铺设200mm厚度的黄沙层，然后铺设不少于250mm厚度的道砟层，其厚度从线路中心线处量取。道床厚度应根据运营条件、轨道类型、路基土质、路基类型、线路类别确定，需符合表3-5的规定。

表3-5　碎石道床厚度

路基类型	道床厚度/mm		车场线
	正线		
非渗水土路基	双层	道砟250	单层250
		底砟200	
岩石、渗水土路基	单层道砟300		

桥梁上道砟槽内碎石厚度应不小于250mm，与两端的道床厚度差应在桥台外不小于10m范围内递减。

（3）道床肩宽及边坡　道床宽出轨枕两端的部分称为道床肩宽，适当的肩宽及边坡可保持道床的稳定，并提供一定的横向阻力。

1）正线无缝线路地段道床肩宽不应小于400mm（道床顶面宽度3.3m），非无缝线路地段道床肩宽不应小于300mm（道床顶面宽度3.1m）。无缝线路半径小于800m、非无缝线路半径小于600m的曲线地段，曲线外侧道砟肩宽应增加100mm。道床边坡均为1∶1.75。

2）车场线碎石道床肩宽应不小于200mm；半径小于300m的曲线地段，曲线外侧道床肩宽应增加100mm。道床边坡均为1∶1.5。

3）无缝线路道床肩宽应在碎石道砟上堆高150mm，堆高道砟的坡度为1∶1.75。

4）正线、联络线、出入线和试车线边坡为1∶1.75，其他车场线为1∶1.5。

（4）道床顶面宽度　道床顶面宽度与轨枕长度和道床肩宽有关。轨枕长度基本上是固定的，因此道床顶面宽度主要取决于道床肩宽。

我国线路规定：单线正线碎石道床顶面宽度见表3-6，双线碎石道床顶面宽度应分别按单线设计。无缝线路半径小于800m，非无缝线路半径小于600m的曲线地段，曲线外侧碎石道床顶面宽度应增加0.10m。

表 3-6 单线正线碎石道床顶面宽度

轨道类型	列车设计行车速度/(km/h)	道床顶面宽度/m		道床边坡
		无缝线路	非无缝线路	
特重型	≤140	3.30	3.10	1:1.75
重型	≤140	3.30	3.10	1:1.75
重型、次重型	≤120	3.30	3.00	1:1.75
中型	≤100	—	3.00	1:1.75
轻型	≤80	—	2.90	1:1.50

碎石道床的优点是结构简单，容易施工，减振、降噪性能优良，造价低，但其轨道建筑高度较高，因此造成结构底板下降，加大隧道的净空，排水设施复杂，养护工作频繁，更换轨枕困难。捣固时，粉尘飞扬，危害工作人员身体健康。

道床认知2

二、整体道床

一般新建城市轨道交通系统采用无砟轨道结构较多，采用最普遍的结构为混凝土整体道床，这种无砟轨道通过钢轨扣件把钢轨直接与混凝土基础联结起来。整体道床上宜采用全弹性分开式扣件，垂向和横向均应具有良好弹性，以适应刚性道床，并有适量的轨距、水平调整量。

整体道床是指用碎石加水泥浆或用钢筋加混凝土，将道床路基和轨枕组合形成钢筋混凝土整体结构的轨下基础，如图3-25所示。也有将无道砟的预制钢筋混凝土板式道床作为整体道床的。

整体道床的优点是整体性好，结构坚固，稳定性和耐久性好，轨道几何尺寸变化小；外观整洁，无须补充道砟及更换轨枕，养护维修工作量少；轨道建筑高度小，

图 3-25 整体道床示意图

减少隧道净空，节省投资；适应地铁和轻轨运营时间长，维修时间短等特点。

但整体道床不可避免地存在缺点：工程造价比碎石道床高约30%；施工难度大，一旦成形，很难纠偏，因为整体道床轨道几何尺寸的变动完全取决于钢轨连接扣件的调整能力，而扣件的可调量是有限的，所以出现轨道病害难以整治；道床弹性较差，扣件形式比较复杂。为了使整体道床轨道具有与碎石道床接近的轨道弹性，确保轨道各组成部分处于正常的受力状态，整体道床采用弹性扣件和减振垫层以减小振动和噪声。同时，为了满足整体道床轨道几何尺寸和曲线超高变化的调整，要求扣件还应具有一定的调高和调整轨距的能力，这些都导致了扣件结构的复杂化。在运营过程中，一旦基底发生沉降开裂或变形等病害，整治非常困难。

目前，城市轨道交通采用的整体道床主要有：无枕式整体道床、轨枕式整体道床、钢弹簧浮置板整体道床、弹性支承块式整体道床等。下面介绍这几种类型的整体道床。

1. 无枕式整体道床

无枕式整体道床也称为整体灌注式道床。无枕式整体道床建筑高度小，主要采用就地连续灌注混凝土基床或纵向承轨台。道床混凝土强度等级为 C30，自下而上施工，先使用专用施工机具把连接扣件的玻璃钢套管按设计位置预埋在道床内，上面做成承轨台，然后再安装钢轨和扣件。无枕式整体道床施工麻烦，施工方法复杂，进度慢，机具复杂，道床顶部局部磨平比较费工费时，施工精度不容易保证。我国城轨交通基本不采用。

2. 轨枕式整体道床

轨枕式整体道床也称为带枕浇注式整体道床，施工方便，可采用轨排法施工，进度比较快，而且精度容易保证。轨枕式整体道床分为短枕式和长枕式两种。

短枕式整体道床的短枕都是预制的，又称为支承块，结构坚固、轻巧，制造简单，采用 C50 钢筋混凝土，其断面为梯形，底部外露钢筋钩，加强与道床混凝土的连接。短枕式整体道床是一种改良型整体道床结构，为了方便施工及精度保持，它将预装好的承轨面平整好，将扣件钉孔距正确的短轨枕埋入轨下基础混凝土整体道床内，与道床形成整体结构。这种道床轨道建筑高度一般为 550mm 左右，道床混凝土强度等级为 C30，轨下道床厚度一般小于 160mm，通常设中心排水沟。这种道床稳定、耐久、牢固，结构简单，施工方便，施工进度快。大部分应用于停车库内带检查坑的线路，现在也开始为地下线路和高架线路所采用。长度大于 100m 的隧道内和隧道外 U 形结构地段及高架桥和大于 50m 的单体桥地段，都宜采用短枕式或长枕式整体道床。短枕式整体道床如图 3-26 所示。

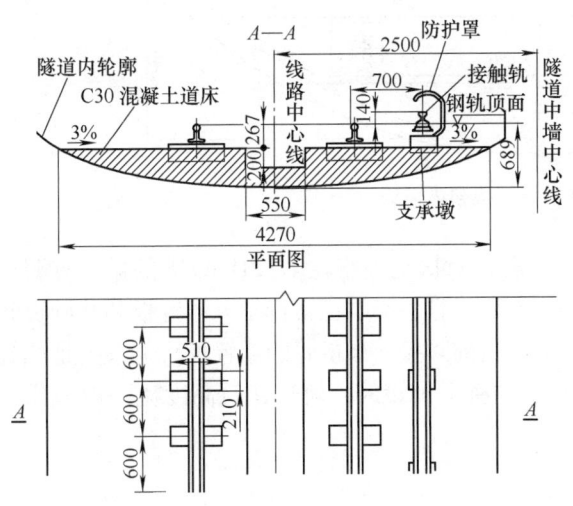

图 3-26 短枕式整体道床

长枕式整体道床（图 3-27）是将长轨枕埋入整体道床内，我国城市轨道交通建设初期采用比较多。工厂预制长轨枕时，轨枕中部预留 5 个直径为 50mm 的圆孔，铺道床时纵向钢筋从圆孔中穿过，加强轨枕与道床的连接，使道床更加坚固、稳定和整洁。道床内布有纵横交错的钢筋，轨枕间隔布置一根横向钢筋，纵向布置 5 根钢筋，从轨枕的预留口穿过，然后用混凝土浇注成形，结构强度比较高。道床设置侧向排水沟。长枕式整体道床主要应用于地下线路，适用于软土地基，可采用轨排法施工，速度快。

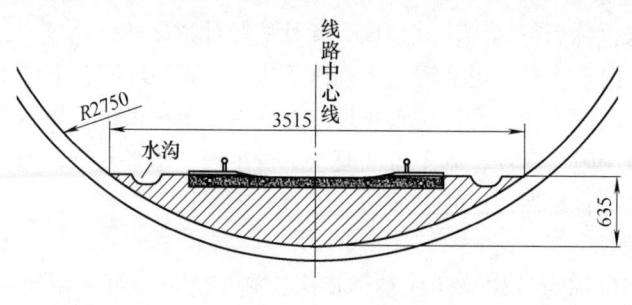

图 3-27 长枕式整体道床

3. 钢弹簧浮置板整体道床

钢弹簧浮置板整体道床即弹性整体道床（图 3-28），造价极高且维修困难，所以很少采用，仅在特殊地段，由于减振的需要，设计有少量的浮置板式道床轨道。钢弹簧浮置板整体道床由钢筋混凝土板和支持它的弹簧隔振系统组成，形成质量-弹簧体系，可以减少传递到隧道结构或桥梁结构的振动力和振动加速度，从而起到隔振的作用。

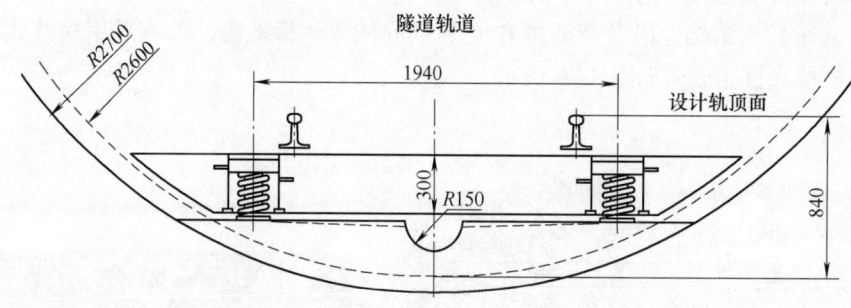

图 3-28 钢弹簧浮置板整体道床

该结构是目前减振轨道系统中比较先进的一种，对振动频率在 12.2Hz 以下的振动有明显的隔振效果。使用寿命长，更换容易，可维修性能好，且不影响正常行车。浮置板和基础板间空间小，可通过调整弹簧高度消除线路沉降影响，目前隔振效果最好的浮置板轨道系统是螺旋钢弹簧浮置板轨道结构，减振效果为 25~40dB。在桥上铺设时，轨道建筑高度比一般道床高一些。

4. 弹性支承块式整体道床

弹性支承块式整体道床也称为承轨台式整体道床，是比较新颖的一种轨下基础，是一种整体灌注式的钢筋混凝土结构，尤其对高架线路适用。预制支承块通过扣件与钢轨连接，然后浇注纵向混凝土承轨台，把支承块与高架桥面上预留的垂直钢筋浇注为一体。在支撑块下加设弹性垫层，支承块的下部及周边加设橡胶靴套，当支承块的高低、水平和轨距调整到位后，就用灌注道床混凝土将支承块连同橡胶靴套包裹起来。

该结构属于低振动型轨道结构，其垂向弹性有轨下、铁垫板下、支承块下 3 层橡胶垫板共同提供，提高了轨道结构的弹性，较一般无砟轨道降低振动及噪声 7~10dB。由于整体道床轨道调整量有限，所以对桥梁徐变及桥墩的不均匀沉降提出了更高的要求。造价较一般的轨道结构略高，适用于高架线路减振要求较高的地段。

5. 可调式框架板整体道床

可调式框架板整体道床由分开式 DT-VI-2 型扣件、预应力混凝土框架板、板下可调支座、侧向限位胶垫、钢筋混凝土挡台及混凝土基础等组成。

一套可调式框架板有 1 块 C60 预应力混凝土主体框架板、4 块板下弹性垫板、4 块侧面限位弹性垫板以及调高垫板等组成。框架板主体机构长 2460mm、宽 2100mm，板内设置 1760mm×840mm 的开口，板一侧设置一对限位隼，顶面设 1/30 轨底坡，板厚 180~200mm。框架板的调高垫块分 50mm 厚的调高垫板及 100mm 厚的预制钢筋混凝土调高垫板两种，塑料调高垫板最多只能设置一层，预制混凝土调高垫板可以重叠使用。

可调式框架板整体道床主要用于穿越地裂缝的轨道交通线，穿越地裂缝的轨道需要在隧道结构变形后及时调整轨道，适应线路调整或保持原线路的几何形位，保证列车的正常开行。

6. 平过道（地坪）式整体道床

平过道式整体道床又称为地坪式整体道床，多为检修库内修建不需检查坑的整体地坪式的线路所采用。

【拓展提高】

一、拨道

经过列车的行走和冲撞，轨道的方向经常会超限，尤其是曲线轨道最易发生方向变化，造成曲线圆顺度不符合标准。这时，就要进行拨道修正，使轨道方向复原并符合标准。

拨道作业可由人工配以简单机具进行，也可用大型起拨道捣固车进行拨道。目前，我国大型起拨道捣固车数量有限，故拨道作业多数由人工使用撬棍进行。人工拨道时，由工班长担任指挥，指挥者距拨道人员不少于 50m，由一人喊口号，按指挥者手势进行拨道。

二、起道

起道是指为保证行车的平稳和安全，将线路低洼处所起高，以找平轨面、改善道床弹性。是用专门机具将轨枕、钢轨抬高，进行捣固的一种线路作业。

起道分重起和全起两种，是养路工作中技术要求较高的作业。起道一般由 3 人互相配合作业，一人看道、量水平，一人抬道，一人打塞。每次起道长度，应根据列车间隔时分确定，要求在列车到来前，能完成起道地段的捣固和顺撬。

【任务实施】

依据基础理论知识，提出任务目标：地铁公司道床的类型调查。将学生按照生源地进行分组，每组同学深入地铁公司进行调查，认知本地铁公司道床的类型，根据不同小组的调查报告，进行综合评价。

任务六 道岔的认知

【任务描述】

本任务主要介绍了道岔的作用、种类、组成等相关理论知识,通过对理论知识的学习,辅以多媒体课件教学,使学生对道岔有全面的认知,通过任务实施阶段,调查各地铁公司道岔有何区别,并进行比较。

【基础理论】

道岔是使列车由一条线路转入或越过另一条线路的连接设备,是轨道的一个重要组成部分。道岔结构复杂,零件较多,通过列车频繁,技术标准要求高,使用寿命短,与曲线、接头并称为轨道设备的薄弱环节。如何使道岔具有良好形状,确保列车能在规定的速度下安全、可靠地通过道岔,减慢道岔的磨损程度,是轨道工程中一直予以重视的问题。

道岔按照结构分为连接设备、交叉设备、连接与交叉的组合设备。连接设备包括单开道岔、对称道岔、复式道岔;交叉设备包括直角交叉和菱形交叉;连接设备和交叉设备的组合包括交分道岔和渡线。

单开道岔的认知

一、单开道岔

单开道岔是将一条线路分为两条,主线为直线,侧线由主线的左侧或右侧岔出。站在道岔前,面向尖轨尖端,凡侧线由主线左侧岔出的称为左开道岔,侧线由右侧岔出的称为右开道岔。

道岔的种类很多,在实际应用中以普通单开道岔最为广泛。单开道岔具有其他道岔所共有的特点和要求,这里以单开道岔为例,介绍道岔的构造。单开道岔由转辙器部分、辙叉及护轨部分和连接部分组成,如图3-29所示。

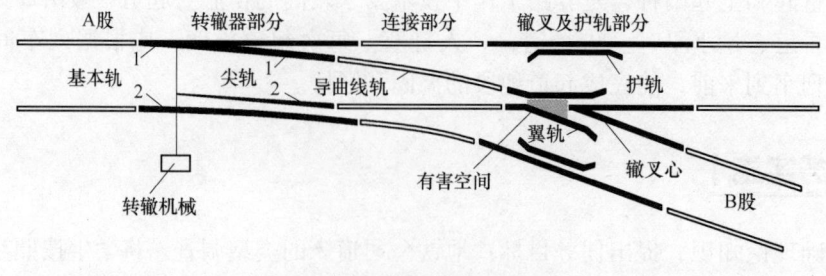

图 3-29 单开道岔的组成

1. 转辙器部分

转辙器部分是引导列车沿直线方向或侧线方向运行的设备。其范围包括道岔前端至尖轨跟端。当尖轨置于不同位置时，列车将沿着直向或侧向运行。转辙器部分主要包括两根基本轨、两根尖轨、转辙机械、连接零件（辙前垫板、辙后垫板、轨撑、顶铁、滑床板、拉杆、连接杆等）及跟部结构（跟端大垫板、间隔铁、尖轨跟部、跟端夹板、防爬卡铁、异形螺栓、跟部螺栓等）等组成，如图 3-30 所示。

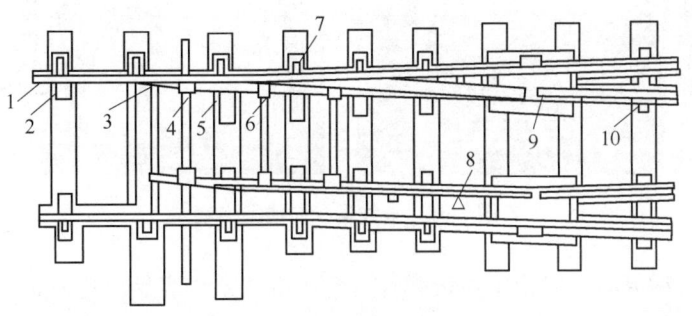

图 3-30　转辙器部分的组成
1—基本轨　2—辙前垫板　3—尖轨　4—拉杆　5—滑床板　6—连接杆
7—轨撑　8—顶铁　9—尖轨跟部　10—辙后垫板

基本轨是道岔外侧的钢轨，位于尖轨外侧，其除了承受车轮的垂直压力外，还与尖轨共同承受车轮的横向水平力并保持尖轨位置的稳定。通常采用与线路相同材质、相同型号、12.5m 或 25m 标准断面的普通钢轨制成。一侧为直基本轨，另一侧为曲基本轨，由于尖轨与基本轨密贴时，产生一个转辙角，因此转辙器部分的轨距必须加宽，以满足机车车辆固定轴距和车轮与钢轨良好接触的需要。

尖轨是转辙器中的重要组成部分之一。尖轨的作用是依靠其被刨切的一端与基本轨紧密贴靠，正确引导列车的运行方向。尖轨是用与基本轨同类型的标准钢轨或特种断面钢轨（AT 型钢轨）刨制而成的，目前我国地铁和轻轨上铺设的道岔几乎都是 AT 型尖轨。对尖轨的要求是当一根尖轨与邻近基本轨密贴时，另一根尖轨必须与邻近的基本轨分开规定的距离，两根尖轨分别被称为密贴尖轨和斥离尖轨。通过尖轨与基本轨的密贴和分离达到引导车轮按不同线路运行的目的。尖轨按其平面状态分为直线型尖轨和曲线型尖轨两种，如图 3-31 所示。直线型尖轨左、右开道岔可通用，加工制造简单。曲线型尖轨左、右开道岔不能通用，加工较复杂，目前我国地铁和轻轨上铺设的尖轨既有直线型也有曲线型。尖轨尖端细薄，从尖端开始，尖轨断面逐渐加宽，其非作用边一侧与基本轨作用边一侧紧密贴靠，保证直向尖轨作用边为一直线，侧向尖轨作用边与导曲线作用边为一圆曲线。

尖轨尖端比较薄弱，要使车轮由基本轨逐渐过渡到尖轨上而不损伤尖轨，必须使尖轨顶宽 20mm 以前不受车轮压力，尖轨尖端处低于基本轨 23mm，尖轨顶宽 5mm 处低于基本轨 14mm，尖轨顶宽 20mm 处低于基本轨 2mm。尖轨顶宽 50mm 以后才能全部承受车轮压力，尖轨顶宽 20~50mm 为均匀顺坡段，车轮由基本轨逐渐过渡到尖轨上，尖轨轨头宽 40mm 处与基本轨顶面平齐，尖轨顶宽 50mm 处高出基本轨 1mm，以后逐渐达到比基本轨高出 6mm。

尖轨与导曲线轨连接的一端称为尖轨跟端。尖轨跟端的结构形式有间隔铁鱼尾板式（图 3-32）和弹性可弯跟端式（图 3-33）。间隔铁鱼尾板式尖轨跟端结构由尖轨跟端大垫板、间隔铁、跟端夹板、跟端轨撑、防爬卡铁及连接螺栓等组成。此种跟端结构零件较少，

图 3-31 直线型、曲线型尖轨

结构简单，尖轨扳动灵活，但稳定性较弹性可弯跟端式差，容易出现病害。弹性可弯跟端式尖轨，在跟端前 2~3 根轨枕处，将轨底削去一部分，使其与轨头同宽，形成柔性部位，使尖轨具有能从一个位置扳动到另一个位置的足够的弹性。

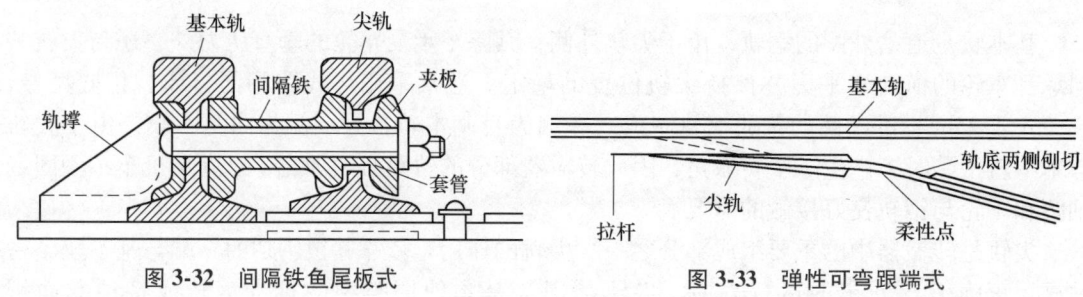

图 3-32 间隔铁鱼尾板式　　　　　　　图 3-33 弹性可弯跟端式

转辙机械用于扳动尖轨到不同位置，使道岔能准确地开通直线或侧线。常用的转辙机械有手动和电动两大类：手动转辙机械多用于非集中操纵的道岔上，电动转辙机械用于集中操纵的道岔上。

安装在尖轨最前面与转辙机械相连的一根为拉杆，用以转换尖轨位置。随着列车速度的提高，道岔的号数越来越大，尖轨的长度越来越长，为保证尖轨与基本轨的密贴，一些道岔的尖轨需要由多台转辙机械共同完成尖轨的转换，而且两根尖轨需要分别扳动，这样的道岔被称为分动道岔。分动道岔的两根尖轨不再需要连接杆。

连接杆将两根尖轨连接成一个框架式整体一起摆动，同时保持两尖轨在平面上的相对位置，一般设 2~3 根。

滑床板设在尖轨长度范围内的轨枕上，其作用是支承尖轨和基本轨，保证尖轨在滑床板顶部的滑床台上能左右平滑摆动。为此，对滑床台要经常清扫并涂抹润滑剂。

轨撑设于基本轨外侧，以阻止基本轨横向移动并保持基本轨与尖轨之间的轨距。通常基本轨始端第二根岔枕至跟端前一根岔枕范围内每根岔枕上的基本轨外侧都安设轨撑。

辙前垫板又称为轨撑垫板，设于尖轨尖端前部一段基本轨下面，用以固定轨撑的位置，并与轨撑共同防止基本轨向外横向移动。

由于尖轨经过了刨制，横断面面积减小，强度被削弱，设于尖轨轨腰处的顶铁的作用就是将尖轨与邻近基本轨连接成一个整体，使基本轨与尖轨共同承受车轮的横向作用力。

间隔铁位于尖轨跟端，可保持尖轨跟端处与基本轨有固定的间隔宽度，保证车轮能够正常通过。

辙后垫板设于尖轨跟后一段长度内，用以保持尖轨跟后导曲线支距的准确。

2. 辙叉及护轨部分

辙叉设在道岔中两根钢轨相交处，是轨道平面交叉的设备，其作用是使列车按确定的方向由一股钢轨越过另一股钢轨，通过平面交叉处。

（1）辙叉及护轨组成 辙叉是由翼轨、心轨和连接零件组成的，如图 3-34 所示。

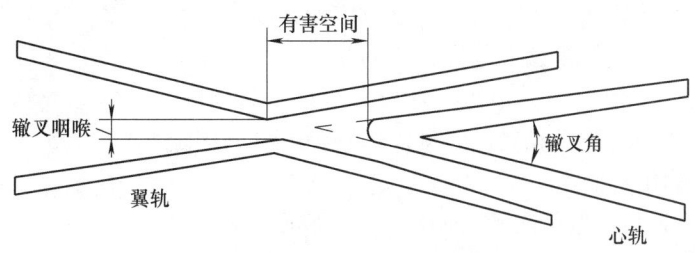

图 3-34 辙叉示意图

辙叉的前端称为趾端，后端称为跟端。辙叉心轨两作用边之间的夹角称为辙叉角（α）。辙叉心轨两工作边的交点称为辙叉理论尖端，由于制造工艺的关系，实际上的尖端有6~10mm的顶面宽度，此处称为辙叉实际尖端。

翼轨与心轨之间保持一定宽度的轮缘槽，使车轮轮缘能够顺利通过，两翼轨工作边相距最近处称为辙叉咽喉（定型道岔咽喉宽度为 68mm）。从辙叉咽喉至辙叉实际尖端之间有一段轨线中断地带，车轮有失去引导误入异线而发生脱轨事故的可能，所以此处被称为有害空间。为保证车轮在有害空间处进入正确的翼轨轮缘槽，防止进入异线，通常在辙叉两侧相对应位置的基本轨内侧设置护轨。

护轨用普通钢轨经过刨切弯折而成，并用间隔铁、螺栓等零件与基本轨连接。护轨的防护范围应包括辙叉咽喉至叉心顶宽 50mm 的一段长度，并要求有适当的富余。辙叉护轨由中间平直段、两端缓冲段和开口段组成，呈折线形，如图 3-35 所示。护轨平直段是实际起着防护作用的部分，缓冲段及开口段起着将车轮平顺地引入护轨平直段的作用。缓冲段的冲击角应与列车允许的通过速度相配合。为了提高直向过岔速度，直、侧股可采用不同长度、不同冲击角的护轨。

图 3-35 护轨

（2）辙叉类型 按平面形式分，辙叉有直线辙叉和曲线辙叉两类；按构造类型分，辙叉有固定辙叉和活动辙叉两类。

固定辙叉有高锰钢整铸式辙叉和钢轨组合式辙叉两种。

高锰钢整铸式辙叉由含锰较高的合金钢组成，具有较高强度，良好的冲击韧性，零件少，安装方便，易于维护，使用寿命长等优点，得到广泛应用，如图3-36所示。

钢轨组合式辙叉是用普通钢轨及其他零件经刨切拼装而成的辙叉。它由长心轨、短心轨、翼轨、间隔铁、垫板以及其他零件组成。短心轨和长心轨拼贴而成的叉心，目前广泛采用短心轨轨底叠盖在长心轨轨底上的办法，长心轨应铺设在直线方向上。钢轨组合式辙叉结构复杂、各部分之间联系很差，零件较多，养护维修困难，使用寿命很短。随着高强度、高硬度、高耐磨性的贝氏体钢种的开发成功，以贝氏体钢为基础的固定辙叉代替了普通钢轨组合辙叉。

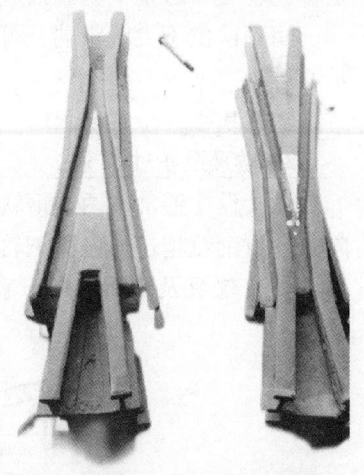

图3-36 高锰钢整铸式辙叉

活动辙叉也就是可动心轨辙叉，如图3-37所示，它主要由翼轨、可动心轨、叉跟基本轨、帮轨等组成。其中，可动心轨由长、短心轨拼装而成，可动心轨和尖轨是同时摆动的，可动心轨摆动后与翼轨密贴，以保证列车过岔时轨线的连续，消除固定辙叉上存在的有害空间，使道岔的强度大为提高，不仅避免了车轮对心轨和翼轨的冲击，并可取消护轨，同时辙叉在纵断面上的几何不平顺也可以大大减少，从而显著地降低辙叉部位的轮轨相互作用，提高运行的平稳性，延长辙叉的使用寿命。长期的运营实践表明，可动心轨辙叉的使用寿命为同型号高锰钢整铸辙叉的6~9倍，养护维修工作量减少40%，大大减少了列车通过时的冲击力，提高了过岔容许速度及旅行舒适度，广泛用于高速行车的线路上。

 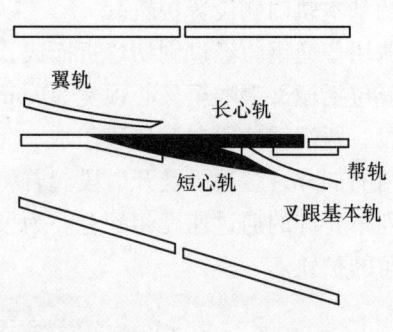

图3-37 可动心轨辙叉

3. 连接部分

连接部分是把转辙器部分和辙叉及护轨部分之间连接起来的设备，它包括两股直线钢轨和两股曲线钢轨，两根曲线轨称为道岔导曲线。导曲线一般采用圆曲线，其半径的大小取决于道岔号数的大小及列车侧向过岔速度的要求。当转辙器尖轨与辙叉为曲线型时，尖轨或辙叉本身就是导曲线的一部分，确定导曲线平面形式时应将尖轨或辙叉平面形式一并考虑，圆曲线两端一般不设缓和曲线，一般也不设外轨超高和轨底坡。为防止导曲线轨在动荷载作用下的外倾和轨距扩张，保持导曲线的位置和圆顺，导曲线部分大多铺设有一定数量的垫板、轨距杆、轨撑及防爬设备。

连接部分一般配置8根钢轨，直股连接线4根，曲股连接线4根。配轨时要考虑轨道电路绝缘接头的位置，并满足接头相对接的要求，尽量采用12.5m或25m长的标准钢轨。连接部分使用的短轨，一般不短于6.25m，在困难情况下不短于4.5m。

二、对称道岔

对称道岔是单开道岔的一种特殊形式，它是将一条线路分岔成两条对称方向的曲线线路。它的结构和单开道岔基本相同，只是连接部分没有直轨，只有导曲线轨，如图3-38所示。

对称道岔对称于主线的中线或辙叉角的中心线，列车通过时无直向及侧向之分。

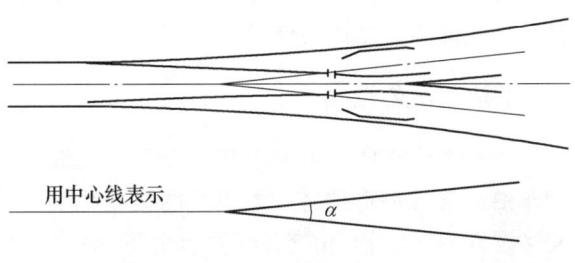

图3-38 对称道岔示意图

导曲线半径相等时，对称道岔的长度要比单开道岔短，其他条件相同时，导曲线半径约为单开道岔的两倍；在曲线半径和长度保持不变时，可采用比单开道岔更小号的辙叉。因此在道岔长度固定的条件下，使用对称道岔可以获得较大的导曲线半径，能提高过岔速度；在保持相同的过岔速度的条件下，对称道岔能缩短道岔长度，从而缩短站坪长度，增加线路的有效长度。

三、复式道岔

为了节省用地，缩短线路总长，或者由于受地形所限，道岔铺设位置不能按照一前一后逐组错开铺设，必须把一组道岔纳入另一组道岔内，便形成复式道岔。复式道岔分为复式对称道岔、复式异侧不对称道岔和复式同侧不对称道岔。

复式对称道岔（又称三开道岔）沿一股直线钢轨（主线）对称分支，同时衔接的有3条线路，一股直线钢轨，两股曲线钢轨，如图3-39所示。当需要连接的线路较多且又受场地限制，不能在主线上连续铺设两组单开道岔时，可把一组道岔纳入另一组道岔中形成三开道岔。

三开道岔转辙器部分有两对尖轨（一长一短为一对）、一对基本轨，两对尖轨中有一对尖轨比外面的短；其连接部分有两根直轨，两对导曲线轨；辙叉及护轨部分有3副辙叉、4根护轨，3副辙叉中后两副辙叉的辙叉角相等，而前面的一副辙叉角较大，并

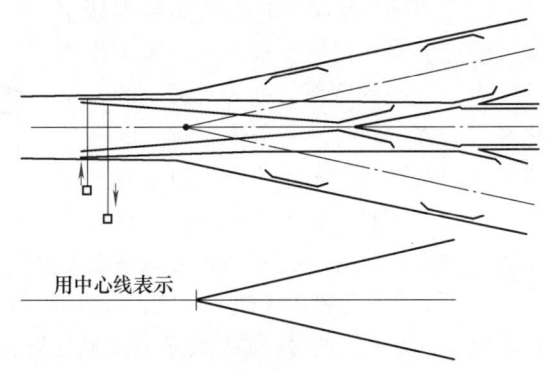

图3-39 复式对称（三开）道岔示意图

位于主线的中线上。

三开道岔相当于两组异侧顺接的单开道岔，但其长度却远比两组单开道岔的长度之和还短。其优点是道岔长度短，缺点是结构复杂，维修比较困难，尖轨削弱较大，运行条件较差，使用寿命短，主线行车速度受到限制。常用于地形狭窄又有特殊需要的地段，如果不是非常困难的条件，一般不采用。

复式异侧不对称道岔（又称不对称三开道岔）的主线为直线，在不同部位用两组转辙器，将一条线路分为3条，两侧不对称分支的道岔，中间的一副辙叉位于主线的一侧，后面两副辙叉的辙叉角可相等也可不相等。

复式同侧不对称道岔的主线为直线，两侧线从主线的一侧岔出的道岔称为复式同侧不对称道岔。此类道岔使用极少。

四、交叉设备

两条线路在同一平面上相互交叉，引渡列车由一条线路跨越另一条线路的设备称为交叉设备。交叉分直角交叉和菱形交叉。两条直线轨道成直角相交的交叉称为直角交叉，很少见到。两股钢轨相交成菱形的交叉，当其交叉角小于直角时称为菱形交叉，如图3-40所示。菱形交叉是当一条线路与另一条线路平

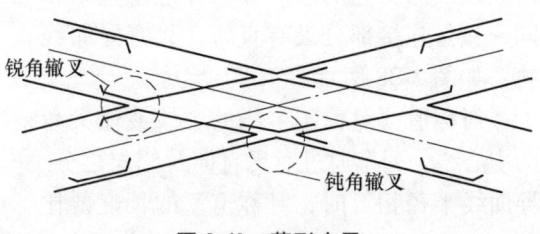

图3-40 菱形交叉

面相交时，为使列车能由一条线路跨越另一条线路运行，所设置的连接设备。

菱形交叉由两组相同角度的锐角辙叉和两组相同角度的钝角辙叉组成。锐角辙叉结构与单开道岔基本相同，钝角辙叉分为固定型和活动心轨型两种。

1. 固定型钝角辙叉

固定型钝角辙叉由弯折基本轨、帮轨、长心轨、短心轨、护轨及连接零件组成，如图3-41所示。

帮轨用来增强辙叉结构的稳定性。短心轨的作用类似于单开道岔的护轨引导部分。固定型钝角辙叉，自心轨实际尖端至辙叉理论尖端（即辙叉长，短心轨工作边的交点）之间的距离，称为有害空间。车轮经过有害空间时，完全依靠对侧的钝角辙叉的护轨来引导车轮前进。但是对于任何一个行车方向，护轨的引导都不完全，车轮通过时，容易造成撞击辙叉尖端或发生脱轨事故。

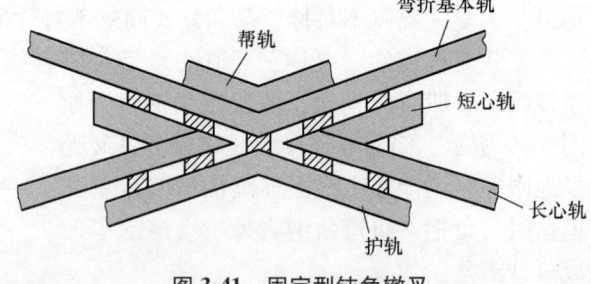

图3-41 固定型钝角辙叉

为了防止车轮撞击尖轨或脱轨，设计时尽可能减少有害空间的长度及车轮轮缘一端内侧搭在护轨弯折点上，使另一端轮缘搭在心轨实际尖端上，车轮由护轨进入尖轨，自行防护。但若维修不当，不能保持菱形轨距和辙叉轮缘槽的宽度，比如轮缘槽加大，就增加了有害空间的长度，减少了车轮的自护能力；若护轨弯折处出现圆弧，不能及时采取焊补等措施，就会造成减少护轨平直段对车轮的引导长度，相对也增加了有害空间长度，对行车都是不利的因素。

2. 活动心轨型钝角辙叉

活动心轨型钝角辙叉相当于把固定型钝角辙叉的长心轨延长至理论尖轨处，与基本轨相交，同时把长心轨跟端做成活接头型。这样随着行车方向的不同，心轨可以左右摆动，从而消除了有害空间，如图3-42所示。

活动心轨型钝角辙叉由基本轨、帮轨、心轨、扶轨及其他连接设备组成。由于没有了有害空间，因此护轨可以取消。帮轨安装在基本轨外侧，轨头完全与基本轨相贴，保持基本轨稳定。为了防止基本轨磨耗后车挤撞帮轨，一般帮轨轨面比基本轨低10mm。心轨相当于单开道岔中的尖轨。

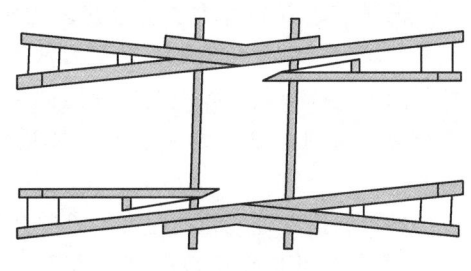

图3-42 活动心轨型钝角辙叉

五、连接与交叉的组合

连接与交叉的组合是把连接设备和交叉设备组合起来，主要有交分道岔和渡线。

1. 交分道岔

两条线路相互交叉，列车不仅能够沿着直线方向运行，而且能够由一直线转入另一直线，这种道岔称为交分道岔。交分道岔有单式交分道岔和复式交分道岔。单式交分道岔是两条线路相交，中间增添两副转辙器和一副连接曲线，列车可沿着某一侧由一条线路转入另一条线路的道岔。复式交分道岔是两条线路相交，中间增添4副转辙器和两副连接曲线，列车能沿着任何一侧由一条线路转入另一条线路的道岔，如图3-43所示。

复式交分道岔相当于两组对向铺设的单开道岔，实现不平行股道的交叉，一组复式交分道岔能起到4组单开道岔的作用，并且与普通道岔比较，具有道岔长度短、开通进路多及两个

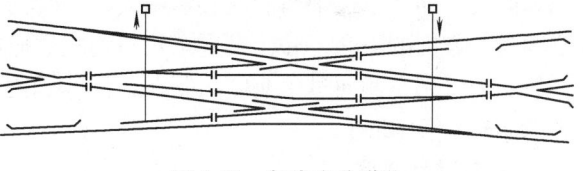

图3-43 复式交分道岔

主要行车方向均为直线等优点，不仅能节省用地面积，同时也能节省作业时间，并改善列车运行条件。

2. 渡线

利用道岔或者利用固定交叉连接两条相邻线路的设备，称为渡线。渡线分为单渡线和交叉渡线。单渡线由两组单开道岔及一条连接轨道组成。交叉渡线由相邻线路间两条相交的渡线和一组菱形交叉及连接轨组成，包括4组类型和号数都相同的单开道岔，如图3-44所示。交叉渡线用于平行线路之间的连接。在站场受到地形限制或为了缩短站坪长度，或为了缩短咽喉长度，常用两个方向相反的渡线连接两平行线路。

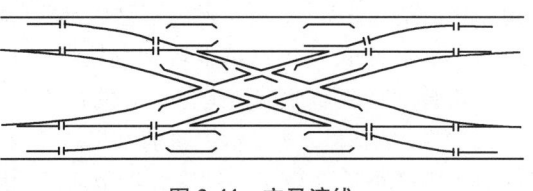

图3-44 交叉渡线

六、道岔辙叉号数及列车过岔速度

(一) 道岔辙叉号数

辙叉号数 N 也称为道岔号数，我国规定以辙叉角 α 的余切值来表示。辙叉角越小，辙叉号数越大；辙叉角越大，辙叉号数越小。

因为正线道岔是控制行车速度的关键设备，道岔铺设后再改造，工程量很大，也影响城市轨道交通的正常运营，道岔整体道床改造难度更大。因此道岔号数应满足远期运营的需要。

城市轨道交通对道岔号数有严格规定：

1) 目前我国城市轨道交通运营线路列车运行速度一般不超过 80km/h，所以正线均采用 9 号道岔。但是随着国民经济的快速发展，城市范围不断扩大，城市轨道交通往郊区延伸，列车运行速度将提高，会超过 80km/h，所以规定正线采用不小于 9 号的各类道岔。

2) 车场线采用的道岔不得大于 7 号，以减少占地面积。

现场测量道岔号数的最简单方法是脚量法。即先在辙叉心轨顶面上找出一脚长的宽度处，并使脚跟垂直于一心轨工作边，然后由此向前量至辙叉实际尖端处是几脚，就是几号道岔。

(二) 列车过岔速度

由于道岔构造复杂、几何结构不平顺以及受有害空间的影响，是轨道结构的薄弱环节，因而列车过岔有最高速度限制。列车通过道岔的容许速度有侧向过岔速度和直向过岔速度。

1. 侧向过岔速度

影响侧向过岔速度的因素很多，主要限制因素是由于导曲线半径较小，且一般不设超高和缓和曲线，列车未被平衡的离心作用大，同时列车由直线进入道岔侧线时，在开始迫使车辆改变运行方向的瞬间，必然发生车轮与钢轨的撞击，从而影响乘客舒适度和道岔结构的稳定，故必须将列车侧向过岔速度限制在容许范围之内。7 号、9 号道岔侧向最高过岔速度分别为 25km/h、30km/h。

2. 直向过岔速度

直向过岔速度根据道岔类型、道岔结构、道岔号数、道岔尖轨锁闭的可靠性综合分析确定。根据我国运营实践，结合一定的理论分析，直向过岔速度一般可限制为同等级区间线路允许速度的 80%～90%。

七、道岔的几何要素及中心线表示法

如图 3-45 所示，O 表示道岔中心；a 表示道岔前部实际长度（基本轨始端轨缝中心至道岔中心的水平距离）；b 表示道岔后部实际长度（道岔中心至辙叉后跟轨缝中心的距离）；L_q 表示道岔全长（道岔基本轨始端轨缝中心至辙叉后跟轨缝中心的距离）；a_0 表示道岔前部理论长度（尖轨始端至道岔中心的距离）；b_0 表示道岔后部理论长度（道岔中心至辙叉心理论尖端的距离）；q 表示尖轨前基本轨长（道岔基本轨始端轨缝中心至尖轨始端的距离）；m 表示辙叉跟长（辙叉心理论尖端至辙叉后跟轨缝中心的距离）。

绘制车站平面图时，线路和道岔通常是用中心线表示的，这种表示法不但绘图简单，也能满足设计和施工的需要。在已知道岔两线路中心线的交点和辙叉号数、道岔类型时，可按选定的比例尺用单线把道岔表示出来。

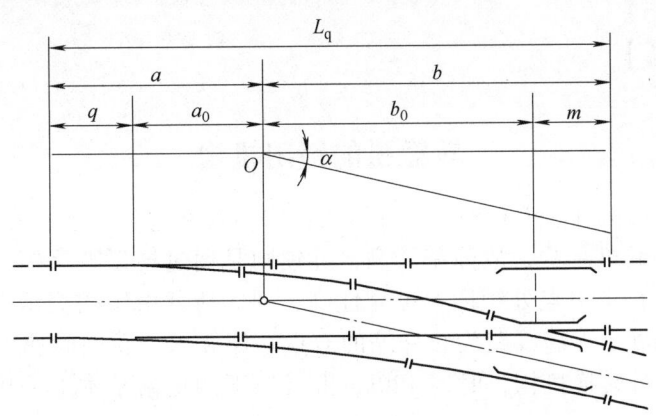

图 3-45　道岔几何要素

例如，画 9 号左开单开道岔，可在主线的中心线上，先确定两线路中心线交点的位置，然后从交点沿主线中心线画等于辙叉号的 9 个等分线段，并在最后一个线段末端向上画一等分线段，使其垂直于主线的线路中心线，将垂直线段的终点与道岔中心连接，即得支分线方向，这就是用中心线法表示的 9 号左开单开道岔，如图 3-46 所示。

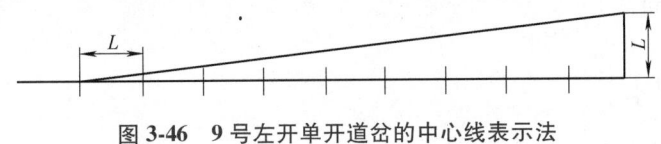

图 3-46　9 号左开单开道岔的中心线表示法

如画对称道岔，只需将垂直于主线线路中心线的线段平分于中心线两侧，然后把线段两端的终点与道岔中心相连接即可。图 3-47 表示的是 6 号对称道岔。

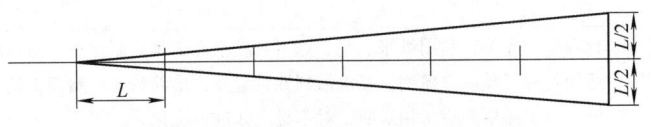

图 3-47　6 号对称道岔的中心线表示法

用中心线法表示的各种类型的道岔，如图 3-48 所示。

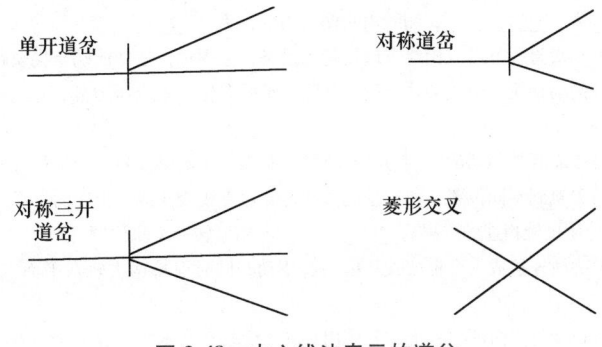

图 3-48　中心线法表示的道岔

【拓展提高】

转辙机的锁闭机构

转辙机的锁闭机构有内锁和外锁两种形式：内锁是通过转辙连杆在转辙机内部锁定，因轮轨横向力由转辙机承受，故障率较高；外锁则是通过楔形燕尾锁、拐肘锁及钩形锁实现尖轨与基本轨在牵引点处锁闭，可靠性高，列车荷载由锁闭器承受。锁闭机构应具有使尖轨牢固闭和满足无缝线路尖轨伸缩的双重功能要求。我国时速120km/h以上道岔采用的是分动钩形外转换机构，时速120km/h及以下的道岔基本上采用的是联动内锁转换机构。

【任务实施】

依据基础理论知识，提出任务目标：地铁公司道岔的类型调查。将学生按照生源地进行分组，每组同学深入地铁公司进行调查，认知本地铁公司道岔的类型，根据不同小组的调查报告，进行综合评价。

【任务工单】

任务名称	道岔的认知	学时	2	班级	
姓名		学号		成绩	
实训设备、工具及仪器	单开道岔	实训场地		日期	
任务目的	1. 在教师指导下，利用纸张、笔、剪刀、胶水等工具，制作单开道岔模型。 2. 运用各种工具制作模型，要求做到细致逼真，培养耐心、精益求精的精神。 3. 模型与实际单开道岔相对照，对不足之处进行优化。				
一、资讯 1. ＿＿＿＿是使列车由一条线路转入或越过另一条线路的连接设备，是轨道的一个重要组成部分。 2. ＿＿＿＿是将一条线路分为两条，主线为直线，侧线由主线的左侧或右侧岔出。站在道岔前，面向尖轨尖端，凡侧线由主线左侧岔出的称为＿＿＿＿，侧线由右侧岔出的称为＿＿＿＿。 3. ＿＿＿＿是引导列车沿直线方向或侧线方向运行的设备，范围包括道岔前端至尖轨跟端。 4. ＿＿＿＿是道岔外侧的钢轨，位于尖轨外侧，其除了承受车轮的垂直压力外，还与尖轨共同承受车轮的横向水平力并保持尖轨位置的稳定。 5. ＿＿＿＿的作用是依靠其被刨切的一端与基本轨紧密贴靠，正确引导列车的运行方向。 6. ＿＿＿＿用于扳动尖轨到不同位置，使道岔能准确地开通直线或侧线。常用的有手动和电动两大类。 7. 安装在尖轨最前面与转辙机械相连的一根为＿＿＿＿，用以转换尖轨位置。 8. ＿＿＿＿是将两根尖轨连接成一个框架式整体一起摆动，同时保持两尖轨在平面上的相对位置，一般设2~3根。 9. ＿＿＿＿设在尖轨长度范围内的轨枕上，其作用是支承尖轨和基本轨，保证尖轨在它顶部的滑床台上能左右平滑摆动。为此，对滑床台要经常清扫并涂抹润滑剂。					

（续）

10. ＿＿＿＿＿设在道岔中两根钢轨相交处，是轨道平面交叉的设备，其作用是使列车按确定的方向由一股钢轨越过另一股钢轨，通过平面交叉处。
11. 翼轨与心轨之间保持一定宽度的轮缘槽，使车轮轮缘能够顺利通过，两翼轨工作边相距最近处称为＿＿＿＿＿。
12. 从辙叉咽喉至辙叉实际尖端之间有一段轨线中断地带，车轮有失去引导误入异线而发生脱轨事故的可能，所以此处被称为＿＿＿＿＿。
13. 为保证车轮在有害空间处进入正确的翼轨轮缘槽，防止进入异线，通常在辙叉两侧相对应位置的基本轨内侧设置＿＿＿＿＿。

二、计划与决策
1. 以小组为单位开展单开道岔的搜集与制作工作。
2. 实践过程设置：教师为每个小组的监督员，并设置演练组长1名，记录员1名。
组长：负责搜集实施过程的指挥控制，确保每位学生参与到各个环节，并对每位学生的实施过程进行评估。
记录员：负责实践过程的各项文案记录工作，记录每位学生的回答情况，记录实践过程中存在的不足及提出的改进意见。
3. 实践过程围绕下列主题开展：①单开道岔的作用；②单开道岔的种类；③单开道岔的组成。

三、实施
1. 设备准备：单开道岔。
2. 作业过程。①准备工作：准备用具；②认知单开道岔的组成；③认知单开道岔的种类。
3. 教师指导。在教师指导下，利用纸张、塑料、剪刀、笔、胶水等工具，制作出单开道岔的模型，要求：
1) 以小组协作形式完成。
2) 搜集拟制作的单开道岔，运用各种工具制作模型。
3) 模型要求做到细致逼真，能够充分展示单开道岔各组成部分的设置要求等。
4. 模拟演练
利用模型列车在制作好的单开道岔上模拟运行，试试线路开通不同的方向后，列车能否正常通过。

四、检查
完成任务后，做如下检查：
1. 制作的单开道岔是否合理：＿＿＿＿＿。
2. 单开道岔各组成部分是否完整：＿＿＿＿＿。
3. 是否按照要求设置了转辙机等设备：＿＿＿＿＿。

五、评估
1. 请根据自己完成任务的情况，对自己的工作进行自我评估，并提出改进意见。

2. 工单成绩（总分为自我评价、组长评价和教师评价得分值的平均值）

自我评价（100分）	组长评价（100分）	教师评价（100分）	总分（100分）

任务七　轨道安全设备的认知

【任务描述】

本任务主要介绍防脱护轨的原理、结构及设置，车挡的作用、种类，以及防爬设备的作用、组成等相关理论知识，通过对理论知识的学习，辅以多媒体课件教学，使学生对轨道安全设备有全面的认知，通过任务实施阶段，调查各地铁公司轨道安全设备有何区别，并进行比较。

轨道安全
设备认知

【基础理论】

一、防脱护轨

1. 防脱护轨的原理

虽然承轨台结构为保持轨道结构的稳定性提供了可靠的保证，但在局部地段，如在小半径曲线的缓和曲线范围及竖曲线重叠地段因超高顺坡造成轨顶平面的扭曲，不利于轨道的平顺性。当列车通过时，势必会加剧车辆某些车轮的减载或悬浮，同时还将使轮轨间产生附加的横向水平力，为确保列车运行安全，需要在高架轨道特殊路段设置防脱护轨，如图 3-49 所示。

图 3-49　防脱护轨

防脱护轨轮缘槽较小，能够消除列车车轮因悬浮、减载而脱轨的隐患，当一侧的车轮轮缘将要爬上轨顶面时，轮对的另一侧车轮轮背与护轨接触，促使要爬轨的车轮回到正常位置，防止列车脱轨。防脱护轨设置在基本轨的内侧，用支架固定在基本轨轨底，安装拆除都比较方便。

防脱护轨能可靠地防止列车在特殊轨道上发生爬滑脱轨事故，能提高小半径曲线轨道整体结构抗横向变形的承载能力，增强稳定性。护轨不与轨下基础发生直接连接紧固关系，通用性好。

2. 防脱护轨的结构

防脱护轨由护轨、扣板、护轨支架、弹性绝缘缓冲垫片和连接紧固部件等组成。护轨支架安装在相邻轨枕之间的基本轨轨底上，用螺栓和扣板将支架紧固在基本轨轨底上。护轨支架安装间距，根据运输条件拟定，一般为每间隔两根轨枕安装一个支架。随后将加工好的护轨置于支架的承轨台上，用螺栓将护轨紧固于支架一侧。在护轨与基本轨之间的螺栓应根据轮轨关系及其相互作用原理进行具体设置，轮缘槽宽度值应根据曲线半径、列车通过速度及现场使用条件进行确定。护轨之间的接头用相应的夹板、螺栓连接。每一局部安装地段护轨的始端和终端，应设置缓冲段。护轨装置一般安装在小半径曲线轨道内股钢轨的内侧，安装长度为 40~60m，处在曲线圆缓点和缓圆点之间。

3. 防脱护轨的设置

防脱护轨一般设置在高架线上特殊地段，具体包括：

1）半径小于 500m 曲线的缓圆（圆缓）点，缓和曲线部分 35m、圆曲线部分 15m 的范围内曲线下股钢轨内侧。

2）双线高架桥跨越城市主干道和铁路地段及其以外各 20m 范围内，在靠近高架桥中线侧的钢轨内侧；单线高架桥上述地段两股钢轨内侧。

3）竖曲线与缓和曲线重叠处，重叠范围内两股钢轨内侧。可根据实际情况增加安装防脱护轨的地段。

二、车挡

车挡是防止列车在意外情况下冲击线路终端造成车辆和设备损坏的安全防护装置。为保证行车安全，防止在遇到特殊情况时列车冲出线路，在正线、辅助线、试车线、库内线的末端都必须设置车挡。

车挡也称为挡车器，车挡有缓冲式和固定式两种。正线、辅助线和试车线的末端宜采用缓冲式车挡；库内线末端宜采用固定式车挡。

1. 缓冲式车挡

缓冲式车挡（图 3-50）上设置有缓冲装置，能够起到缓冲作用，并且在被列车撞击后车挡有一定的滑动距离，可以有效地消耗列车的动能，迫使列车停车，比较安全可靠。缓冲式车挡有滑动式、液压式等多种形式。

滑动式结构简单，安全可靠性好。滑动式缓冲车挡由主架和制动轨卡组成，制动形式为摩擦制动。当列车质量为 220t、时速为 15km/h 撞击车挡时，可在 15m 内停车。

图 3-50 缓冲式车挡

液压式缓冲车挡是液压制动，设计合理、技术先进、结构复杂、制动距离短，具有事故自动报警、记录车辆速度及发生时间、能自动复位等功能，从而可以缩短事故处理时间，主要应用于地下线路，可降低地下线路综合造价。

2. 固定式车挡

固定式车挡（图 3-51）结构简单，长度短，造价低。固定式车挡有 XCD 型、CDKN 型和 CDKW 型。XCD 型车挡与缓冲滑动式车挡配套使用。CDKN 型车场内车挡适用于车辆段/停车场的库内线路。CDKW 型车场库外车挡适用于车辆段/停车场的调车作业线路尽端。

三、防爬设备

列车运行时，车轮作用于钢轨上除产生竖直力和横向力外，还产生一个纵向水平推力，能引起钢轨的纵向移动，有时甚至带动轨枕沿着线路方向一起移动，此种现象称为轨道的爬行。

列车的速度越快，轴重越大，爬行越严重。爬行往往引起轨缝不匀、轨枕歪斜等现象，对线路的破坏性较大，危及行车安全。鉴于轨道爬行带来的各种危害，可以通过安装防爬设备来加强接头连接零件、中间扣件的扣紧力以防止爬行。防爬设备用于加强钢轨与轨枕间的联结，增加线路抵抗钢轨纵向爬行的能力。目前采用的方法是将防爬器与防爬撑配合使用。我国铁路广泛采用穿销式防爬器，如图3-52所示。

图3-51　固定式车挡

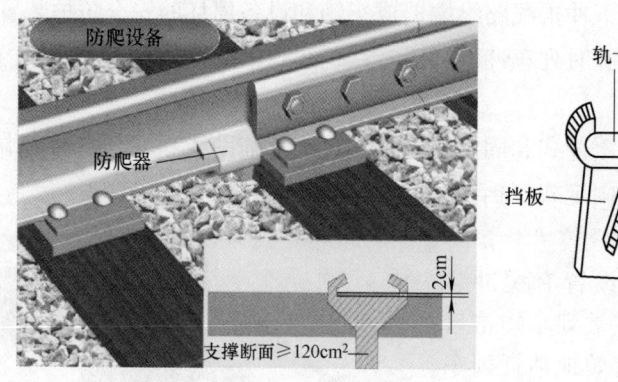
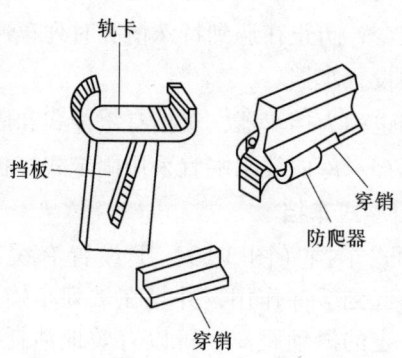

图3-52　穿销式防爬器

穿销式防爬器是由带挡板的轨卡和穿销组成的。安装时，轨卡的一边卡紧轨底，另一边楔进穿销，使整个防爬器牢固地卡住轨底。这样，钢轨在受到纵向力时，由于轨卡的挡板紧贴着轨枕，于是轨枕和道床就阻止了钢轨爬行。为了充分发挥防爬器的作用，通常在轨枕之间安装防爬撑，把3~5根轨枕联系起来，共同抵抗钢轨爬行。

【拓展提高】

铁 路 车 挡

车挡是以片石浆砌而成或以钢轨焊制的阻挡物。

在货场、专用线和段管线的线路中，有许多属于尽端式线路。安全线和避难线和个别的客车到发线也都是尽端式的线路。

尽端线的终端均设置车挡。除安全线和避难线外，车挡处设置带有红色方牌和红灯的表示器,这些统称为终端设备。为了防止作业中发生冲撞车挡事故,近年来广泛推广使用挡车器,挡车器一般设在距车挡 5~10m 处,它通过弹簧扣件将挡车器卡在钢轨上,当车辆在顶送时或自行溜逸撞上挡车器后,挡车器可以吸收冲击动能,避免爬上车挡造成损失。挡车器一般只容许 15km/h 以下的撞击。

有的线路终端还设置了终端站台,货车上如装载汽车之类的货物可以自由上下。

铁路规章要求,在尽端线上调车时,距线路终端应有 10m 的安全距离,遇特殊情况,必须近于 10m 时,要严格控制速度。

【任务实施】

依据基础理论知识,提出任务目标:地铁公司轨道安全设备的类型调查。将学生按照生源地进行分组,每组同学深入地铁公司进行调查,认知本地铁公司轨道安全设备的类型,根据不同小组的调查报告,进行综合评价。

任务八　轨道的几何形位认知

【任务描述】

轨道的几何形位认知

本任务主要介绍轨距、水平、前后高低、轨向、轨底坡的定义、规定及容许偏差等相关理论知识,通过对理论知识的学习,辅以多媒体课件教学,使学生对轨道几何形位有全面的认知。

【基础理论】

轨道的几何形位是指轨道各部分的几何形状、相对位置及基本尺寸,是保证列车按规定速度安全平稳运行的重要条件之一。轨道的几何形位要素主要有轨距、水平、前后高低、轨向及轨底坡等。各种轨道的几何形位都存在一定偏差,但不得超过其容许值,即轨道几何尺寸的容许偏差。轨道几何形位的正确与否,对列车的安全运行、设备的使用寿命、养护费用和乘客的舒适度起着决定性的作用。轨道几何形位的超限是引起列车倾覆及爬轨的直接因素,直接影响列车的横向和纵向加速度,并产生相应的惯性力。

一、轨距

轨道的两股钢轨之间应保持一定的距离,这个距离即为轨距。轨距为两股钢轨头部内侧与轨道中线相垂直的距离。因为钢轨头部外形由不同半径的复曲线组成,钢轨底面设有轨底坡,钢轨向内倾斜,车轮轮缘与钢轨侧面接触点发生在钢轨顶面下 10~16mm 处,所以我国《铁路技术管理规程》规定轨距测量部位在钢轨顶面下 16mm 处。轨距用道尺或轨检车进行测量。道尺测得的是静态的轨距，轨检车可以测得列车通过时轨距的动态变化。

当轮对的一个车轮轮缘与钢轨紧贴时，另一车轮轮缘与钢轨之间应留有一定的空隙，此空隙称为游间。为使车辆能顺利通过轨道，轨道的轨距必须略大于轮对宽度，有一定的游间。游间对列车运行的平稳性和轨道的稳定性有重要的影响。游间不能过大，否则会使车辆行驶时蛇行运动的幅度加大，横向加速度、轮缘对钢轨的冲击及作用于钢轨上的横向力也随之增加。行车速度越高，这种影响越严重。游间也不能过小，过小会增加行车阻力和轮轨磨耗，严重时轮对有可能被钢轨卡住。所以为了提高行车的平稳性和减少轮轨之间的动力作用，应对游间加以限制。

轨距分直线地段轨距和曲线地段轨距两种。

1. 直线地段轨距

我国城市轨道交通线路直线地段的轨距均采用1435mm。《铁路技术管理规程》规定线路、道岔轨距的静态允许最大偏差为+6mm和-2mm。

2. 曲线地段轨距

车辆在曲线轨道上行驶时，由于车辆固定轴距的影响，转向架前一轮对的外轨轮缘和后一轮对的内轨轮缘紧贴钢轨，致使行车阻力增大，轮轨磨耗加剧。为使列车能顺利通过曲线路段，并减少轮轨间的横向水平力，减少轮轨磨耗和轨道变形，半径小于等于200m的曲线地段轨距要适当加宽。新建正线曲线半径一般大于250m，无须轨距加宽。辅助线、车场线小半径曲线轨距加宽标准见表3-7。

表3-7 辅助线、车场线小半径曲线轨距加宽标准

曲线半径/m	加宽值/mm		轨距/mm	
	B型车	A型车	B型车	A型车
200≥R>150	5	10	1440	1445
150≥R>100	10	15	1445	1450

加宽轨距的方法是保持曲线外轨的位置，而将曲线轨道内轨向曲线中心方向移动。轨距加宽值应在缓和曲线长度范围内完成，无缓和曲线时在直线地段完成。由曲线地段到直线地段的轨距递减率不宜大于2‰，困难地段不应大于3‰，由于道岔构造复杂，为缩短道岔长度，道岔的轨距递减率不受此限制。

二、水平

水平是指线路左右两股钢轨顶面的相对高差。为保证列车运行平稳，并使两股钢轨均匀受力，在直线地段上两股钢轨顶面应保持在同一水平面上；曲线地段外侧钢轨应比内侧钢轨高。

列车在曲线轨道上运行时，由于离心力的作用，列车向外轨方向倾斜，加大了外轨的压力，造成乘客不适等影响。需要在曲线轨道上设置外轨超高，借助车辆的重力水平分力来平衡离心力，继而抵消惯性离心力的作用，以达到内外轨受力均匀，垂直磨耗均匀，使乘客不会因离心加速度的存在而感到不适，并且提高了线路的横向稳定性，保证了行

车的安全性。

曲线外轨超高值的设置是根据行车速度、车辆的性能、轨道结构稳定性和乘客的舒适度来确定的。

列车在曲线上的实际运行速度和计算超高平均速度不能完全一致，因此当实际速度大于超高平均速度时，实际超高不能完全把离心力消除，有一个欠超高，欠超高越大，外轮缘与外轨产生磨耗越严重。为保证乘客舒适和行车安全，减轻钢轨磨耗，必须对欠超高限制，一般可允许有不大于61mm的欠超高。经过多年行车实践得出外轨超高120mm比较合理。

水平可用道尺或轨检车进行测量。验收线路时，其容许误差为4mm。

有两种性质不同的钢轨水平误差，它们对行车的危害程度也不一样。第一种水平误差是在一段相当长的距离内，一股钢轨的轨顶比另一股高，只要水平误差保持在容许范围内，可以使列车贴着一股钢轨平稳地运行；另一种称为三角坑或轨道扭曲，它是指在一段不足18m的距离内，先是一股钢轨高，后是另一股钢轨高，相当于在轨道上形成了三角坑。

一般情况下，超过允许标准的水平误差，只是引起列车的摇晃和两股钢轨的不均匀受力及磨耗。但如果在不足18m的距离内出现水平误差超过4mm的三角坑，就会出现车轮不能全部正常压紧钢轨，在最不利的情况下甚至可以爬上钢轨，引起脱轨事故，因此这种危害是必须要避免的。

三、前后高低（高低）

前后高低是指一侧钢轨纵向的相对高低。轨道高低必须满足平顺性的要求，以减少列车对轨道的冲击，确保运营的安全和乘客的舒适。新铺或经过大修后的线路，即使轨面平顺，但经过一段时间列车运行后，由于钢轨磨耗、轨枕状态、扣件松紧、道床捣固坚实程度以及路基状态等不同，会产生不均匀下沉，造成轨面高低不平。在钢轨接头附近下沉较多，出现坑洼；有些地段，从表面上看轨面是平顺的，但实际上轨底与垫板或轨枕之间存在间隙（间隙超过2mm时称为吊板），或轨枕与道砟之间存在空隙（空隙超过2mm时称为暗坑或空板），当列车通过时，这些地段的轨道下沉较大，也会产生不平顺，这种不平顺称为动态不平顺。轨道的前后高低会加剧列车的上下振动，使乘客有不舒适的感觉。控制纵向不平顺能降低轮轨间的动力作用，减小对轨道的破坏。

高低要求目视平顺，用10m弦线在钢轨顶面中间测量最大矢度值，最大矢度即弦线与钢轨顶面之间的距离最大者。按照《铁路线路维修规则》的规定，高低差用10m弦线测量，误差不得超过4mm。

四、轨向

轨向（也称方向）是指轨道中心线在水平面上的平顺性，即轨道的中心线位置应和它的设计位置一致。按照行车平稳与安全的要求，轨向要求直线段平直，曲线段圆顺，否则会引起列车蛇形运动。但在列车运行过程中，往往会出现直线轨道不直、曲线轨道不圆顺，表现为直线段形成长度为10~25m的波浪形曲线，曲线轨道则在缓和曲线和圆曲线上发生曲率变化，形成有许多不同曲率半径圆弧组成的复曲线，使轨向不良，对行车安全和平稳运行造成严重的威胁。在无缝线路地段，若轨向不良，在高温季节还会引起胀轨跑道，严重威胁行车安全。

相对于轨距来说，轨向往往是行车稳定性的控制性因素，对行车的平稳性有特别重要的意义。因此，要定期检测轨向，并及时更正。直线段轨向用10m弦线在钢轨顶面以下16mm处测量矢度值，其允许误差正线不得超过4mm，其他线不超过6mm。曲线段轨向用20m弦线在钢轨顶面以下16mm处测量矢度值，称为正矢，其误差正线不得超过4mm，其他线不超过6mm。

五、轨底坡

因车轮踏面的主要部分为1∶20的斜坡，为使钢轨顶面与车轮踏面斜坡相吻合，使轮轨接触集中于轨顶中部，提高钢轨的横向稳定性，避免或减小钢轨偏载，减小轨腰的弯曲应力，减轻轨头不均匀磨耗，延长钢轨的使用寿命，在直线上，钢轨不应竖直铺设，而要适当地向内倾斜。由此产生的钢轨底面相对于轨枕顶面的倾斜度称为轨底坡，即钢轨的内倾度。如果钢轨保持竖直，车轮的压力将离开钢轨的中心线而偏向道心一侧，其结果将使钢轨头部磨耗不均，腰部弯曲，在轨头与轨腰连接处发生纵裂，甚至折损。

正线、辅助线和车场线上的钢轨，应设置1/30或1/40的轨底坡。曲线地段要根据超高的不同情况调整。碎石道床地段的道岔辙叉跟端轨缝后一定范围内是普通长轨枕，在无轨底坡时若道岔间不足50m不应设置轨底坡。轨底坡的设置是通过混凝土轨枕在制作过程中实现的，混凝土轨枕的承轨台已按规定设计有一定的坡度，对于线路的各种特定地段，还必须在轨下增设斜型垫片加以改善。

列车运行时，车辆踏面与钢轨顶面接触，由于车轮踏面有一个倾斜坡度，因此钢轨的倾斜度必须和车轮踏面的倾斜度基本吻合。轨底坡设置是否正确，可根据钢轨顶面有车轮踏面碾磨形成的光带位置判断，一般情况下要求光带宽度一致，并稍偏向轨头中心内侧。如果不符合，轮轨接触点将偏离轨面中心线。轨面上因车轮碾压会形成明亮的光带，如果光带居中，说明轮轨接触点良好，轨底坡适宜；如果光带偏向内侧，说明轨底坡偏小，如果不纠偏，就会加剧钢轨内侧的磨耗；如果偏向外侧较多，则说明轨底坡偏大。

【拓展提高】

轨道几何形位纠正

保障轨道几何形位，是保证城市轨道交通系统安全运营的关键。轨道不平顺检测能科学引导线路维护工作，是确保行车安全、提高线路运行质量的基础。城市轨道交通系统维修部门必须对轨道几何形位的偏移进行纠正，并作为日常线路维修养护的重要事项来抓。

在维持轨道结构稳定的条件下，首先选用拨道的方法进行轨道不平顺的纠正，如果不能满足,可以采用起道、改道的方法,以保证轨向、水平、高低、轨距等几何形位符合标准值。

1) 拨道是指曲线轨道经机车车辆的行走和冲撞造成超限或发生方向变化时,使轨道方向复原并符合标准的修正方法。

2) 起道是将线路低洼处起高,以找平轨面、消灭或减少轨道下沉的残余变形,改善道床弹性。

3) 改道是为了改正超限或接近超限的轨距及其变化率,消除线路方向不良,直线以左股为标准股,曲线以上股为标准股,按规定的轨距值改动另一股钢轨位置的作业称为改道。

【任务实施】

依据基础理论知识,提出任务目标:地铁公司轨道形位几何要素检测调查。将学生按照生源地进行分组,每组同学深入地铁公司进行调查,认知本地铁公司轨道形位几何要素检测方法及标准,根据不同小组的调查报告,进行综合评价。

任务九　无缝线路的认知

【任务描述】

本任务主要介绍无缝线路的类型、结构及轨道温度应力等相关理论知识,通过对理论知识的学习,辅以多媒体课件教学,使学生对无缝线路有全面的认知。

【基础理论】

普通线路的钢轨接头是轨道结构的薄弱环节,列车通过时,车轮对接缝处轨端产生巨大的冲击振动,车速越高,冲击强度越大,不仅影响行车的平稳性和乘客的舒适度,而且还加剧了轨道设备的破损程度。在接头冲击力的作用下,轨道各部件的使用寿命缩短,线路状态恶化,接头区轨道养护维修工作量大。

为减少接头,用普通标准钢轨焊接成一定长度的长钢轨所铺设的轨道称为无缝线路。无缝线路的铺设,在相当长的范围内取消了钢轨接头,因此可以改善行车条件,减少振动和噪声,提高乘客的舒适度,减少列车和轨道的养护维修工作量,延长线路设备和车轮的使用寿命。因此在条件允许的路段尽量铺设无缝线路。

无缝线路通常是采用未经钻孔与淬火的 25m 长度的标准轨,先在工厂焊接成 250~500m 的长轨条,然后运抵线路铺设地,再焊接成 1000~2000m 或设计要求长度,铺设到线路上。

一、无缝线路的类型

无缝线路分为温度应力式和放散应力式两种。

温度应力式无缝线路又称为锁定式无缝线路,用线路配件将钢轨锁定,无论是轨温上升还是下降，通过多种阻力，如接头阻力、道床纵向阻力及扣件阻力等与温度应力（无缝线路上当轨温变化时，由于钢轨被锁定无法伸缩，在钢轨内部产生的内力）相抗衡，使钢轨内应力得到锁定，不让其释放。地面线路及地下线路的正线、联络线、出入场/段线的直线和半径不小于200m的曲线的整体道床地段，半径不小于400m的曲线的碎石路段以及长度大于1000m的试车线都宜铺设温度应力式无缝线路。

放散应力式无缝线路对钢轨不完全锁定，在长钢轨两端设置伸缩调节器，当轨温发生变化时，钢轨内应力随钢轨的伸缩得到一定程度的释放，使长钢轨在温度应力作用下进行一定程度的伸缩，从而既保证轨道的稳定性，又保证最低轨温下钢轨之间的轨缝不超过允许值。高架线路均采用放散应力式无缝线路，以减少钢轨内应力对桥梁所产生的影响。

二、无缝线路的结构

无缝线路的认知

温度应力式无缝线路通常是由一对长轨及两端各2~4对标准轨组成的，即由固定区、伸缩区、缓冲区3部分构成，并采用普通接头的形式。固定区是指长钢轨两端接头，由于轨枕、扣件及防爬设备等阻力，长钢轨中间部分处于稳定状态而不能伸缩的范围，不得短于50m。伸缩区是在温度应力作用下，长钢轨两端在一定距离内有伸缩量的范围，其长度根据年轨温差幅值、道床纵向阻力、钢轨接头阻力等参数计算确定，一般为50~100m。缓冲区是调节轨缝变化所组成的范围，一般由2~4节标准轨组成，普通绝缘接头为4节，采用胶接绝缘接头时，可将胶接绝缘钢轨插在2节或4节标准轨中间，绝缘接头轨缝不得小于6mm。为防止长钢轨胀轨和便于养护维修，在允许的设计锁定轨温范围内，将无缝线路全长的扣件、防爬设备全部松开，使积存在钢轨内部的温度应力全部放散掉，这就是设置缓冲区的目的。

三、无缝线路伸缩调节器

伸缩调节器又称温度调节器，是一种调节钢轨伸缩，在钢轨伸缩时保持其轨缝变化不致过大，以维持线路通顺的装置。

伸缩调节器由基本轨、尖轨大垫板、轨撑、导向卡（或导向轨撑）及连接零件组成，通过扣件固定在线路纵向的方向上，基本轨与尖轨两者之间能进行相对位移。当轨温发生变化时，无缝线路的伸缩区即推（或拉）动调节器伸缩，钢轨位移的发生使无缝线路的温度应力得到一定量的释放，大大降低了对线路的影响。

【拓展提高】

钢 轨 焊 接

钢轨焊接是指将标准长度的钢轨在工厂或现场焊接成所需长度的长钢轨，铺设成无缝线路的一种钢轨连接方式。发展无缝线路技术，消灭钢轨接头，不仅可以提高行车平稳性，降低牵引阻力，减少养护维修工作量，而且大大减少了钢轨接头破损，是合理使用钢轨的有效措施之一。

钢轨焊接是铺设无缝线路的重要环节，焊道几何外形尺寸的平顺和内部质量，是保证无缝线路正常运行的关键。为提高焊后焊道几何外形的整修质量，应采用焊瘤推凸机、钢轨焊道整修专用精铣机或研磨机进行整修，以满足钢轨平顺性要求。

钢轨焊接的主要方法有闪光焊、气压焊、铝热焊3种。

1. 闪光焊

根据电流的热效应原理，把被焊接的钢轨安放在相对的两个夹具内，端部通以强大的电流，由于对接钢轨之间存在着较大的电阻，因而产生大量的热量将轨端加热，当钢轨被加热到塑性状态时，以极快的速度予以挤压，这种在对焊机上进行的焊接方法称为闪光焊。

2. 气压焊

气压焊是用气体（乙炔-氧）燃烧的火焰加热钢轨端头，使其温度达到1200°C左右，轨端加热至塑性状态，在预施的压力挤压下，使两根钢轨挤压在一起，从而把钢轨焊接起来。

3. 铝热焊

铝热焊是利用铝热焊剂的剧烈化学反应，铁的氧化物被铝还原成铁液，同时产生大量热量，把高温铁液浇注于固定在两钢轨轨缝处的砂型内，将两根钢轨铸焊在一起。

3种焊接方法中，闪光焊焊接速度快，焊接质量稳定，且已有可适应线上焊接的大型移动式焊机，但焊机投资大，所需电源功率也较大；闪光焊是母材焊接，不加入钢轨材质本身之外的成分，使用较多。气压焊的一次性投资小，不需要有大功率电源，焊接时间短，焊接质量好，缺点是在焊接时对接头断面的处理要求十分严格，并且在焊接时需要钢轨有一定的纵向移动，因此对超长钢轨的焊接有一定难度，特别是无法进行跨区间无缝线路的线上焊接；气压焊也是母材焊接，不加入钢轨材质本身之外的成分，使用较少。铝热焊的焊接方法较为简单，对操作人员的要求相对较低，焊接时间短，可在钢轨固定的情况下进行焊接，但焊接质量不如闪光焊和气压焊；铝热焊是一种非母材焊接方法，焊接后的接头位置主要成分是铝热剂还原的铁质。和钢轨母材不一样，铝热焊接头的强度比闪光焊和气压焊的接头强度低，一般用于在线钢轨的应急处置等，大量使用较少。

【任务实施】

依据基础理论知识，提出任务目标：工务段无缝线路制作方法调查。将学生按照生源地进行分组，每组同学深入地铁公司进行调查，认知本地铁公司工务段无缝线路制作方法，根据不同小组的调查报告，进行综合评价。

【案例】

案例名称：石家庄地铁员工践行雷锋精神

案例描述：

2024年3月15日全国第61个学雷锋纪念日，也是第25个中国青年志愿者服务日。

雷锋精神时时可学,处处可为。

地铁青年始终在行动,他们暖心服务、真诚奉献,守护乘客安全出行。

"你们是石家庄地铁的工作人员,是石家庄的形象,你们热心、周到、暖人心。相信你们的工作态度给石家庄这个城市带来难忘的情怀。你们都还年轻,以后的路还长,祝你们好人一生平安,工作顺利!给石家庄增光添彩!"

3月4日,马阿姨给石家庄地铁留村站工作人员送上了一封感谢信,字里行间均流露出对地铁服务的认可和工作人员的感谢。

当日10许,马阿姨在留村站B口通过上行扶梯出站过程中,因携带的物品较重不慎摔倒。危急时刻,车站保洁立即按压紧停按钮并通知车站工作人员。很快,值班站长和客运值班员携医药箱飞奔而至。所幸,马阿姨受伤并不严重。大家便帮马阿姨对擦伤处进行消毒,期间车站保洁还暖心的脱下手套垫在地上以便乘客休息。10分钟后,在车站工作人员的护送下马阿姨顺利出站。

纸短情长,感谢信背后是服务与感动的"双向奔赴",也是学习弘扬雷锋精神的具体行动。

案例总结:

石家庄地铁广大员工将持续秉承"心诚,意诚,伴您全程!"的服务理念,不断凝聚地铁青年力量,立足岗位、真诚奉献,在日常服务中诠释雷锋精神。我们也要学习石家庄地铁的服务理念,为社会做贡献。

【项目学习效果综合考核】

一、填空题

1. 轨道结构是地铁和轻轨交通的重要组成部分,一般由(　　)、(　　)、(　　)、(　　)、(　　)和(　　)组成。

2. 钢轨的类型是按(　　)来划分的,我国现行的钢轨类型有(　　)、(　　)、(　　)、(　　)等。

3. 钢轨的标准长度为(　　)和(　　)。

4. 钢轨接头按其左右两股钢轨接头位置分为(　　)和(　　);按其与轨枕的位置分为(　　)和(　　),目前我国铁路上均采用(　　)的形式。

5. 按轨枕的类型,可将轨枕扣件分为(　　)和(　　)。

6. 道床一般有(　　)和(　　)两种类型。

7. 轨道的几何形位指轨道各部分的几何形状、相对位置及基本尺寸,轨道的几何形位要素主要有(　　)、(　　)、(　　)、(　　)及(　　)等。

8. 我国城市轨道交通线路直线地段的轨距均采用(　　)。《铁路技术管理规程》规定线路、道岔轨距的静态允许最大偏差为(　　)和(　　)。

9. 前后高低要求目视平顺,其偏差用(　　)测量最大矢度值,按照《铁路线路维修规则》的规定正线不应超过(　　)。

10. 正线、辅助线和车场线上的钢轨应设置(　　)或(　　)的轨底坡。

11. 道岔是使列车由一条线路(　　　)或(　　　)另一条线路的连接设备,是轨道的一个重要组成部分。

12. 转辙器部分由(　　　)、(　　　)、(　　　)、连接零件及(　　　)等组成。

13. 滑床板设在(　　　)长度范围内的轨枕上,其作用是支承(　　　)和(　　　),保证尖轨在滑床板顶部的滑床台上能左右摆动。

14. 轨撑设于(　　　)外侧,以阻止(　　　)横向移动并保持基本轨与尖轨之间的轨距。

15. 转辙机械用于扳动(　　　)到不同位置,使道岔能准确地开通直线或侧线。

16. 辙叉设于道岔中两条线路相交处,由(　　　)、(　　　)及连接零件等组成。

17. 交叉渡线由4组类型和号数都相同的(　　　)、一副(　　　)和连接钢轨组成,用于平行线路之间的连接。

18. 三开道岔有(　　　)对尖轨,其连接部分有两根(　　　),两对(　　　);辙叉及护轨部分有3副(　　　)、4根(　　　),后辙叉无法在主线内设护轨,因此主线行车速度受到限制。

二、名词解释

1. 道床肩宽
2. 轨距
3. 前后高低
4. 水平
5. 方向
6. 辙叉角
7. 辙叉咽喉
8. 有害空间
9. 菱形交叉

三、简答题

1. 简述钢轨的作用。
2. 简述轨枕的作用及特点。
3. 简述使用接头连接零件时的注意事项。
4. 简述中间连接零件的作用。
5. 什么是轨道的爬行?
6. 什么是左开道岔和右开道岔?
7. 护轨的作用是什么?
8. 简述可动心轨辙叉的特点。

四、画图题

1. 画出钢轨的横断面简图并标注其各组成部分名称。
2. 用钢轨作用边表示左开或右开道岔并标注其各组成部分名称。
3. 试用中心线法表示9号右开道岔。(保留作图痕迹)
4. 试用中心线法表示6号对称道岔。(保留作图痕迹)
5. 道岔的几何要素有哪些?(结合图形表示出来)

五、论述题

1. 简述钢轨的选型标准。
2. 简述横向轨枕、纵向轨枕、短轨枕及宽轨枕的区别。
3. 简述异形接头、导电接头和绝缘接头分别在何种情况下使用。
4. 简述碎石道床和整体道床的区别。

5. 为什么轨距的测量部位在钢轨顶面下16mm处？
6. 简述轨道爬行的危害。
7. 阐述对尖轨的要求。
8. 简述连接杆和拉杆的区别。
9. 简述辙叉理论尖端和辙叉实际尖端的区别。
10. 简述现场鉴别道岔号的方法。

项目四 车 站

【教学导航】

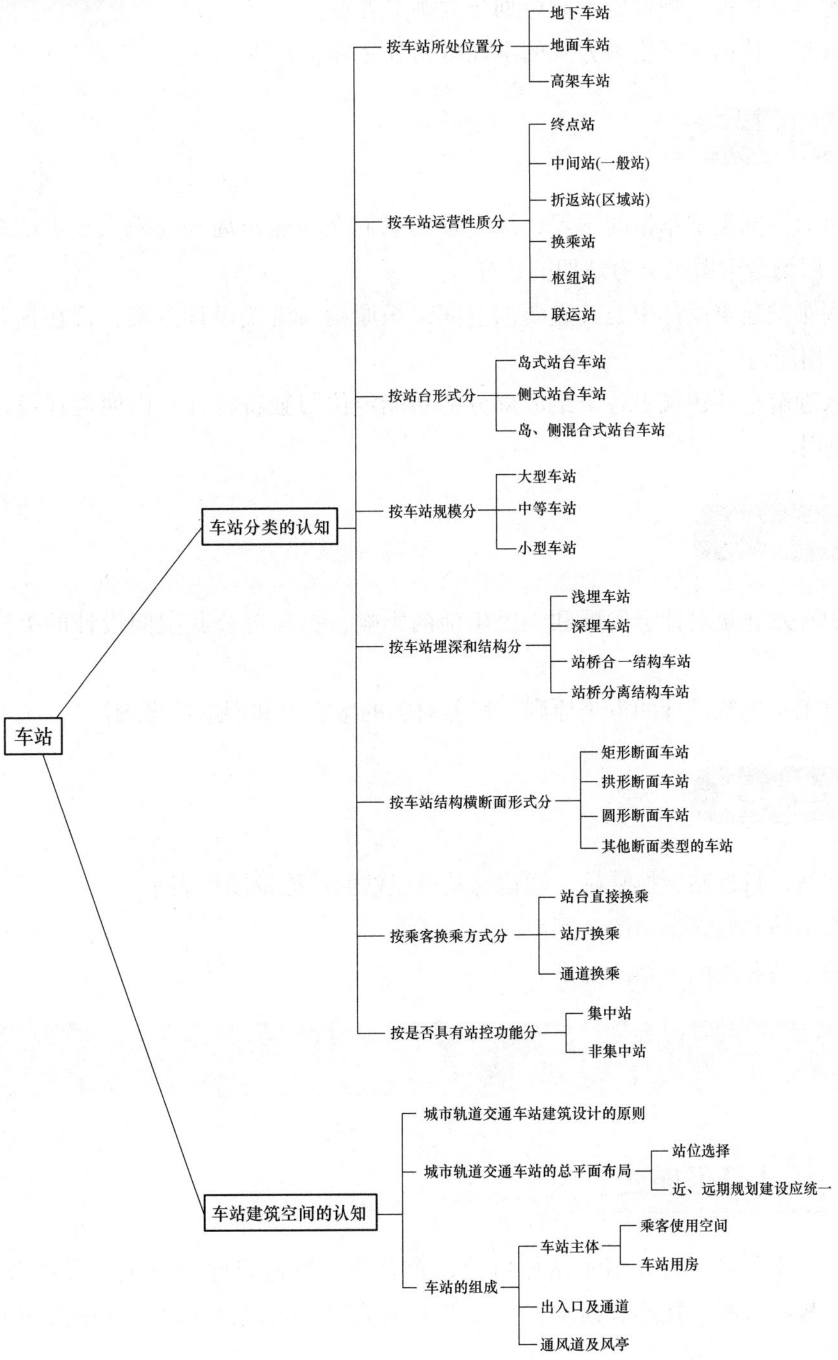

- 车站
  - 车站分类的认知
    - 按车站所处位置分
      - 地下车站
      - 地面车站
      - 高架车站
    - 按车站运营性质分
      - 终点站
      - 中间站(一般站)
      - 折返站(区域站)
      - 换乘站
      - 枢纽站
      - 联运站
    - 按站台形式分
      - 岛式站台车站
      - 侧式站台车站
      - 岛、侧混合式站台车站
    - 按车站规模分
      - 大型车站
      - 中等车站
      - 小型车站
    - 按车站埋深和结构分
      - 浅埋车站
      - 深埋车站
      - 站桥合一结构车站
      - 站桥分离结构车站
    - 按车站结构横断面形式分
      - 矩形断面车站
      - 拱形断面车站
      - 圆形断面车站
      - 其他断面类型的车站
    - 按乘客换乘方式分
      - 站台直接换乘
      - 站厅换乘
      - 通道换乘
    - 按是否具有站控功能分
      - 集中站
      - 非集中站
  - 车站建筑空间的认知
    - 城市轨道交通车站建筑设计的原则
    - 城市轨道交通车站的总平面布局
      - 站位选择
      - 近、远期规划建设应统一
    - 车站的组成
      - 车站主体
        - 乘客使用空间
        - 车站用房
      - 出入口及通道
      - 通风道及风亭

【知识目标】

1. 掌握车站依据其所处位置的不同可划分为哪些类别。
2. 掌握车站依据运营性质的不同可划分为哪些类别。
3. 了解车站依据其站台形式的不同可划分为哪些类别。
4. 熟悉车站依据其规模的不同可划分为哪些类别。
5. 了解车站依据乘客换乘方式的不同可划分为哪些类别。

【能力目标】

1. 通过对不同类型车站的学习,深入理解它们在功能布局和规模大小上的多样性,从而在实际应用场景中做出更为贴切的选择。
2. 掌握车站建筑设计中至关重要的空间组织原则与流线设计方案,旨在提升学生的设计能力与应用能力。
3. 深入理解车站建筑中各个组成部分的功能定位与独特特性,以便能在设计车站平面图时加以应用。

【素养目标】

1. 认识车站建筑对社会发展和人民生活的影响,提高对公共空间设计的关注度和参与意识。
2. 学习车站建筑设计的审美原则,培养对美的鉴赏力和创造性思维。

【重点掌握】

1. 中间站、折返站、换乘站、联运站及枢纽站的功能及图形表示。
2. 岛式车站和侧式车站的区别。
3. 深埋车站和浅埋车站的区别。

任务一 车站分类的认知

车站种类

【任务描述】

本任务主要介绍车站按所处位置分类、按运营性质分类、按站台形式分类、按规模分类、按乘客换乘方式分类等相关理论知识,通过对理论知识的学习,辅以多媒体课件教学，使学生对各种类型车站有全面的认知，较早对城市轨道交通行业有直观的认识。

【基础理论】

在城市轨道交通线路上，供列车到、发、通过、折返及乘客正常乘降的分界点称为车站。车站是城市轨道交通与乘客联系的最重要节点，是在城市轨道交通线路上设有配线，供列车到、发、通过、折返及乘客集散的唯一场所，是城市轨道交通路网中一种重要的建筑物。车站应能保证乘客使用方便，安全、迅速地进出，并有良好的通风、照明、卫生及防灾等设备，以给乘客提供舒适、清洁的环境，能全面可靠地满足运营要求。

车站应容纳主要的技术设备和运营管理系统，从而保证城市轨道交通的安全运行。车站间的距离在市区宜为1km，在郊区不宜大于2km。

城市轨道交通车站按不同的标准有不同的类型，主要按其所处位置、运营性质、站台形式、规模、埋深和结构、结构横断面形式、乘客换乘方式及是否具有站控功能等进行分类。

（一）按车站所处位置分

车站按其所处位置可分为地下车站、地面车站和高架车站3种类型。

1. 地下车站

受地面建筑群影响，线路设置于地下，其车站也设置在地下，主要是为了节省地面空间，如图4-1所示。其特点有：空间封闭、狭长、结构类同，站内噪声大，站内温度高，发生火灾后扑救困难，机械通风、人工照明，施工比较复杂，节约城市用地，有良好的防护功能。

图4-1 地下车站

2. 地面车站

车站设置在地面层，由于占用地面空间，容易造成轨道交通区域分割，所以一般在城乡接合部采用此类型车站，如图4-2所示。其特点有：车站简易，工程量小，布置灵活；乘客进出车站方便；可自然通风和天然采光，节约费用和能源；安全疏散比较容易；造价较低。

3. 高架车站

车站设置于高架桥上，如图4-3所示。其特点有：在结构上比较简单，造价大大低于地下车站；有行车噪声干扰，根据情况采取封闭或不封闭隔离噪声；有永久性的阴影区；占城市地面用地较少；比地下车站施工简易。

图4-2 地面车站

图4-3 高架车站

（二）按车站运营性质分

车站按其运营性质可分为终点站、中间站、折返站、换乘站、枢纽站、联运站，如图4-4所示。

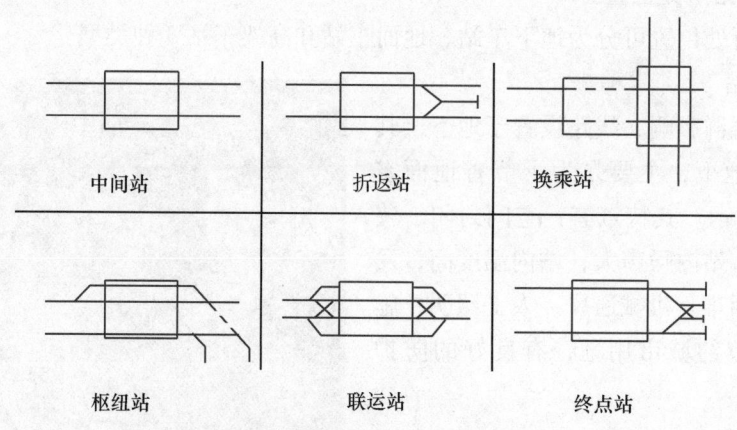

图4-4 城市轨道交通车站示意图

1. 终点站

终点站是设在线路两端的车站。终点站也是起点站（或称始发站），除了供乘客上、下车外，还用于列车折返及停留，因此终点站一般设有多股停车线。如果线路需要延长时，则终点站可作为中间站或折返站来使用。

2. 中间站（一般站）

中间站仅供乘客上、下车之用，功能单一。它是城市轨道交通路网中数量最多的车站。另外，由于车站所处位置不同，它还具有购物、城市景观等其他功能。中间站通常由站台、车站大厅或广场、售票厅、城市轨道交通企业专用空间和出入口通道组成。

3. 折返站（区域站）

折返站也称为区域站，是设在两种不同行车密度交界处的车站，兼有中间站的功能。折返站是在车站内有折返线和折返设备的中间站,能使列车在站内折返或停车。在该站到达的折返列车上的全部乘客都要下车,列车调头后,从本站出发的乘客再上车。

4. 换乘站

换乘站是位于两条及两条以上线路交叉点上的车站。它除了具有中间站的功能外,更主要的是它还可以从一条线路上的车站通过换乘设施转换到另一条线路上的车站。

5. 枢纽站

枢纽站位于城市轨道交通线路分岔的地方,其中有一条是正线,可以在两个方向上接车和发车、接送两条线路上的乘客。

6. 联运站

车站内设有两种不同性质的列车线路进行联运及客流换乘,联运站具有中间站及换乘站的双重功能。

(三) 按站台形式分

车站按站台形式可分为岛式站台车站,侧式站台车站,岛、侧混合式站台车站,如图4-5所示。

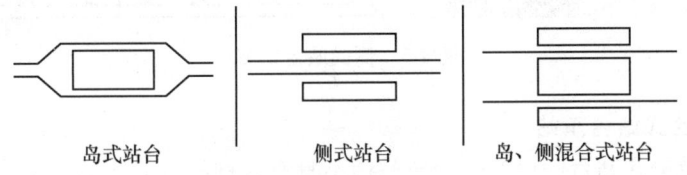

图 4-5　车站站台形式分类示意图

1. 岛式站台车站

站台位于上、下行行车线路之间,这种站台布置形式称为岛式站台。具有岛式站台的车站称为岛式站台车站(简称岛式车站),如图4-6所示。岛式站台需用中间站厅解决客流集散问题,如岛式站台设计成双层,就可利用地下一层的两端或两侧做一部分设备用房,而办公、污水等房间可设置在站台所在的地下二层。岛式车站是一种常用的车站形式,具有站台面积利用率高、能调剂客流、乘客中途改变乘车方向方便、车站管理集中、站台空间宽阔等优点,因此,一般用于客流量较大的车站。

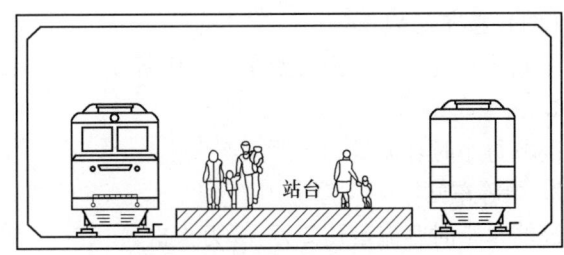

图 4-6　岛式站台车站

2. 侧式站台车站

站台位于上、下行行车线路的两侧，这种站台布置形式称为侧式站台。具有侧式站台的车站称为侧式站台车站（简称侧式车站），如图4-7所示。侧式车站的优点是上、下行乘客可避免相互干扰，正线和站线间不设喇叭口，造价低，改建容易，但是，站台面积利用率低，不可调剂客流，中途改变方向需经过地下通道或天桥，车站管理分散，站台空间不如岛式站台宽阔。因此，侧式车站多用于两个方向客流量较均匀（或流量不大）的车站及高架车站。

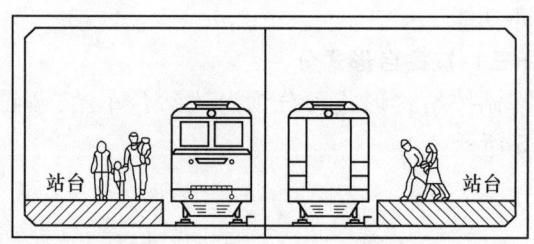

图4-7 侧式站台车站

3. 岛、侧混合式站台车站

将岛式站台及侧式站台同设在一个车站内，具有这种站台形式的车站称为岛、侧混合式站台车站（简称岛、侧混合式车站），如图4-8所示。岛、侧混合式车站常用于规模较大的车站，主要用于两侧站台换乘或列车折返，可布置成一岛一侧式或一岛两侧式。

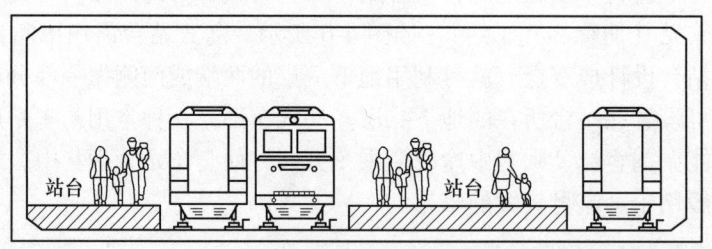

图4-8 岛、侧混合式站台车站

（四）按车站规模分

车站按其规模可分为大型车站、中等车站和小型车站。

1. 大型车站

高峰每小时客流量达3万人次以上。

2. 中等车站

高峰每小时客流量达2万~3万人次。

3. 小型车站

高峰每小时客流量在2万人次以下。

（五）按车站埋深和结构分

1. 按车站埋深分

地下车站按车站埋深可分为浅埋车站和深埋车站。

1）浅埋车站。采用明挖法或盖挖法施工，线路轨道面至地表距离在 20m 以内。

2）深埋车站。采用暗挖法施工，线路轨道面至地表距离在 20m 以上。

2. 按车站结构分

高架车站按结构可分为站桥合一结构车站和站桥分离结构车站，如图 4-9 所示。

a) 上海二号线站桥合一结构车站　　b) 上海五号线站桥分离结构车站

图 4-9　车站按结构分类示意图

1）站桥合一结构车站。高架车站的结构和站内轨道结构是做在一起的。

2）站桥分离结构车站。站内轨道结构和线路高架桥的结构是连通的。

（六）按车站结构横断面形式分

车站按其结构横断面形式可分为矩形断面车站、拱形断面车站、圆形断面车站和其他类型断面车站。

1. 矩形断面车站

矩形断面车站一般用于浅埋车站，是车站中常用的一种断面形式。车站可设计成单层、双层或多层；跨度可选用单跨、双跨或多跨。

2. 拱形断面车站

拱形断面车站常用于深埋车站，有单拱、多跨连拱等形式。单拱断面中部起拱，高度较高，两侧拱脚处相对较低，中间无柱，因此建筑空间显得高大，如建筑处理得当，会得到理想的建筑艺术效果。

3. 圆形断面车站

圆形断面车站一般用于深埋或盾构法施工的车站。

4. 其他断面类型的车站

主要有马蹄形、椭圆形等断面形式的车站。

（七）按乘客换乘方式分

1. 站台直接换乘

乘客在站台通过楼梯、自动扶梯等换乘到另一车站的站台。这种换乘方式线路短，换乘高度小，换乘时间短，换乘方便。

根据站台的布置形式又可分为：

(1) 平行换乘　两个车站站台可平面平行或上下重叠。①平面平行设置。两站台面一般通过天桥或通道连接。②上下重叠设置。一般构成"一"字形组合，站台上下对应，便于布置楼梯、自动扶梯，换乘方便。

1) 同站台平行换乘。两条线路平行交织时可以采用同站台平行换乘方式。换乘站的站台形式可以为双岛式站台，也可以为岛、侧混合式站台，站台为平行关系。双岛式站台能满足同站台两条线两个方向的换乘，岛、侧混合式站台仅提供两条线一个方向的换乘。

采用同站台换乘方式要求两条线要有足够长的重合段，工程量大，线路交叉复杂，施工难度大，需要把预留线车站及区间交叉预留处理好，所以尽量选用在两条线路建设期相近或同步建成的换乘点上。

2) 同站台上下平行换乘。换乘站为上行两层岛式站台，同一条线的上下行线均设在站台同侧的换乘方式称为同站台上下平行换乘。这种换乘方式能满足同站台两条线相同方向的换乘，另一个方向的换乘则需要通过一次上下换乘楼梯来完成。

这种换乘方式的换乘站平面布置紧凑，占地比较小，换乘方便、快捷，换乘量大。这种换乘方式比较普遍。

(2) "T"形站台换乘　两个车站上下立交，其中一个车站的端部与另一个车站的中部相连接，在平面上构成"T"形组合。可采用站厅换乘或站台换乘，两个车站也可相互拉开一段距离，以减少下层车站的埋深。

(3) "十"字形站台换乘　两个车站中部相立交，在平面上构成"十"字形组合。"十"字形换乘车站采用站台直接换乘的方式。

2. 站厅换乘

站厅换乘是指乘客由某层车站站台经楼梯、自动扶梯到达另一个车站站厅的付费区内，再经楼梯、自动扶梯到达站台的换乘方式。这种换乘方式多用于相交的两个车站。站厅换乘为辅助换乘，当两条线路相交采用上下站台直接换乘有困难时，可以采用站厅换乘。乘客下车后，无论是出站还是换乘，都必须经过站厅，再根据导向标识出站或进入另一站台继续乘车。

站厅换乘一般采用"L"形布置，即两个车站上下立交，车站端部相互连接，在平面上构成"L"形组合。在车站端部连接处一般设站厅或换乘厅，有时也可将两个车站相互拉开一段距离，使其在区间立交，这样可减少两站间的高差，减少下层车站的埋深。

这种换乘方式由于下车客流只朝一个方向流动，减少站台上人流交织，乘客行进速度快，在站台上的滞留时间缩短，可避免站台拥挤，同时又可减少楼梯等升降设备的总数量，增加站台有效使用面积，有利于控制站台宽度规模。但是这种换乘方式乘客必须先下（或上），再上（或下），换乘线路较长，换乘时间较长，换乘高度较大，有高度损失，需要设有自动扶梯，增加了用电量，造价较高。

3. 通道换乘

通道换乘是指两个车站不直接相交，距离很近，但又无法建造同一车站，因此换乘需要设置一条或多条专用通道。通道可以连接两个车站的付费区，也可以连接非付费区。

换乘通道的位置尽量设置在车站中部，可远离站厅出入口，避免与出入站客流交叉干扰，换乘客流不必出站即可直接进入另一车站的付费区内。通道换乘一般呈"工"或"L"形布置，即两个车站在同一水平面平行设置，通过天桥或地道换乘，在平面上构成"工"或"L"形组合。

这种换乘方式线路较长，通道长，换乘时间较长，不如同站换乘方便，对老弱孕残幼多有不便，投资大。但是通道换乘方式布置较为灵活，对车站设置有较大适应性，预留工程少，甚至可以不预留。通过设置专用换乘通道也能给乘客提供明显的换乘方向。通道宽度可以根据换乘客流量的需要设计，换乘通道长度一般不宜超过1000m。

（八）按是否具有站控功能分

城市轨道交通车站按是否具有站控功能可分为集中站和非集中站。

集中站通常为有道岔的车站，具有站控功能。集中站车站值班员根据调度命令，可监控集中站管辖线路上的列车运行，执行扣车与提前发车等列车运行调整措施。非集中站通常为既无道岔，又无列车控制功能的车站。

【拓展提高】

换 乘 站

换乘站在城市轨道交通线网中起着重要作用。其功能是把线网中各独立运营的线路搭接起来，为乘客换乘其他线路的列车创造方便条件。

乘客通过换乘站及其交通设施，实现两条或两条以上线路之间的换乘。换乘点的分布和换乘方式的灵活性，对整个城市轨道交通网络的功能是十分重要的，同时，换乘站的形式对城市轨道交通线网框架的稳定性也有较大影响。另外，由于换乘站是线网中不同线路的交叉点上乘客转线换乘的场所，除了供乘客上、下车外，还要实现不同线路之间的客流沟通。换乘站可以由中间站补充换乘设备而形成，或者开始就建成供两条及两条以上相交线路使用的联合车站。

为使线网形成一个四通八达的整体，以换乘站为基础，形成了许多大型综合换乘枢纽。大型换乘站（换乘枢纽或换乘中心）是城市轨道交通系统与其他交通方式之间的换乘。例如，在一个大型换乘中心，可以实现几条轨道交通线之间的换乘，及其与公交、出租车或铁路、火车站之间的换乘，还可以在大型换乘中心内设停车场，作为乘客的中转站，达到与其他交通方式之间换乘的目的。在欧洲还有一些由数条轨道交通线、市郊铁路和公共交通车站组成的特大型综合换乘枢纽。

【任务实施】

依据基础理论知识，提出任务目标：地铁公司车站的类型调查。将学生按照生源地进行分组，每组同学深入地铁公司进行调查，认知本地铁公司车站的类型，根据不同小组的调查报告，进行综合评价，并分小组讨论不同类型车站的优缺点。

【任务工单】

任务名称	车站分类的认知	学时	2	班级	
姓名		学号		成绩	
实训设备、工具及仪器		实训场地		日期	
任务目的	1. 在教师指导下，设置不同类型的车站。 2. 运用各种工具制作模型，要求做到细致逼真，培养耐心、精益求精的精神。 3. 与实际车站相对照，对不足之处进行优化。				

一、资讯

1. 在城市轨道交通线路上，供列车到、发、通过及乘客正常乘降的分界点称为_____。它是办理列车到、发、通过、折返和乘客_____的唯一场所。

2. _____（即一般站），仅供乘客上、下车之用，功能单一，是城市轨道交通路网中数量最多的车站。

3. _____也称区域站，是在车站内有折返线和折返设备的中间站，能使列车在站内折返或停车。

4. _____，位于两条及两条以上线路交叉点上的车站。它除了具有中间站的功能外，更主要的是它还可以从一条线上的车站通过换乘设施转换到另一条线路上的车站。

5. 站台位于上、下行行车线路之间，这种站台布置形式称为_____。

6. 站台位于上、下行行车线路的两侧，这种站台布置形式称为_____。

7. _____车站，采用明挖法或盖挖法施工，线路轨道面至地表距离在 20m 以内。_____车站，采用暗挖法施工，线路轨道面至地表距离在 20m 以上。

8. _____换乘，乘客在站台通过楼梯、自动扶梯等换乘到另一车站的站台。这种换乘方式线路短，换乘高度小，换乘时间短，换乘方便。

9. _____换乘是指乘客由某层车站站台经楼梯、自动扶梯到达另一个车站站厅的付费区内，再经楼梯、自动扶梯到达站台的换乘方式。

二、计划与决策

1. 以小组为单位开展不同类型车站的搜集与制作工作。

2. 实践过程设置：教师为每个小组的监督员，并设置演练组长 1 名，记录员 1 名。

组长：负责搜集实施过程的指挥控制，确保每位学生参与到各个环节，并对每位学生的实施过程进行评估。

记录员：负责实践过程的各项文案记录工作，记录每位学生的回答情况，记录实践过程中存在的不足及提出的改进意见。

3. 实践过程围绕下列主题开展：①车站有哪些类型；②不同类型车站的作用；③不同类型车站的设置。

三、实施

1. 设备准备：车站。

2. 作业过程。①准备工作：准备用具；②认知不同类型车站的设置；③认知不同类型车站的功能。

3. 教师指导。在教师指导下，利用纸张、塑料、剪刀、笔、胶水等工具，制作车站的模型，要求：

1）以小组协作形式完成。

2）搜集拟制作的车站信息，运用各种工具制作模型。

3）模型要求做到细致逼真，能够充分展示车站各组成部分的设置等。

4）可加入创新设计。

4. 模拟演练。

（续）

四、检查
任务完成后，做如下检查：
1. 制作的车站是否合理：＿＿＿＿＿＿＿＿＿＿＿＿＿＿＿＿＿＿＿＿＿＿＿＿＿＿＿。
2. 车站各组成部分是否完整：＿＿＿＿＿＿＿＿＿＿＿＿＿＿＿＿＿＿＿＿＿＿＿。

五、评估
1. 请根据自己完成任务的情况，对自己的工作进行自我评估，并提出改进意见。
＿＿＿＿＿＿＿＿＿＿＿＿＿＿＿＿＿＿＿＿＿＿＿＿＿＿＿＿＿＿＿＿＿＿＿＿＿＿
＿＿＿＿＿＿＿＿＿＿＿＿＿＿＿＿＿＿＿＿＿＿＿＿＿＿＿＿＿＿＿＿＿＿＿＿＿＿

2. 工单成绩（总分为自我评价、组长评价和教师评价得分值的平均值）

自我评价（100分）	组长评价（100分）	教师评价（100分）	总分（100分）

任务二　车站建筑空间的认知

【任务描述】

本任务主要介绍车站主体的组成、出入口及通道设计以及车站内各种用房设计等相关理论知识，通过对理论知识的学习，辅以多媒体课件教学，使学生对车站建筑空间有全面的认知，较早对城市轨道交通行业有直观的认识。

车站的组成

【基础理论】

车站总平面设计首先要根据线路设计确定车站的站位，然后结合现场的周边状况确定地面建筑物的位置等因素，进行站位的调整。

车站总平面设计的前期工作包括调查、收集资料，分析设计资料和确定功能要求。构思、落实设计方案，是做好车站总平面布局的关键。其中，收集资料主要包括：轨道交通线路、车站位置的地形、地貌图及该站的客流资料；有关城市道路、公交站点的资料；批准的用地范围内既有建筑物总平面图及规划总平面图；有关城市地下通道或天桥的位置；有关城市地下管网、地下建筑物、地下构筑物的资料；有关地区内的文物古迹及有保留价值的建筑物、构筑物和其他有关资料。

一、城市轨道交通车站建筑设计的原则

车站建筑设计的成功与否直接关系到城市轨道交通线路设计的成败，一般应遵循以下

原则。

1) 车站站位应满足城市规划要求，并应与线路方案协调。应对场地工程地质、水文地质条件、既有和规划的地下管线、地面建筑、地面公交线路等进行详细调查，尽量减少既有建筑物的拆迁和管线改移，尽可能避免施工对地面交通的干扰。

2) 车站公用区应划分为付费区与非付费区。此两区由进、出站检票口进行分隔。换乘一般设在付费区内。

3) 车站的站厅、站台、出入口楼梯和通道、升降设备、售票口、检票口等部位的通过能力应相互适应，且通过能力按远期超高峰客流量确定。

4) 有噪声源的房间应远离有隔声要求的房间及乘客使用区；对有高音质要求的房间，均采取隔、吸声措施。

5) 车站应考虑防灾设计和无障碍设计。

6) 高架、地面车站的设计，不应影响地面城市道路交通功能。造型设计要与周围环境及城市景观相协调。车站与相邻建筑物的距离等应满足防火、防振动和防噪声等有关设计规范要求。在施工期间，应最大限度减少对城市交通的影响，充分利用市政配套设施（过街天桥、地下通道和地面横道线等）。

7) 各车站均要考虑相应的市政配套设施，如自行车棚、停车位等。

8) 设于道路两侧的出入口宜平行或垂直于道路红线。客流量大的出入口应设小型集散广场及自行车停车场。出入口风亭应设在空气洁净的地方，任何建筑物距风亭口部的直线距离不应小于5m。风亭建筑宜后退道路红线布置，一般后退距离不小于3m，位于城市主干道的后退距离不小于5m。特殊地段经规划同意可贴近红线。风亭的设置应尽量远离居民、学校等建筑，并征得环保等部门的同意，排风口不应面向建筑。

二、城市轨道交通车站的总平面布局

车站总平面布局是在车站中心位置及方向确定后，根据车站所在地周围的环境条件对车站布局的要求，选定车站类型及合理设计出入口、通道、通风道等设施的过程。地铁车站平面设计概图如图4-10所示。

车站总平面布局既要求乘客能够安全、迅速、方便地进出车站，又要求与周围的建筑物、道路、交通、大型商场、购物中心等相互协调、相互统一。在进行车站总平面布局时，首先应考虑以下两个方面。

1. 站位选择

车站站位的选择、确定是总平面设计的首要任务。在对基础资料进行分析后，应按照车站所处区域的条件，对车站的站位、主体工程建筑布置、出入口通道、风亭位置、车站结构形式以及初步施工方法进行综合研究，以保证站位选择既满足功能要求，又能兼顾周围的实际情况。在站位选择时，还要考虑拆迁工程，并统筹兼顾施工期间的地面交通。在统一考虑工程地质、地下管线条件的前提下，尽量减小车站埋深，以减少乘客进出站时间，降低工程造价。对条件较为复杂的车站，除进行多方案比选外，还应征求规划等部门的意见，反复研究，细致优化。

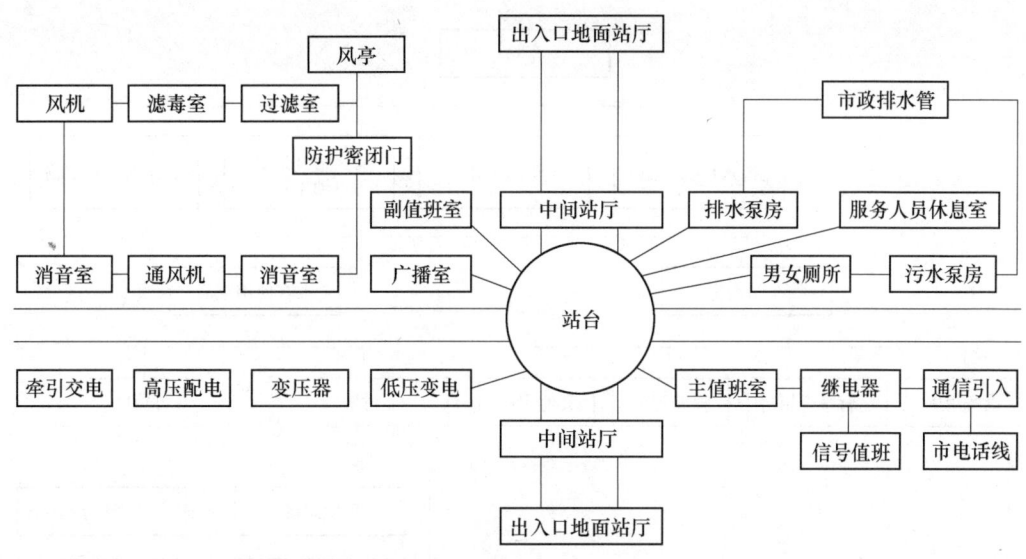

图 4-10 地铁车站平面设计概图

一般车站都建在城市道路和城市公共建筑较密集的地带，主要以设于道路交叉口、横跨道路、平行道路三种情况为主要特征，以便充分发挥城市轨道交通系统的功能，同时还可兼备城市其他功能的作用，如行人过街以及连接车站周围公共建筑。

2. 近、远期规划建设应统一

在进行车站总平面布局时，还应根据车站近、远期规划发展需要，结合车站具体条件和实际情况，采取一次建成、分期实施的方式建设，做到既能满足现状，又符合远期发展要求，为以后的建设留有余地。

三、车站的组成

按照车站建筑的空间位置，车站一般包括车站主体、出入口及通道、通风道及风亭（地下）和其他附属建筑物，如图 4-11 所示。

车站建筑空间的认知

（一）车站主体

车站主体是列车的停车点，它不仅是供乘客上下车、集散和候车的地方，也是办理运营业务和设置运营设备的地方。

车站主体根据功能的不同，又可分为乘客使用空间和车站用房两部分。

1. 乘客使用空间

乘客使用空间是车站设计的重点，它对车站类型、总平面布局、车站平面、结构横断面形式、功能是否合理、人流路线组织、面积利用率等设计有较大的影响，设计时要注意人流路线的合理性，以保证乘客方便、快捷地出入车站。

乘客使用空间又可分为非付费区和付费区。

（1）非付费区 非付费区是乘客购票未正式进入站台前的流动区域。一般有较宽敞的

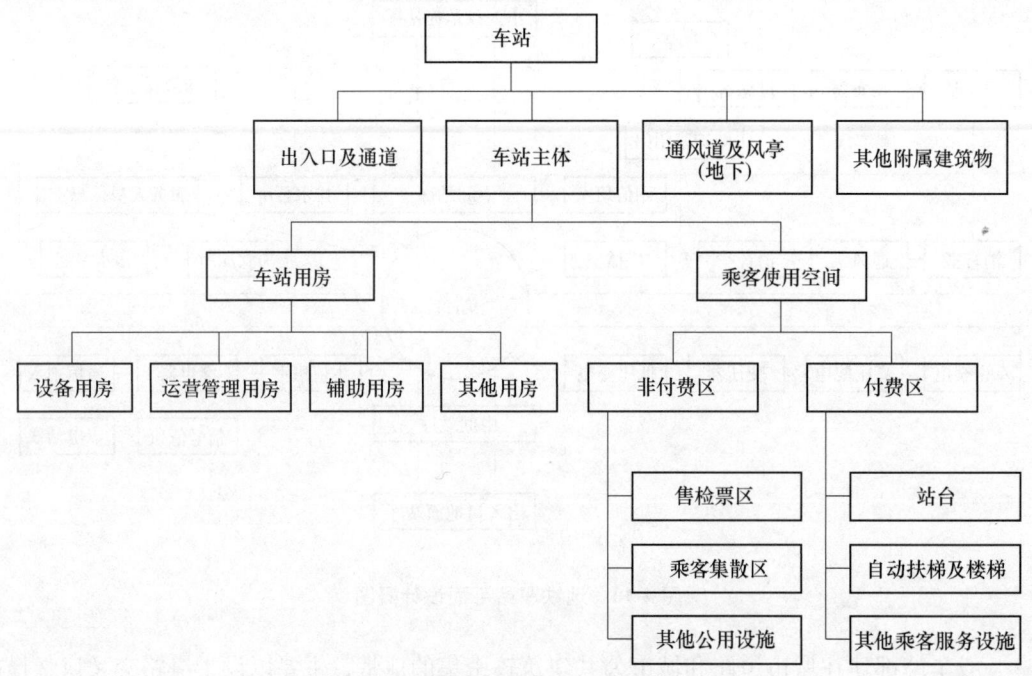

图 4-11 车站建筑设施构成示意图

空间,根据需要可设售检票设施、楼梯、自动扶梯、银行、公用电话、商铺等。

非付费区的最小面积一般可以参照能容纳高峰小时 5min 内可能聚集的客流量的水平来推算。

(2) 付费区 付费区包括站台和部分站厅等设施,是为停车和乘客乘降提供服务的设施。

2. 车站用房

各城市轨道交通公司对城市轨道交通车站用房的定义不尽相同。一般来讲,车站用房包括设备用房、运营管理用房、辅助用房及其他用房。根据客流的大小,在不影响客流集散的同时还可以设置商业用房。

(1) 设备用房 设备用房是为保证列车正常运行,保证车站内具有良好环境条件及在事故灾害情况下能及时排除灾害不可缺少的场所,它是直接或间接为列车运行和乘客服务的。

设备用房是安置各类设备、进行日常维护及保养设备的场所,主要分为票务维修室、通信机械室、信号机械室、环控配电室、照明配电室、低压配电室、蓄电池室、环控机房、气瓶间、污水泵房、混合风室、风机房、电缆井、屏蔽门控制室、电梯机房、变电所控制室、动力变压器室、变电所储藏室、变电所检修室、变电所整流变压室、高压开关柜室等。

设备用房是整个车站运营的心脏所在,由于这些用房多用于摆放系统设备,与乘客没有直接关系,所以一般设置在远离乘客的区域,工作人员也不宜长时间停留。

(2) 运营管理用房 运营管理用房是为保证车站具有正常运营条件和营业秩序而设置的办公用房，由进行日常工作和管理的部门及人员使用，是直接或间接为列车运行和乘客服务的，其包括车站控制室（简称车控室）、站长室、站务室、广播室、票务值班室、售票厅、会议室及警务办公室等。

图4-12 车站控制室

车站控制室是车站运营和管理的中心，通常设置在站厅层，位于车站客流最多的一端，如图4-12所示。其地坪较高，设有电视监视设备，便于对站厅层售票、检票、楼梯和自动扶梯口等客流较多的部位进行监视。地面采用防静电活动地板，室内应采取隔声和吸声措施。

票务室是车站票务工作的心脏，是现金、车票、票务物资的集散地。

(3) 辅助用房 辅助用房的主要功能是为乘客办理各种有关乘车的业务，或提供与乘车相关的咨询业务。辅助用房主要有临时票厅等。

(4) 其他用房 如为车站内部工作人员的正常生活所设置的用房，主要有更衣室、休息室、医务室、茶水间、卫生间、备品库、垃圾间、清扫工具间及站台监视厅等，有些车站还设有公用电话亭、银行或自助银行等。

（二）出入口及通道

出入口及通道是供乘客进、出车站的建筑设施，如图4-13所示。

出入口用于吸引和疏解客流，其规模与出入口的总设计客流量有关。出入口一般布置在街道交叉口，以便能大范围地吸引和疏解客流。

乘客从车站出入口到站厅层、从站厅层到站台层需要通过一定的通道，车站通道是连接车站出入口和站厅或站内各层之间的纽带，主要由楼梯、自动扶梯、步行道及无障

图4-13 地铁出入口

碍通道构成，如图4-14所示。从立体结构上，车站一般分为两层或3层，大型枢纽站分层更多，所以每层之间的通道设计也将直接影响到站内乘客流线的组织。通道的设计应以乘客流动的路线为主要考虑依据，并遵循两个原则，即减少进出站乘客流线的交叉和最大限度缩短乘客从出入口到站台的走行距离。

（三）通风道及风亭

地下车站需要考虑通风道及风亭，其作用是保证车站有一个舒适的地下环境。车站是乘客非常集中的地方，尤其是地下车站，由于人流密集，环境相对封闭，造成车站环境空气很容易污浊。为保证乘客及车站工作人员身体健康，地下车站都设置了环境控制系统，可以为

图 4-14 车站通道

车站不间断地进行空气置换,以满足车站空气清新的要求,因此要设置相应的通风道和风亭以进行通风换气。

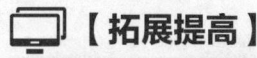【拓展提高】

线路和道岔编号

为便于车站或车辆段生产指挥作业的联系和对设备的维修管理,对线路和道岔进行编号,同一车站或车辆段内的道岔和线路不得有相同的编号。

1. 线路编号

线路编号一般正线用罗马数字,其他线用阿拉伯数字。其中,上行正线一侧用双数,下行正线一侧用单数。

2. 道岔编号

一般从车站两端用阿拉伯数字由外向内依次编号。上行列车到达端编为双数,下行列车到达端编为单数,同一渡线或梯线上的道岔应连续编号。

【任务实施】

依据基础理论知识,提出任务目标:地铁公司车站建筑调查。将学生按照生源地进行分组,每组同学深入地铁公司进行调查,认知本地铁公司车站建筑风格,比较各地铁公司车站建筑区别。根据不同小组的调查报告,进行综合评价。

项目四 车　站

【案例】

案例名称：时代楷模——张黎明

案例描述：

张黎明，现任国网滨海供电公司运维检修部配电抢修班班长兼滨海黎明共产党员服务队队长，负责天津滨海新区80余万用户电力故障抢修及10kV高压故障处理工作。自1987年参加工作以来，张黎明始终坚守电力抢修一线，始终坚守"黎明出发，点亮万家"的服务承诺。他扎根一线，面对挑战自加压；他勇于创新，传承工匠精神；他服务社会，坚持真心为民，搭起与百姓、客户的"连心桥"，以"不忘初心、牢记使命的政治品格，扎根基层、埋头苦干的敬业意识，勇于探索、矢志创新的进取精神，甘愿奉献、为民服务的高尚情操"，诠释了新时代产业工人的价值追求，成为电力行业一面鲜明旗帜，在推动经济社会发展中发挥了"创新型一线劳动者的优秀代表"的重要作用。

2018年，张黎明同志被中共中央宣传部授予"时代楷模"，誉为"点亮万家的蓝领工匠"，在人民大会堂举办"张黎明先进事迹报告会"并巡讲20场，万余人现场聆听，在全社会引发强烈反响；被党中央、国务院授予"改革先锋"，誉为"创新型一线劳动者的优秀代表"；"改革先锋进校园"宣讲会走进中央民族大学、天津大学等多家院校，向广大青年传递了伟大的改革开放精神。

案例总结：

从技校毕业生到技能专家，从普通工人到全国劳模，张黎明用实际行动生动诠释了习近平总书记"劳动最光荣、劳动最崇高、劳动最伟大、劳动最美丽"的重要思想，谱写了新时代的劳动者之歌。

【任务工单】

任务名称	车站建筑空间的认知	学时	2	班级	
姓名		学号		成绩	
实训设备、工具及仪器		实训场地		日期	
任务目的	1. 在教师指导下，设置不同类型的车站。 2. 运用各种工具制作模型，要求做到细致逼真，培养耐心、精益求精的精神。 3. 与实际车站相对照，对不足之处进行优化。				

（续）

一、资讯

1. 车站公用区应划分为付费区与_____。此两区由进、出站检票口应进行分隔。换乘一般设在_____内。

2. 有噪声源的房间应远离有隔声要求的房间及_____；对有高音质要求的房间，均采取隔声、吸声措施。

3. 按照车站建筑的空间位置，车站一般包括_____、出入口及通道、通风道及风亭（地下）和其他附属建筑物。

4. _____是列车的停车点，它不仅是供乘客上下车、集散和候车的地方，也是办理运营业务和设置运营设备的地方。车站主体根据功能的不同，又可分为乘客使用空间和车站用房两部分。

5. _____是车站设计的重点，它对车站类型、总平面布局、车站平面、结构横断面形式、功能是否合理、人流路线组织、面积利用率等设计有较大的影响，设计时要注意人流路线的合理性，以保证乘客方便、快捷地出入车站。

6. _____是乘客购票未正式进入站台前的流动区域。一般有较宽敞的空间，根据需要可设售检票设施、楼梯、自动扶梯、银行、公用电话、小商铺等。

7. _____是为保证列车正常运行，保证车站内具有良好环境条件及在事故灾害情况下能及时排除灾害不可缺少的场所，它是直接或间接为列车运行和乘客服务的。

8. _____是为保证车站具有正常运营条件和营业秩序而设置的办公用房，由进行日常工作和管理的部门及人员使用，是直接或间接为列车运行和乘客服务的，其包括车站控制室（简称车控室）、站长室、站务室、广播室、票务值班室、售票亭、会议室及警务办公室等。

二、计划与决策

1. 以小组为单位开展不同类型车站的搜集与制作工作。

2. 实践过程设置：教师为每个小组的监督员，并设置演练组长1名，记录员1名。

组长：负责搜集实施过程的指挥控制，确保每位学生参与到各个环节，并对每位学生的实施过程进行评估。

记录员：负责实践过程的各项文案记录工作，记录每位学生的回答情况，记录实践过程中存在的不足及提出的改进意见。

3. 实践过程围绕下列主题开展：①车站公用区的划分；②车站建筑空间的组成。

三、实施

1. 设备准备：车站。

2. 作业过程。①准备工作：准备用具；②认知车站公用区的划分；③认知车站建筑空间的组成。

3. 教师指导。在教师指导下，利用纸张、塑料、剪刀、笔、胶水等工具，制作车站总平面布局的模型，要求：

1）以小组协作形式完成。

2）搜集拟制作的车站信息，运用各种工具制作模型。

3）模型要求做到细致逼真，能够充分展示车站建筑空间的设置。

4）可加入创新设计。

4. 模拟演练。假如你是乘客，按照乘客流线走向，能否正常进站、购票、候车、乘车以及出站。

四、检查

任务完成后，做如下检查：

1. 制作的车站总平面布局图是否合理：_____。

2. 车站各组成部分是否完整：_____。

(续)

五、评估

1. 请根据自己完成任务的情况，对自己的工作进行自我评估，并提出改进意见。

_____

_____

_____

2. 工单成绩（总分为自我评价、组长评价和教师评价得分值的平均值）

自我评价（100分）	组长评价（100分）	教师评价（100分）	总分（100分）

【项目学习效果综合考核】

一、填空题

1. 车站用房包括（　　　　）、（　　　　　　　　）、辅助用房及其他用房。
2. 车站按其所处位置可分为（　　　　）、（　　　　）和（　　　　　）。
3. 地下车站按车站埋深可分为（　　　　）和（　　　　）。
4. 车站按乘客换乘方式可分为（　　　　）、（　　　　）和（　　　　）。
5. 车站根据站台的布置形式又可分为（　　　　）、（　　　　）和（　　　　）。
6. 集中站通常为有（　　　　）的车站，具有（　　　　）功能。
7. 我国各大城市都确定了以（　　　　）为主，（　　　　）为补充的交通战略。这样可以充分发挥轨道交通（　　　　）、（　　　　）、（　　　　）的优势，以及地面公交便利、反应速度快捷、布局容易改变的特点。

二、判断题

1. 按车站运营性质分，车站可分为地下车站、地面车站和高架车站。　　　　　　　（　　）
2. 中间站是城市轨道交通路网中数量最多的车站。　　　　　　　　　　　　　　（　　）
3. 站台位于上、下行车线路的两侧，这种站台布置形式称为岛式站台。　　　　　（　　）
4. 侧式站台多用于两个方向客流量较均匀（或流量不大）的车站及高架车站。　（　　）
5. 按车站规模，小型车站高峰每小时客流量在2万人次以下。　　　　　　　　　（　　）
6. 浅埋车站采用明挖法或盖挖法施工，线路轨道面至地表距离在20m以上。　　（　　）
7. 车站按车站结构横断面形式可分为矩形断面车站、拱形断面车站、圆形断面车站、其他类型断面车站。　　　　　　　　　　　　　　　　　　　　　　　　　　　　　　（　　）
8. 换乘站位于城市轨道交通线路分岔的地方，其中有一条是正线，可以在两个方向上接车和发车、接送两条线路上的乘客。　　　　　　　　　　　　　　　　　　　　　　（　　）
9. 非付费区是乘客购票未正式进入站台前的流动区域。一般有较宽敞的空间，根据需要可设楼梯、自动扶梯和检票设施。　　　　　　　　　　　　　　　　　　　　　　　　　　（　　）
10. 辅助用房是为车站内部工作人员的正常生活所设置的用房，主要有更衣室、休息室、医务室、茶水间、卫生间、备品库、垃圾间、清扫工具间及站台监视厅等。　　　　　　　　（　　）

三、简答题
1. 简述岛式车站和侧式车站的区别。
2. 简述深埋车站和浅埋车站的区别。
3. 简述车站的组成。
4. 车站按其运营性质如何分类？简述其功能。
5. 付费区与非付费区有什么区别？

四、画图题
1. 请画出以下车站示意图。
（1）中间站
（2）折返站
（3）换乘站
2. 请画出以下站台示意图。
（1）岛式站台
（2）侧式站台

项目五 城市轨道交通车辆基地

【教学导航】

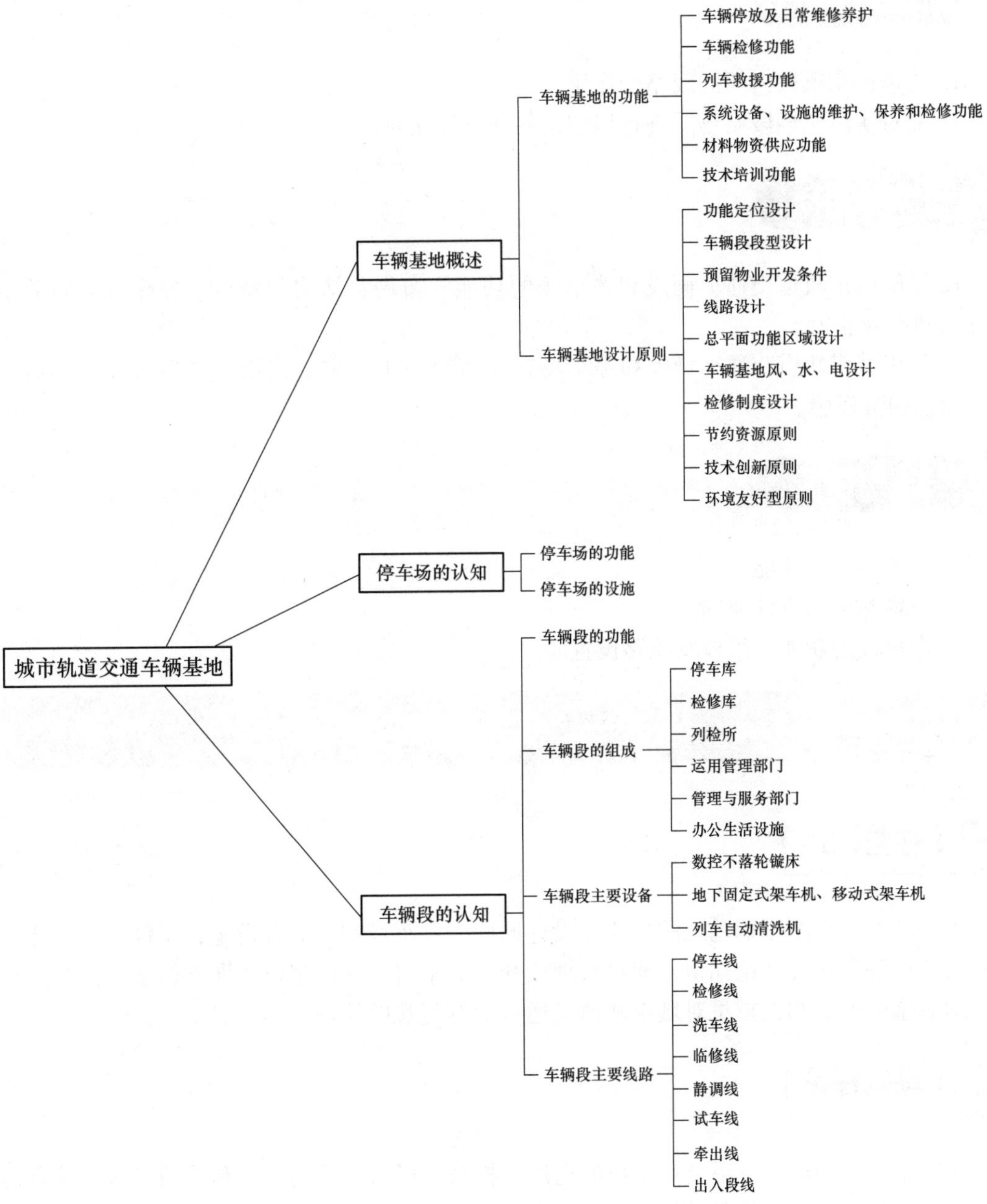

```
城市轨道交通车辆基地
├─ 车辆基地概述
│   ├─ 车辆基地的功能
│   │   ├─ 车辆停放及日常维修养护
│   │   ├─ 车辆检修功能
│   │   ├─ 列车救援功能
│   │   ├─ 系统设备、设施的维护、保养和检修功能
│   │   ├─ 材料物资供应功能
│   │   └─ 技术培训功能
│   └─ 车辆基地设计原则
│       ├─ 功能定位设计
│       ├─ 车辆段段型设计
│       ├─ 预留物业开发条件
│       ├─ 线路设计
│       ├─ 总平面功能区域设计
│       ├─ 车辆基地风、水、电设计
│       ├─ 检修制度设计
│       ├─ 节约资源原则
│       ├─ 技术创新原则
│       └─ 环境友好型原则
├─ 停车场的认知
│   ├─ 停车场的功能
│   └─ 停车场的设施
└─ 车辆段的认知
    ├─ 车辆段的功能
    ├─ 车辆段的组成
    │   ├─ 停车库
    │   ├─ 检修库
    │   ├─ 列检所
    │   ├─ 运用管理部门
    │   ├─ 管理与服务部门
    │   └─ 办公生活设施
    ├─ 车辆段主要设备
    │   ├─ 数控不落轮镟床
    │   ├─ 地下固定式架车机、移动式架车机
    │   └─ 列车自动清洗机
    └─ 车辆段主要线路
        ├─ 停车线
        ├─ 检修线
        ├─ 洗车线
        ├─ 临修线
        ├─ 静调线
        ├─ 试车线
        ├─ 牵出线
        └─ 出入段线
```

【知识目标】

1. 了解车辆基地的功能。
2. 了解车辆基地的设计原则。
3. 熟悉停车场的功能及设施。
4. 掌握车辆段的功能、组成及线路设置。

【能力目标】

1. 能掌握车辆段内不同线路的作用。
2. 能对实际车辆段站场图进行识别,并能绘制站场图。

【素养目标】

1. 了解城市轨道交通车辆段和停车场的功能、布局、结构和特点,提高对空间关系的敏感度和把握能力。
2. 认识城市轨道交通车辆段和停车场在城市交通中的重要作用,增强对公共交通事业的使命感和责任感。

【重点掌握】

1. 车辆基地的功能。
2. 车辆基地的设计原则。
3. 车辆段的功能、组成及线路设置。

任务一 车辆基地概述

【任务描述】

本任务主要介绍车辆基地的功能及设计原则,停车场的功能及设施,车辆段的功能、组成及线路设置等相关理论知识,通过对理论知识的学习,辅以多媒体课件教学,使学生对车辆基地有全面的认知,较早对城市轨道交通行业有直观的认识。

【基础理论】

车辆基地作为城市轨道交通系统的运用、检修、材料、后勤保障和培训基地,具有占地面积大、工程造价高、设备及技术接口复杂等特点。

一、车辆基地的功能

车辆基地的功能以车辆运用、检修为主,但考虑到系统管理的需要,为方便组织城市轨道交通系统各专业的维修工作,可以将工务、通信、信号、机电设备等专业的维修一并考虑,这样有利于协调各专业接口,对各专业维修工作进行有效的协调管理,可以合理规划、统一使用场地和设备,节约土地和投资,同时也有利于实现计算机网络和现代化管理。

车辆基地是为整个系统服务的,因此车辆基地的功能概括如下。

1. 车辆停放及日常维修养护

车辆的停放和管理;车辆的外部洗刷、内部清扫及定期消毒等;司机每日出勤、退勤前的技术交接;对运行车辆的日常养护及一般性临时故障的处理等。

2. 车辆检修功能

依据车辆的检修周期,定期完成对车辆的计划性检修。

3. 列车救援功能

列车发生事故或接触网中断供电时,能迅速出动救援设备起复车辆,或将列车牵引至邻近车站或车辆段,并排除线路故障,恢复行车秩序。

4. 系统设备、设施的维护、保养和检修功能

对各系统,包括通信、信号、防灾报警、综合监控、自动售检票、自动扶梯等设备和房屋、隧道、桥涵、车站等建筑设施进行养护和检修等。

5. 材料物资供应功能

负责系统在运营和检修过程中所需的各种材料、设备器材、备品备件、劳保用品及其他物资的采购、储存、保管和供应。

车辆基地概述

6. 技术培训功能

负责对系统的工人、技术和管理人员进行培训。

二、车辆基地设计原则

车辆基地的设计应根据线路和车辆的技术特征,在充分利用所选地址的地形地貌和周围环境的基础上,以确保维修车辆质量和生产安全、满足工艺要求为前提,以努力提高作业效率、改善劳动条件、节省投资、降低生产成本和获取最终综合效益为目的。

1. 功能定位设计

车辆基地应包括车辆段、综合检修中心、物资总库、培训中心和必要的生活办公设施。车辆的厂、架修功能应从线网的角度分析确定。

2. 车辆段段型设计

根据城市规划用地的地理条件和与正线的接轨条件,确定车辆段段型是采用贯通式布置还是尽端式布置,如图 5-1 所示。

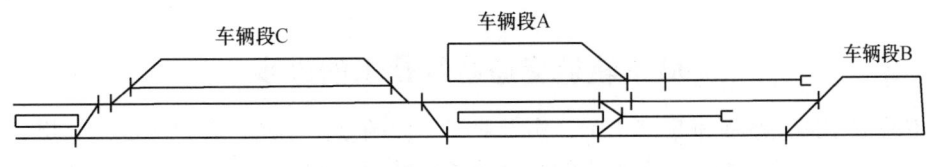

图 5-1 车辆段布置形式

3. 预留物业开发条件

应符合城市规划要求,并在满足功能要求的前提下综合考虑物业开发的条件。妥善处理基地建设与物业开发之间的关系,充分考虑建筑消防、结构预留、给排水、通风等诸多因素,在条件允许的情况下合理进行物业开发,提高土地利用价值。

4. 线路设计

线路的配置应满足各种生产功能的要求,力求布置顺畅,避免车辆在段内迂回运行或相互干扰,尽量缩短车辆在段内的空走距离。车辆段与车站(或正线)间设置出段或入段线,出段或入段线不宜少于两条,以确保车辆进出段互不干扰。

5. 总平面功能区域设计

总平面布置应以车辆段为主体,统筹考虑其他设施的工作性质和功能要求,按照有利于生产、确保安全、方便管理、方便生活的基本原则合理布置,力求工艺顺畅、作业方便。

6. 车辆基地风、水、电设计

车辆段与综合基地内根据需要设置牵引降压混合变电所和跟随降压变电所。车辆段与综合基地供电系统按满足一、二级负荷要求,两路电源设计。动力、照明设备容量按远期最大负荷设计,并考虑一定的裕量。

车辆基地的给水工程设施要安全可靠,并保证各用水点对水量、水质和水压的不同要求。

车辆段压缩空气供给有3种方式:段内压缩空气站集中供气、各用气点小型空压机分散供气、集中供气和分散供气相结合的方式供气。

7. 检修制度设计

根据城市轨道交通线路的车辆选型总体技术特征,并参考国内车辆的运用、检修经验,车辆检修采用预防性计划检修制度。

8. 节约资源原则

车辆段与综合基地设计应贯彻节约资源原则,车辆及固定设备、设施的检修,有条件时应充分利用社会资源。

9. 技术创新原则

车辆段与综合基地设计应积极推广采用新技术、新工艺、新材料及新设备,积极推行车辆运用检修设备的国产化,有选择地引进国外先进技术和关键设备。

10. 环境友好型原则

车辆段与综合基地的设计应贯彻环境友好型原则,注意环境保护。产生噪声、冲击振动或易燃、易爆的车间宜单独布置。对产生的废气、废液、废渣和噪声等应进行综合治理,并使其符合现行国家和地方有关规范、标准的要求。

【拓展提高】

城市轨道交通系统技术的进步

城市轨道交通系统属于集多工种、多专业于一体的复杂系统。在过去的多年里,从单一的线路布置发展到采用先进技术组成的复杂而通畅的地下和高架线路,为城市建设引入了立体布局的概念。显然,城市轨道交通系统的建立给城市的各种活动带来了便利。在传统技术的基础上，充分利用现代高新技术成就，是实现高度现代化城市轨道交通客运系统的保证。现代城市轨道交通技术的进步当以采用行车控制技术和先进舒适的车辆为代表。就行车控制技术而言，信息科学的不断进步，推动了微电子技术、信息传输技术和计算机网络技术的飞速发展，使城市轨道交通系统的行车控制更准确、可靠。行车系统使用的设备和工艺流程技术，已从传统的应用电磁和电动机设备，发展到功率电子和计算机联锁技术；从运用普通金属电缆，发展到运用具有高速通信能力的光缆，使通信系统向无线通信和控制系统一体化的方向发展。就地铁或轻轨的整体控制系统而言，从以往的单一功能组合系统，向以模块化组成的、适用于多种目的和多层次需要的综合控制系统发展；从单个列车局部而孤立的控制技术，向列车群的综合管理和控制的方向发展；从中央集中控制管理方式，向集中管理、分散控制的自治分散式系统发展；从固定闭塞式的列车控制方式，向以列车自动运行为主体的移动闭塞式的控制方式发展。行车控制技术的进步，使列车运行的安全性和准点率得到更可靠的保障。

【任务实施】

依据基础理论知识，提出任务目标：城市轨道交通车辆基地的设计方案调查。将学生按照生源地进行分组，每组同学深入地铁公司进行调查，认知各地铁公司车辆基地的设计方案，根据不同小组的调查报告，进行综合评价。

任务二　停车场的认知

【任务描述】

本任务主要介绍停车场的功能及设施布置等相关理论知识，通过对理论知识的学习，辅以多媒体课件教学，使学生对停车场有全面的认知，较早对城市轨道交通行业有直观的认识。

【基础理论】

一、停车场的功能

停车场是车辆停放的场所，承担的任务有：车辆的停放、洗刷、清扫以及车辆列检和乘务工作；停车场内列车的故障处理和救援工作；车辆定修（年检）以及各级日常检查维修工作。

遇到车辆的重大临修，则采用部件互换的修理方式。每条线路按其线路长度和配属车辆的多少设置停车场，或根据需要再增加设置辅助停车场。

二、停车场的设施

停车场配备车辆运行、整备和日常检查维修及配套设施，主要有停车列检库、不落轮镟床库、调机库、临修库和车辆自动洗刷库及出入段线、洗车线、试车线、存车线、牵出线等各种辅助线路；主要设备有调机车、不落轮镟床、自动洗车机、车辆救援设备、架车机以及起重机等。

【拓展提高】

城市轨道交通车辆的种类

城市轨道交通车辆是技术含量高且集中的机电设备，也是整个城市轨道交通系统中关键的设备。各城市轨道交通车辆的结构和性能不尽相同，种类繁多，按不同的分类方式可分为不同的种类。

1. 按牵引动力配置分

城市轨道交通车辆按牵引动力配置可分为动车（Motor，用 M 表示）和拖车（Trailer，用 T 表示）两种。动车本身带有动力装置，即装有牵引电动机，具有牵引和载客的双重功能。动车又可分为带受电弓的动车和不带受电弓的动车。拖车本身没有动力牵引装置，需要通过动车的牵引拖带来实现运行，仅有载客功能，可设置司机室（用 Tc 表示），也可带受电弓。城市轨道交通车辆在运营时一般采用动拖结合、固定编组，从而形成电动列车组。

2. 按车辆规格（车体宽度）分

城市轨道交通车辆按车体宽度不同可分为 A 型车（宽度为 3m）、B 型车（宽度为 2.8m）和 C 型车（宽度为 2.6m）3 种。A 型车为高运量地铁车辆的基本车型，轴重较重，载客量较大，车体尺寸较大，单向运能为 5 万~7 万人次/h；B 型车为大运量地铁车辆，相对 A 型车各项指标值均较小，单向运能为 3 万~5 万人次/h；C 型车更小，一般为轻轨车辆的基本车型，单向运能为 1 万~3 万人次/h。

【任务实施】

依据基础理论知识，提出任务目标：城市轨道交通停车场的设施调查。将学生按照生源地进行分组，每组同学深入停车场进行调查，认知各自停车场内设施的配置，根据不同小组的调查报告，进行综合评价。

任务三　车辆段的认知

【任务描述】

本任务主要介绍车辆段的功能、组成、设备以及设置线路等相关理论知识，通过对理论知识的学习，辅以多媒体课件教学，使学生对车辆段有全面的认知，较早对城市轨道交通行业有直观的认识。

项目五 城市轨道交通车辆基地

【基础理论】

城市轨道交通车辆保有量较多,运行时间长,技术要求高,安全可靠性指标高,对车辆的运用、维修保养、检修均有很高的要求,需设置专门的机构——车辆段。

一般每条城轨线路设置一个车辆段,若线路长度超过20km时,则增设一个停车场。

车辆段主要线路

一、车辆段功能

车辆段除具有停车场的功能外,还是对车辆进行运营管理、停放、维修保养、进行较大修程的场所,主要功能如下:

1) 承担所属线路的车辆停放、清洁、列检及编组作业。
2) 承担所在线路车辆的定修(年检)及以下车辆检查维修和临修工作。
3) 承担所属线路和由多条联络线互相沟通的线路的车辆架修、大修工作。
4) 承担车辆部件的检测、修理工作,满足车辆各修程对互换部件的需求。
5) 一般还兼有综合检修基地功能,是线路各系统正常运行的保障基地和管理部门。

二、车辆段组成

车辆段主要划分为检修区和运营区,主要任务是承担车辆的运营及各种定期检修作业,所有的检修工作均集中在检修区进行,运营区主要负责段属车辆的停放、列检和乘务工作。

车辆段主要由停车库、检修库、列检所、运用管理部门、管理与服务部门和办公生活设施组成。

1. 停车库

停车库一般设在地面或高架结构中,主要用于停车作业及停放备用车辆,可以进行简单的维护保养工作,兼有整备、清扫、日常检查和驾驶人出乘等多种功能。

为保证所有车辆停放的需求,停车库规模设计依据为线路车辆保有量,即线路运营所需的车辆总数。

为实现这些功能,停车库除设有停车线外,还设有运用车间、运转值班室、驾驶员待班室等驾驶员出乘用房,以及列车、车载信号检修用房。为保障安全,停车库中都设置自动防灾报警设备,并与整个城轨消防系统联系在一起。按照相关要求,架空接触网或接触轨应进库,接触轨应加防护装置,每条库线两端和库外线之间及停车台位之间设置隔离开关,这样可以对每条停车线的接触网或接触轨独立停、送电。每条停车线还应有接触网、接触轨送电的信号显示和列车出、入库的音响报警装置。停车线兼作车辆列检线时,应设有检查地沟。在停车库两端应有一段平直硬化地面,作为消防运输通道。通道应该设置可动防护栏杆,平时封锁,仅在必要的特殊情况下使用。

2. 检修库

检修库是专门用于车辆检修作业的车库,配有检修设备,车辆良好的技术状态和正常的运行,是由各级修程保证的。根据检修作业范围可分为双月检库、定修库和架修库。检修库及其辅助车间的平面布置主要取决于车辆的配属量、车辆的修程、检修方式及其工艺流程，同时要综合考虑自然地形条件、工件运输线路以及安全、防火和环保要求等因素。

（1）双月检库 双月检库完成列车双月检作业。双月检要在库内对列车的走行部、车体及车顶设备进行检查。为便于作业和保证安全，线路采用架空形式。除线路中间设置地沟外，在检修线两侧设有 3 层立体检修场地，底层地坪低于库内地坪，可以对走行部以及车体下布置的电气箱、制动单元、蓄电池进行检查。中间为标高+1.1m 左右的平台，可对车体、车门进行检查作业。车顶平台标高为+3.5m，主要对车辆顶部的受电弓、空调设备进行检修。车顶平台设有安全栏杆。

双月检库根据作业的要求可设有悬臂吊，可以对需要进行拆、装作业的受电弓和空调设备进行吊装。还配置了液压升降车、电气箱（蓄电池等）搬运车等运输车辆，还设置有受电弓、空调装置、车载信号及试验设备等辅助工具以及备品工具间。

（2）定修库 定修库和双月检库一样，线路采用架空形式，线路中间设有检修地沟，线路两侧设置 3 层检修场地。车库内设有起重机，其起重量可吊装车辆的大部件，其辅助工具间应和其他检修库统一考虑。

（3）架修库 架修库以及大架修库的布置应根据车辆检修工艺流程确定。对车辆设备和零部件的检修方式以互换修为主，作业流程根据实际情况，一般采用流水作业和定位修方式相结合。采用部件互换修可以减少列车的停库时间，并且可以合理安排计划，做到均衡生产，避免因某一部件检修周期长，影响整列车的检修进度。

架修库内的主要设备有：地下式架车机、移车机、工作平台以及必要的运输工具等。

3. 列检所

列检所的任务是利用列车的停放时间和停放场地对车辆的重要部件进行例行技术检查，对危害行车安全的一般故障进行重点修理。列检所一般设在停车场（库）或列车折返时停留和准备场所的停车线旁。

4. 运用管理部门

运用管理部门负责对车辆的运用实施调度、管理、组织工作。

5. 管理与服务部门

管理与服务部门负责经营管理、生活服务、物资供应等业务，通常包括加工区、生活区和行政管理区。

6. 办公生活设施

办公生活设施是指保证车辆的正常运营和满足维修需要的附属设施，主要包括易燃品库、混合变电所、降压变电所、信号楼、综合办公楼等办公场所和设备，司乘公寓、锅炉房、污水处理站、食堂和浴室等生活设施与场所。

三、车辆段主要设备

车辆段主要设备有：数控不落轮镟床、列车自动清洗机、架车及转轨设备、内燃机车、起重运输设备、电源设备、机电检修检测设备、清洗设备、转向架检修检测设备、救援设备、地下固定式架车机、磨轨车、接触网作业车以及车辆称重仪等，具体见表 5-1。

表 5-1　车辆段主要设备

类别编号	设备类别		设备名称
1	数控不落轮镟床		数控不落轮镟床、遥控公铁两用车
2	列车自动清洗机		列车自动清洗机
3	架车及转轨设备		地下固定式架车机、移动式架车机、浅坑移动台、公铁两用车
4	内燃机车		内燃调车机车
5	起重设备	起重机	电动双梁桥式机、电动单梁桥式机、伸缩臂悬挂式吊车
		汽车	救援指挥车、工程救援车、救援设备集成箱货车、工具汽车、载货汽车、大客车、轿车
		叉车、搬运车	蓄电池叉车、蓄电池搬运车、手动液压搬运车
6	电源设备	静调电源设备	静调电源设备
		充放电设备	充电机、放电机、充放电电动机配套设备
		稳压电源	直流稳压电源、交流稳压电源
7	专用工艺设备		车辆轮廓限界检测装置、线路设备限界检查装置、工艺转向架、转向架转盘、移动式作业平台等
8	机电检修检测设备	车门检测测试装置	车门密封检修台、可移动式车门测试装置
		受电弓检修测试装置	受电弓检修试验台、便携式受电弓测试仪
		空调检修测试装置	可移动式车辆空调测试装置、空调机清洗槽
		气制动设备检修测试装置	空压机试验台、单元制动装置综合试验、可移动式制动装置测试设备
		电动机检修测试装置	电动机检修试验装置、牵引电动机空载试验装置
		逆变器试验装置	可移动式 VVVF 试验装置、可移动式 SIV 试验装置
9	仪器仪表及电器、电子检测设备	仪器仪表	静调仪器仪表、月检库检测设备、示波器、单双臂两用电桥
		电器、电子检测装置	速度表及传感器试验台、压力表及传感器试验台、仪表检测及试验设备、移动式耐压试验台等
10	通用机电设备	空压机	固定式空压机、移动式空压机
		金属机床设备	车床、铣床、刨床、磨床、剪板机等
		电气焊设备	电焊机、气焊/气割设备、焊接配套设备
		钳工设备	台式钻床、划线平台、压装设备等
		通用机械	管道机械、台秤、磅秤、吸尘器、排风扇、升降梯等
11	清洗设备		车下吹扫设备、高压喷射清洗机、轮对清洗机、轴箱清洗机、超声波清洗机
12	转向架检修检测设备	探伤设备	构架探伤设备、轮对探伤设备、轴承探伤设备
		拆装、压装设备	轴箱拆装机、轴箱压装机、轮对压装机
		检测设备	构架检测平台、转向架静载试验机、轴承检测仪器设备、轴承检测平台、数控立式车床、数控车轴车床
		机械加工设备	数控轮对车床、数控立式车床、数控车轴车床
		组装设备	构架翻转机
		油漆设备	构架喷漆装置、喷雾净化装置
13	救援设备		车辆复位救援设备、扶正装置、牵引装置、气垫、车轴推进器、轨道运输小车、人员防护装备及救援辅助设备等

（一）数控不落轮镟床

数控不落轮镟床安装在轮镟库轨面以下的基坑中，是一种专用设备。

数控不落轮镟床主要用于城轨车辆在整列编组不解列、转向架轮对不落轮的条件下，对车辆单个轮对的车辆踏面和轮缘的磨损、缺陷表面进行镟削加工，还可用于下列工况：

1）对已落架的转向架上的单个轮对进行不落轮加工。
2）对已落轮、带轴箱的单个轮对进行加工。
3）在不落轮条件下对工程轨道车辆单个轮对踏面和轮缘进行镟削加工。
4）用于对轮对上的制动盘进行镟削加工。

与镟床配套使用的公铁两用车是主要用于镟轮线上牵引车辆，对指定轮对进行不落轮镟削时遥控定位停车的专用设备。公铁两用车也可在地面道路上行驶或用于其他轨道的牵引作业。

（二）地下固定式架车机、移动式架车机

地下固定式架车机一般安装在车辆段大修、架修库内，除地面操作台外，架车机设置在地下基坑内。架车、落车作业完成后，设备全部降入基坑，基坑表面设置盖板，机库地面平整无障碍。

车辆厂修或架修时，在不摘钩情况下，地下固定式架车机具有以下功能：

1）对整列车（6或8辆）、单元车组（3或4辆）或单辆、多辆车实施同步升降作业。
2）对一台或多台转向架实施更换作业，或对车下电箱等设备实施拆装作业，还可对单个轮对进行拆装作业。

（三）列车自动清洗机

列车长期在隧道、地面或高架线路上高速运行，其车体表面和断面会吸附很多灰尘或其他杂物，长期累积会影响车辆外表面美观性，应及时清洗。列车自动清洗机是对列车外表面实施自动洗车作业的专业设备，有些还具备进行淋雨试验的功能。同时，借助于列车自动清洗机的供水/排水系统，列车自动清洗机可用于新造车辆和架修或大修过的车辆进行密封性验证的淋雨试验。

四、车辆段主要线路

1. 停车线

停车线是停车库内专门用于停车的线路，一般设成车库，停放车辆的同时兼作检修线。停车线分为尽端式和贯通式，尽端式每线停放两列列车，贯通式可停放2~3列列车，由于贯通式便于列车的灵活调度，因此尽可能采用贯通式。停车线需配置雨棚、站台，便于简单维护保养，为降低车辆的自然破损，常用封闭式车库，设有出、入库调车信号机。

2. 检修线

检修线为平直线路，布置在检修、定修、架修、大修库内。架修、大修线的线间距要根据架修作业需要，还要综合考虑架车机等检修设备以及检修平台等的布置，检修移动设备、备件运输车辆移位，以及检修人员作业需要的空间确定。检修线中要有一条平直度要求较高的线路，用于车体地板高度的精确测量。

3. 洗车线

洗车线是专门用于车辆清洗的线路，洗车线中部设有洗车库、洗车设备、污水处理设

施、调车信号设备。洗车线设置于停车库与运行线路之间,尽量和停车线相近,这样可以减少列车运行时间,并减小对车场咽喉地区通过能力的压力。洗车库前后要设置不小于一列车长度的直线段,以保证列车平顺进出洗车库。

4. 临修线

列车发生临时故障和破损,在临修线上完成对车辆的临修工作。临修线的长度能停放一列车,并考虑列车解编的需要。

除保证列车运行和检修的主要线路之外,维修基地内还必须按需要设置临时存车线、检修前对列车清洗的吹扫线、材料装卸专用线、内燃调机车和特种车辆(如轨道车、触网架线试验车、磨轨车、隧道冲洗车等)停车线、联络线和与铁路连通的地铁专用线等。

5. 静调线

静调线设在静调库内,列车检修完毕到试车线试车之前,要在静调库对列车进行静态调试,检查列车各部分的技术状态,对各种电气设备与控制回路的逻辑动作和整定值进行测试和调整。车辆段在车辆检修后进行车辆的尺寸检查,其中要对车辆的水平度进行检查,要求轨道高差精度等较高的线路,宜设在静调线上。静调线全长设置地沟,地沟内设置照明光带。平直线路,静调库内还要设置车间牵引电力电源和有关的测试设备。

6. 试车线

试车线供定修、架修、大修后列车在验收前的动态调试。长度应满足远期列车最高运行速度、性能试验、列车编组、行车安全距离的要求。试车线一般为平直线路,线路中间要设置不小于一节列车长度的检查坑,供列车临时检查用。为进行列车车载信号装置的试验,试车线还应设置信号的地面装置,试车线旁应设置试车工作间,内设信号控制和试车所需的有关设备、设施和仪器。试车线应采用隔离措施。

7. 牵出线

牵出线主要用于车辆段内调车的需要,其长度和数量根据列车的编组长度和调车作业的方式与工作量确定。

8. 出入段线

出入段线是供车辆出入车辆段或停车场的线路,除特殊条件限制都要设置为双线,并避免切割正线,根据行车和信号要求留有必要的段(场)线路与运营正线的转换长度。

【拓展提高】

车辆段信号设备

车辆段信号设备包括转辙机、ATS 分机、联锁设备、维修终端、信号机、车辆段终端、轨道电路、电源设备。

城市轨道交通的正线上一般采用 9 号道岔,车辆段、停车场一般采用 7 号道岔,通常一组道岔由转辙机牵引。如果正线上采用的是 9 号 AT 道岔,且为弹性可弯道岔,需要两点牵引,即一组道岔需两个转辙机牵引,称为双机牵引。可采用外锁闭装置,也可采用内锁闭方式。对于前者采用 S700K 型电动转辙机或 ZYJ7 型电液转辙机,后者采用 ZD6 系列电动转辙机,单机牵引时采用 ZD6-D 型,双机牵引时采用一台 ZD6-E 型和一台 ZD6-J 型。

车辆段设一台 ATS 分机。车辆段派班室和信号楼控制台室各设一台终端,与车辆段 ATS 分机相连。车辆段设一套联锁设备,实现车辆段的进路控制,并通过 ATS 分机与控制中心交换信息,联锁设备只受车辆段值班员人工控制。

设备室内设维修用彩色显示器、键盘及鼠标,显示与控制室相同的内容及维修、监测有关信息,并能对信号设备进行自动或手动测试,但不能控制进路。

车辆段入口处设进段信号机,出口处设出段信号机。存车库线中间进段方向设列车阻挡信号机,段内其他地点根据需要设调车信号机。车辆段内每组道岔设一台转辙机。

【任务实施】

依据基础理论知识,提出任务目标:城市轨道交通车辆段内线路的设置调查。将学生按照生源地进行分组,每组同学深入车辆段进行调查,认知本车辆段内线路的设置,根据不同小组的调查报告,进行综合评价。

【案例】

案例名称:2020 年"最美铁路人"先进事迹

案例描述:

为大力弘扬劳模精神、劳动精神、工匠精神,激励广大铁路干部职工在建设交通强国中努力当好先行者,在 2021 年春运即将到来之际,中共中央宣传部、中国国家铁路集团有限公司联合选出了 10 位 2020 年"最美铁路人"和 1 个获奖集体,并向全社会公开发布 2020 年"最美铁路人"的先进事迹。"95 后"女孩刘晓燕是一名勤奋钻研的"职场工匠"。2016 年从兰州交通大学铁道技术学院毕业,被分配到中国铁路兰州局集团有限公司兰州西车辆段轮轴车间轮轴检修班组,成为一名轮轴装修工。为确保精准检测,刘晓燕从源头学起,学习车辆构造、原理、检修方法,掌握故障发生规律;学规章规程、学工艺流程,苦练检测本领。为了彻底学懂弄通,她把滚子、保持架、密封座等十几个轴承零件的 70 多个检修限度全部熟记,对轴承检修工作中存在的难点问题、不明白的测量细节、不清楚的选配环节逐一记录下来,虚心向师傅请教。

经过一段时间的努力,刘晓燕基本掌握了货车轴承检查的要领,但她并不满足。有一次,为了解决轴承组件在检测仪上跳动的问题,她利用午休和下班后的时间,对外圈牙口检测仪、大端面磨耗检测仪等进行了一个多月的反复试验,终于发现是由于自己转动轴承检测时,力度掌握不均匀导致了轴承跳动,之后她梳理总结出"平扣、轻转、双测"检测法,破解了由于轴承跳动导致检测精度下降的难题,有效杜绝了"带病"轴承流出。渐渐地,刘晓燕的业务技能突飞猛进,很快成为岗位上的技术大拿。

2018 年 6 月,22 岁的刘晓燕首次参加中国铁路兰州局集团公司职工职业技能竞赛,就获得轴承外观检查第二名的好成绩。10 月份,在总公司机辆部 2018 年铁路车辆专业货车检修岗位职业技能竞赛中,她不畏强手、沉着应对、冷静参赛,最终取得轴承一般检修第一名的好成绩，被授予全路技术能手称号。

刘晓燕还被评为"感动兰铁·2018年度人物"。段领导对全路技术能手刘晓燕进行隆重表彰并推荐她为2019年中国铁路兰州局集团公司劳动模范，希望在全段形成弘扬新时代工匠精神、营造人才成长成才有利环境的鲜明导向。

案例总结：

刘晓燕年纪轻轻就成为"工匠达人"，用勤学苦练证明"90后"不是"娇滴滴的一代"。她以实际行动诠释了人民铁路为人民的根本宗旨，践行了"交通强国、铁路先行"的历史使命，集中展示了铁路人的先行风采、服务本色、担当品格和奋斗精神。

【任务工单】

项目名称	城市轨道交通车辆基地	学时	2	班级	
姓名		学号		成绩	
实训设备、工具及仪器		实训场地		日期	
任务目的	1. 在教师指导下，调研某城市地铁车辆基地的设置。 2. 运用各种工具制作模型，要求做到细致逼真，培养耐心、精益求精的精神。 3. 调研某城市地铁车辆基地的组成。				
一、资讯 1. 车辆基地作为城轨系统的运用、检修、材料、后勤保障和培训基地，具有_____、工程造价高、_____等特点。 2. 车辆基地根据功能和规模大小可划分为_____和_____。 3. 每条线路按其_____和_____的多少，设置停车场或根据需要再增加设置辅助停车场，只承担车辆的停放、清洁和列检工作，辅助停车场仅设置停车、列检设施。 4. 车辆段除具有停车场的功能外，还是对车辆进行_____、停放、_____进行较大修程的场所。 5. 车辆段主要由停车库、_____、列检所、_____、_____和办公生活设施组成。 6. 架修库内主要设备有：_____、_____、工作平台以及必要的运输工具等。 7. 车辆维修根据目的不同主要分为_____和_____。 8. 城市轨道交通车辆的修程大致分为_____、_____、定修、_____和_____。 9. 车辆的厂、架修功能应从_____的角度分析确定。 10. 根据检修作业范围可分为_____、定修库和_____。 二、计划与决策 1. 以小组为单位开展不同城市地铁车辆基地的搜集与调研工作。 2. 在实践过程中，实践活动主要是以车辆基地的设置及组成为主线进行。实践过程设置：教师为每个小组的监督员，并设置演练组长1名，记录员1名。 组长：负责搜集实施过程的指挥控制，确保每位学生参与到各个环节，并对每位学生的实施过程进行评估； 记录员：负责实践过程的各项文案记录工作，记录每位学生的回答情况，记录实践过程中存在的不足及提出的改进意见。 3. 实践过程围绕下列主题开展：①车站公用区的划分；②车站建筑空间的组成。 三、实施 1. 设备准备：车辆基地。					

（续）

2. 作业过程。①认知车辆基地的设置及实现的功能；②认知车辆基地的组成。
3. 教师指导。在教师指导下，利用纸张、塑料、剪刀、笔、胶水等工具，制作车辆段平面布局的模型，要求：
1）以小组协作形式完成。
2）搜集拟制作的车辆基地信息，运用各种工具制作模型。
3）模型要求做到细致逼真，能够充分展示车辆基地各组成部分的设置要求等。
4）可加入创新设计。
4. 模拟演练
假如你是地铁司机，现在进行列车入段作业以及检修作业，试试列车能否正常进行相关作业。

四、检查

任务完成后，做如下检查：
1. 制作的车辆基地布局图是否合理：_____
2. 车辆基地各组成部分是否完整：_____

五、评估

1. 请根据自己完成任务的情况，对自己的工作进行自我评估，并提出改进意见。
_____
_____
_____

2. 工单成绩（总分为自我评价、组长评价和教师评价得分值的平均值）

自我评价（100分）	组长评价（100分）	教师评价（100分）	总分（100分）

【项目学习效果综合考核】

一、填空题

1. 车辆基地作为城轨系统的运用、检修、材料、后勤保障和培训基地，具有（　　　　）、工程造价高、（　　　　）等特点。
2. 车辆基地根据功能和规模大小可划分为（　　　　）和（　　　　）。
3. 每条线路按其（　　　　）和（　　　　）的多少，设置停车场或根据需要再增加设置辅助停车场，只承担车辆的停放、清洁和列检工作，辅助停车场仅设置停车、列检设施。
4. 车辆段除具有停车场的功能外，还是对车辆进行（　　　　）、停放、（　　　　）、进行较大修程的场所。
5. 车辆段主要由停车库、（　　　　）、列检所、（　　　　）、（　　　　）和办公生活设施组成。
6. 架修库内主要设备有：（　　　　）、（　　　　）、工作平台以及必要的运输工具等。
7. 车辆维修根据目的不同主要分为（　　　　）和（　　　　）。
8. 城市轨道交通车辆的修程大致分为（　　　　）、（　　　　）、定修、（　　　　）和（　　　　）。
9. 车辆的厂修、架修功能应从（　　　　）的角度分析确定。
10. 检修库根据检修作业范围可分为（　　　　）、定修库和（　　　　）。

二、判断题

1. 车辆段段型仅采用贯通式布置。（ ）
2. 一般每条城轨线路设置一个车辆段，若线路长度超过20km时，则增设一个停车场。（ ）
3. 培训中心宜设于车辆基地内，负责组织和管理车辆段及综合基地职工的技术教育与培训。（ ）
4. 预防性维修根据车辆的运行公里数来确定。（ ）
5. 车辆段与车站（或正线）间设置出段或入段线，出段或入段线不宜少于一条线，确保车辆进出段互不干扰。（ ）

三、简答题

1. 车辆基地的功能有哪些？
2. 简述车辆基地的设计原则。
3. 简述车辆段主要线路及作用。
4. 简述各种修程的主要检修内容。

项目六 限界与线间距

【教学导航】

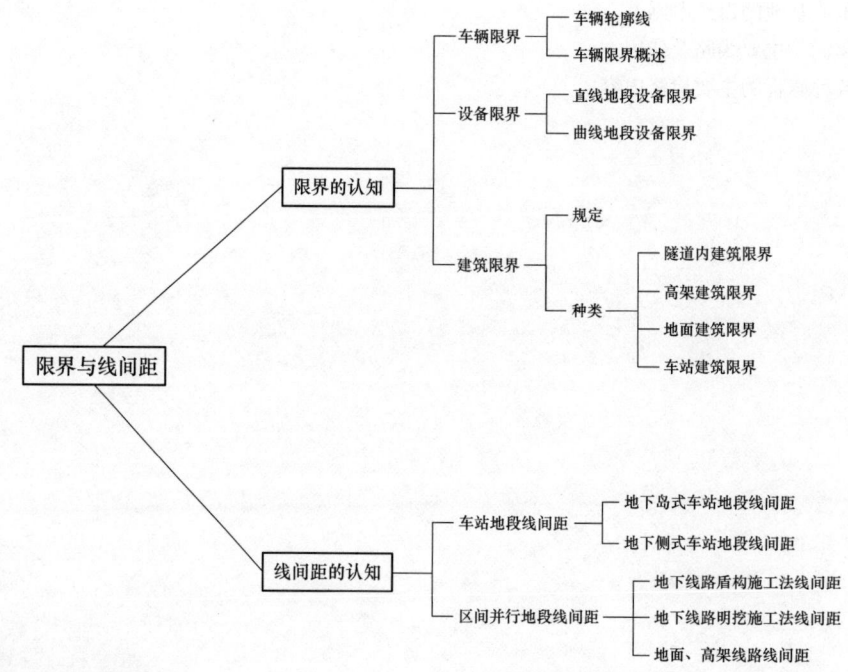

【知识目标】

1. 了解限界的概念及分类。
2. 了解规定限界的目的。
3. 理解车辆限界的概念和作用。
4. 熟悉车辆限界与车辆轮廓线间的空间影响因素。
5. 掌握设备限界的概念。
6. 理解设备限界与车辆限界之间的关系。
7. 熟知线间距的概念及确定。

【能力目标】

1. 能够正确地认识限界以及限界的作用。

2. 能够区分限界的分类，并区分它们的作用，并能熟知一些常用的限界参数。

3. 掌握在不同情况下确定线间距的方式，并且熟记一些常用线间距参数。

【素养目标】

1. 通过学习线间距的设置，有助于确保线路设备的安全运行，避免因设计不当导致的潜在危险，培养学生的安全意识和责任心。

2. 了解不同标准和要求，确保设计符合相关规定，避免产生质量和安全隐患，培养学生的合规意识。

【重点掌握】

1. 限界的作用与分类。
2. 车辆限界、设备限界和建筑限界的作用与关系。
3. 不同情况下线间距的确定。

任务一　限界的认知

【任务描述】

本任务主要介绍限界的基本定义、作用与分类，车辆限界、设备限界和建筑限界的作用及其相互关系。通过对知识的学习，辅以多媒体教学展示相关图片，使学生对限界知识有较全面的认识。

限界的认知

【基础理论】

限界是根据车辆的轮廓尺寸和技术参数、轨道特性、受电方式、施工方法及设备安装等综合因素，由计算确定的列车安全运行所需要的空间尺寸，是车辆在正常运行状态下形成的最大动态包络线。限界是限定车辆运行及轨道区周围构筑物超越的轮廓线，无论空车还是载重车停在水平直线时，该车所有一切突出部分和悬挂部分，都应容纳在限界轮廓之内。在线路上运行的车辆，必须与隧道边缘、各种建筑物及设备之间保持一定的安全距离，以确保列车的安全运行。为保证地铁的安全运营，各种建筑物和设备均不得侵入限界。规定限界的目的，主要是防止车辆在直线或曲线上运行时与各种建筑物及设备发生接触，以保证车辆安全通行。限界是确定地下铁道与行车有关的构筑物净空大小和各种设备相互位置的依据。限界应根据车辆的轮廓尺寸和性能、线路特性、设备安装以及施工方法等因素，经技术经济比较综合分析确定。限界越大，安全度越高，但工程量和工程投资也随之增加。合理限界的确定既要考虑对列车运行安全的保证，又要考虑系统建设成本。所以，要确定一个既能保证列车运行安全，又不增大隧道空间的经济、合理的断面是制定限界的首要任务和目的。

根据轨道交通系统的构成和设备运营要求，限界可分为车辆限界、设备限界和建筑限界3种。

一、车辆限界

1. 车辆轮廓线

车辆轮廓线依据车辆横断面包络而成，是确定车辆限界及设备限界的依据，是车辆设计和制造的基础数据。

2. 车辆限界概述

车辆限界是车辆在正常运行状态下形成的横断面的最大尺寸轮廓线。它规定了车辆不同部位的宽度、高度的最大尺寸和底部零件至轨面的最小距离。车辆的任何部位，在任何情况下都不得超出车辆限界规定的尺寸。车辆限界是和桥梁、隧道等限界起相互制约作用的，当列车在满载状态下运行时，也不会因产生摇晃、偏移等现象而与桥梁、隧道及线路上其他设备相接触，以保证行车安全。

车辆限界应根据车辆的轮廓尺寸和技术参数，并考虑其静态和动态情况下所能达到的横向和竖向偏移量，按可能产生的最不利情况进行组合确定。

车辆限界与车辆轮廓线之间，必须留出一定的、为确保行车安全所需的空间，如图6-1所示。这个空间考虑了以下因素：

1）车辆制造误差引起的上下、左右方向的偏移或倾斜。

2）车辆在名义载荷作用下弹簧受压引起的下沉，以及弹簧由于性能上的误差可能引起的超量偏移或倾斜。

3）各部分磨耗或永久变形造成的车辆下沉，特别是左右侧不均匀磨耗或变形而引起的车辆倾斜与偏转。

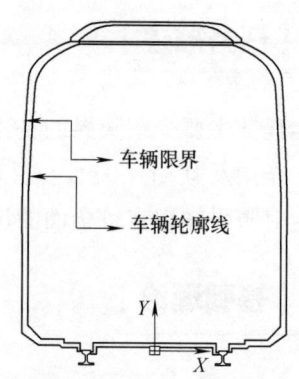

图6-1 车辆轮廓线与车辆限界间的关系

4）由于轮轨之间以及车辆自身各部分存在的横向间隙而造成车辆与线路间可能形成的偏移。

5）车辆在走行过程中因运动中力的作用而造成车辆相对线路的偏移。它包括曲线区段运行时实际速度与线路超高所要求的运行速度不一致而引起的车体倾斜，以及车辆在振动中也会产生上下、左右各个方向的位移。

6）线路在列车反复作用下可能产生的变形，包括轨道产生的随机不平顺现象等。

车辆限界，按所处地段分为直线车辆限界和曲线车辆限界；按隧道内外区域，分为隧道内车辆限界和隧道外车辆限界;按列车运行区域,分为区间车辆限界、站台计算长度内车辆限界和车辆基地内车辆限界。各种类型车辆基本参数见表6-1。

表6-1 各种类型车辆基本参数

序号	项目名称		单位	车型			
				A型车	B型车		B_2型
					B_1型		
					上部受流	下部受流	
1	计算车体长度		mm	22100	19000		
2	最大车体宽度		mm	3000	2800		
3	计算车辆高度		mm	3800	3800		
4	计算车辆定距		mm	15700	12600		
5	计算转向架固定轴距		mm	2500	2200/2300		
6	客室地板面距轨顶面高度		mm	1130	1100		
7	受电弓落弓高度		mm	3810	—		3810
8	受电弓最大工作高度		mm	5410	—		5410
9	受流器工作点至转向架中心线水平距离	750V	mm	—	1417.5	1401	—
		1500V			—	1444	
10	受流器工作面距走行轨面高度	750V	mm	—	140	160	—
		1500V			—	200	

二、设备限界

设备限界是在车辆限界的基础上,计入轨道出现最大允许误差时,引起车辆的偏移和倾斜等附加偏移量,以及在设计、施工、运营中难以预计的因素在内的安全预留量。设备限界位于车辆限界外的一个轮廓线,是用以限制设备安装的控制线。除另有规定外,建筑物及地面固定设备的任何部分,即使涉及了它们的刚性和柔性运动在内,均不得向内侵入此限界,如图6-2所示(数字表示偏移量)。

1. 直线地段设备限界

直线地段设备限界是在直线地段车辆限界外扩大一定安装间隙后形成的。车体肩部横向向外扩大100mm,边梁下端横向向外扩大30mm,接触轨横向向外扩大185mm,车体竖向加高60mm,受电弓竖向加高50mm,车下悬挂物下降50mm。转向架最低点设备限界离轨顶面净距:A型车为25mm,B型车为15mm。

2. 曲线地段设备限界

曲线地段设备限界应在直线地段设备限界基础上,按平面曲线不同半径,过超高或欠超高引起的横向和竖向偏移量以及车辆、轨道参数等因素计算确定。

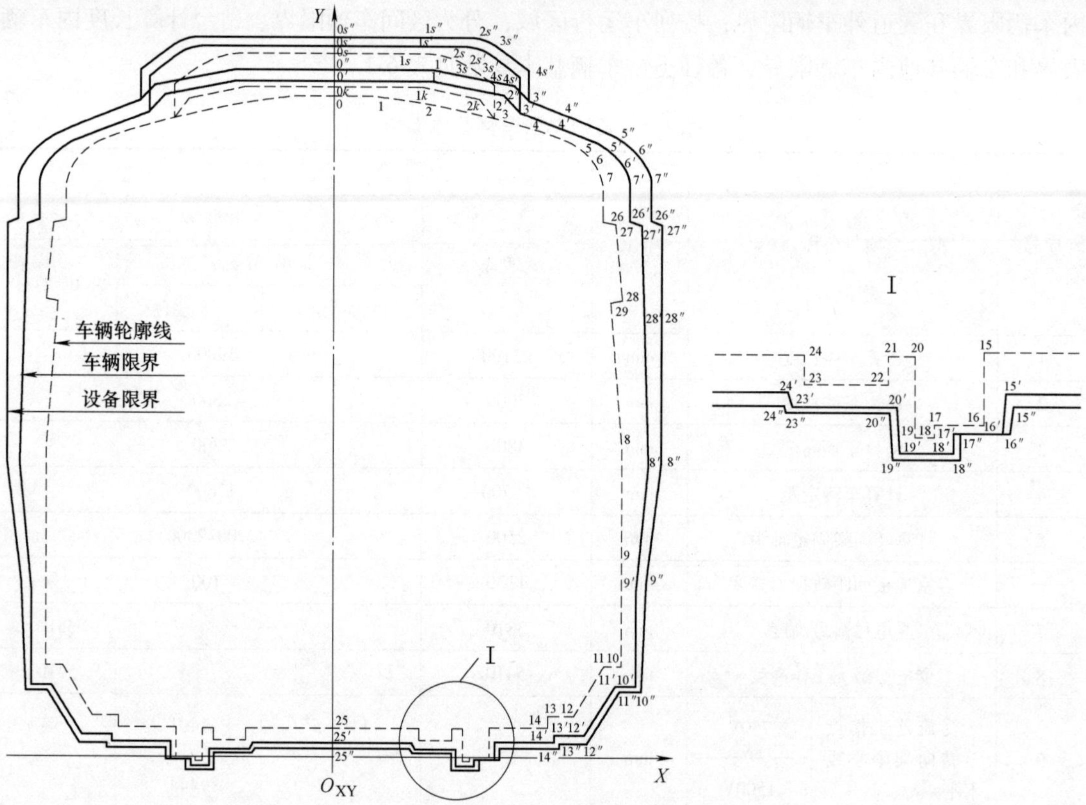

图 6-2 车辆轮廓线、车辆限界与设备限界

三、建筑限界

建筑限界是指行车隧道和高架桥等结构物的最小横断面有效内轮廓线,如图 6-3 所示。

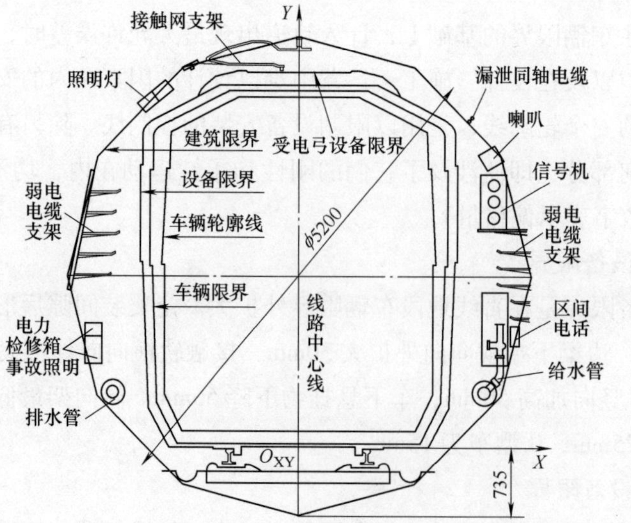

图 6-3 建筑限界

(一) 规定

1) 在建筑限界以内，设备限界以外的空间，应能满足固定设备和管线安装的需要，如各种电缆线、消防水管及消火栓、动力照明箱、信号箱及信号灯、照明灯、扩音器、通风管、架空接触网及其固定设备或接触轨及其固定设备等，还需考虑测量误差、其他误差及结构变形等。

2) 盾构施工的圆形隧道和矿山法施工的马蹄形以及拱形隧道，在列车顶部控制点范围内，建筑限界以内、设备限界以外，即建筑限界与设备限界之间的空间，宜不小于150mm，以满足电缆管线横穿的需要。

3) 在高架桥上以及隧道内可以设置侧向人行道，也可以不设置。一般高架桥侧向便道宽度以600~700mm为宜。

(二) 种类

建筑限界分为隧道内建筑限界、高架建筑限界、地面建筑限界及车站建筑限界等。

1. 隧道内建筑限界

隧道内建筑限界是在既定的车辆类型、受电方式、施工方法及结构类型等基础上确定的。隧道内建筑限界按工程结构形式分为矩形隧道建筑限界、马蹄形隧道建筑限界和圆形隧道建筑限界。

(1) 矩形隧道建筑限界　一般地下铁道采用明挖施工法形成矩形隧道，其单洞单线隧道建筑限界宽度为4100mm，高度为5060mm，如图6-4所示。

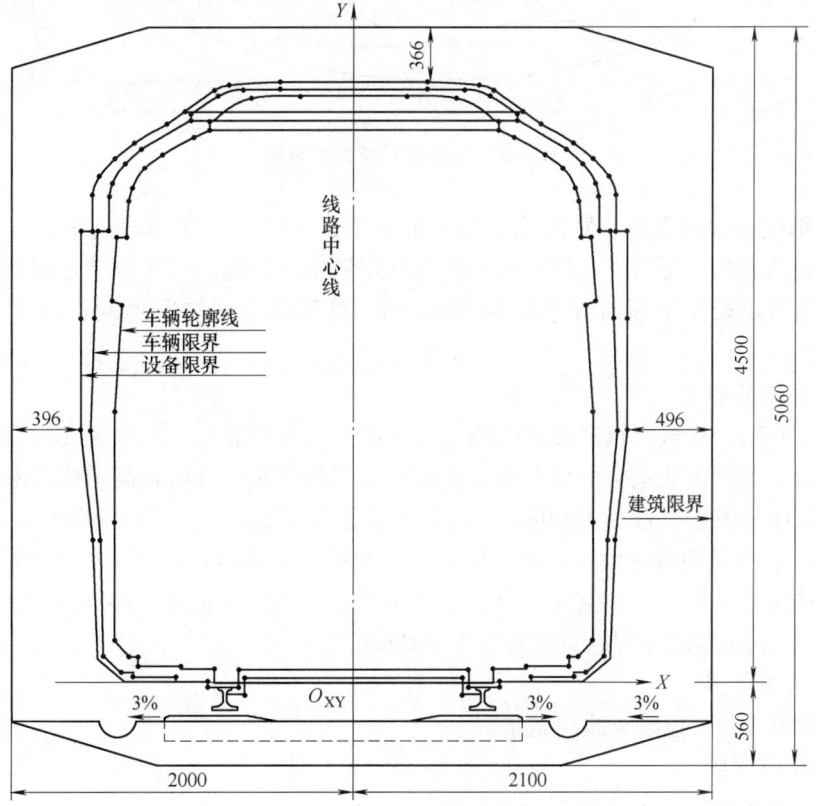

图6-4　矩形隧道建筑限界

(2) 马蹄形隧道建筑限界 矿山法施工的浅埋暗挖隧道，多采用马蹄形断面，其建筑限界最大宽度为4880mm，如图6-5所示。

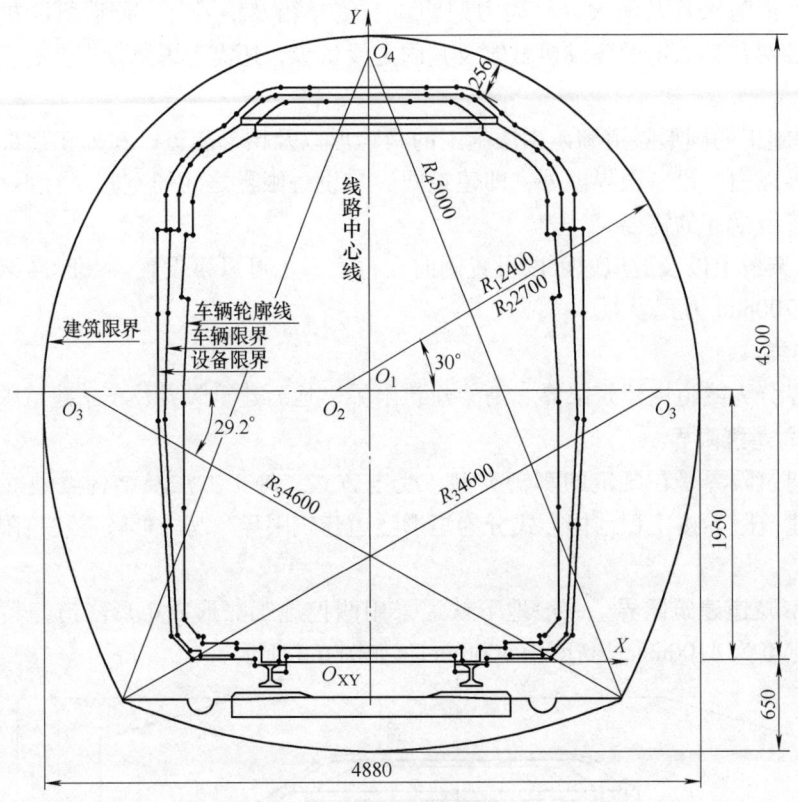

图6-5 马蹄形隧道建筑限界

(3) 圆形隧道建筑限界 盾构施工为圆形隧道，不论在直线地段还是曲线地段，只能采用同一直径的盾构，所以应按最小曲线半径选用盾构进行施工，才能满足圆形隧道的建筑限界要求。当线路最小平面曲线半径为300m时，圆形隧道建筑限界的直径宜为5200mm，如图6-6所示。

2. 高架建筑限界

在城区，有时会在城市轨道交通线路上设计高架的人行通道。为保证安全，这种高架桥的人行通道需要给城市轨道交通列车及设备留有适当的空间，这就是高架建筑限界。

高架建筑限界宽度一般为8600mm，线路中心至防护栏内距离为2400mm，侧向人行道宽度为750mm。如果两线间设置接触轨供电，线间距宜为3800mm。侧式站台桥面建筑限界的总宽度与选用的车辆宽度和侧式站台的宽度有关，如选用车辆宽2800mm，侧式站台的宽度为4000mm，其建筑限界的纵宽度宜为14600mm。

3. 地面建筑限界

图6-7所示为直线地段双线建筑限界。

4. 车站建筑限界

车站建筑限界的确定方法如下：

1) 在直线站台有效长范围内，其边缘至线路中心线的距离，应根据车厢宽度进行确

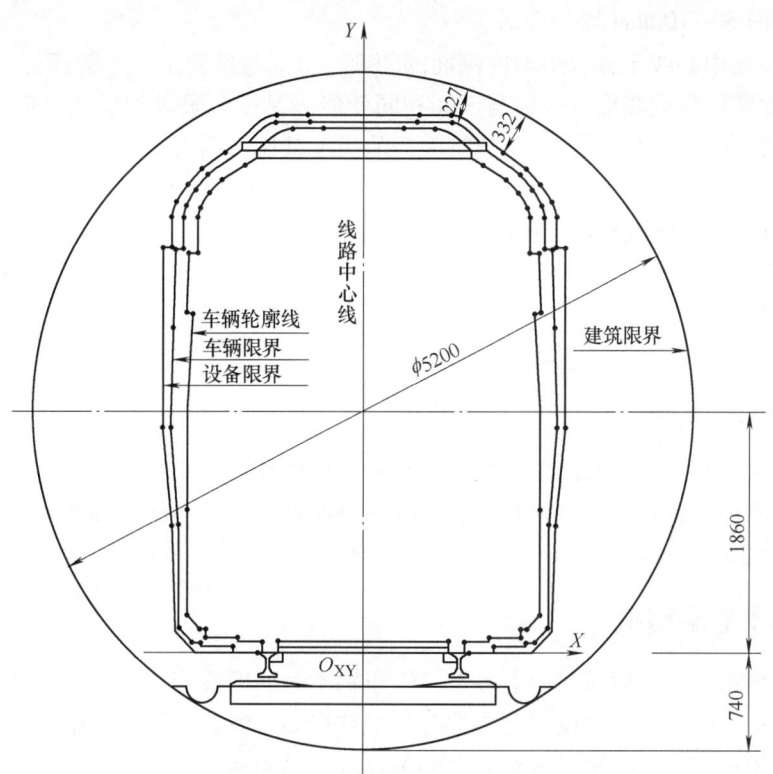

图 6-6 圆形隧道建筑限界

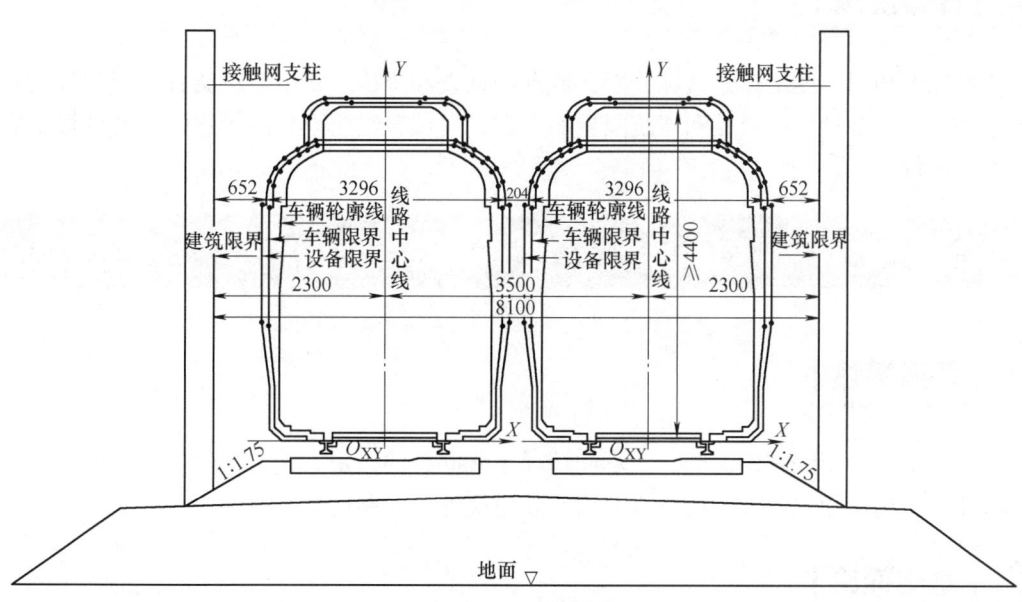

图 6-7 直线地段双线建筑限界

定,一般站台边缘与车厢外侧之间的空隙设置以不大于 100mm 较为合适。

2) 直线地段站台面的建筑高度,应受车厢地板面至轨顶的垂直距离控制,一般站台面低于车站地板面 50~100mm 较为合适。

3）站内线路中心线至隧道边墙内侧面的距离，如无特殊要求，一般都与区间相一致。

4）车站建筑限界的高度，一般与区间相同就能满足设备限界的要求。但由于建筑装修和有些设备及管线安装的需要，车站建筑限界的高度都比区间大。

5）站台有效长度两端以外的所有用房的外墙面距线路中心线的距离宜不小于 1800mm，且外墙面不允许安装任何设备和管线。

【拓展提高】

一、基准坐标系

基准坐标系是与线路的纵向中心线相垂直的平面内的一个二维直角坐标系，该坐标系的第一坐标轴与两根钢轨在名义位置且无磨耗时的顶面相切，第二坐标轴垂直于前者，并与左右两根钢轨的名义位置等距离。

二、偏移及偏移量

在基准坐标系内，车辆横断面上各点，因车辆本身原因或线路原因，在运行中离开原来在基准坐标系中所定义的设计位置称为偏移，偏移以 mm 为单位称为偏移量。在第一坐标方向的偏移称为横向偏移，在第二坐标方向的偏移称为竖向偏移。

【任务实施】

依据理论知识，提出任务目标：限界数据的调查和分析。学生分组调查不同型号的车辆限界数据，以及常见设备限界和建筑限界的参数，并试着绘出限界的示意图，最后根据成果进行综合评价。

任务二　线间距的认知

【任务描述】

本任务主要介绍线间距的概念，不同情况下线间距的确定方式。通过对知识的学习，辅以多媒体教学展示相关图片，使学生对城市轨道交通线间距的确定有较全面的认识。

【基础理论】

当左右线并行布置，两线路中心线之间的水平距离称为线间距。线间距应保证行车和各项作业的安全，满足设置各项设备的需要。线间距受所处位置、施工方法、限界、线路速度等多方面的影响，一般可以分为区间并行地段线间距、车站地段线间距、道岔地段线间距等。城市轨道交通正线一般均为双线，且多为并行线，根据车辆的限宽和安全余量（不小于100mm），可得出区间直线线间距。曲线地段应在此基础上按规定加宽。车站地段的线间距则还应考虑站台的宽度。

一、车站地段线间距

1. 地下岛式车站地段线间距

线间距的认知

两正线之间距离=右线线路中心线至站台边缘的距离+站台设计宽度+左线线路中心至站台边缘的距离。线路中心线至站台边缘的距离根据车辆类型及站台边缘距车辆轮廓之间要求的间隙确定。《地铁设计规范》规定，站台计算长度内的站台边缘距线路中心线的距离，应按车辆限界加10mm安全间隙确定，但站台边缘与车辆轮廓线之间的间隙，当采用整体道床时应不大于100mm，当采用碎石道床时应不大于120mm。曲线车站站台边缘与车辆轮廓线之间的间隙应不大于180mm。站台计算长度外的边缘距线路中心线的距离宜按设备限界另加不小于50mm的安全间隙确定。

2. 地下侧式车站地段线间距

地下侧式车站通常采用明挖法施工。当邻接的区间线路亦采用明挖法施工时，车站两正线之间的距离同区间地面线路线间距。

当站端区间线路采用单洞盾构或其他暗挖施工方法时，一般应在站外改变线间距离，使站台地段两正线间设计为最小线间距。

二、区间并行地段线间距

1. 地下线路盾构施工法线间距

区间盾构圆形隧道建筑限界为5200mm的圆，按已有的设计、施工经验，综合考虑隧道轴线施工误差100mm（其中包括线路拟合误差、测量误差在内），隧道后期不均匀沉降±50mm，则隧道的内径定为5500mm，采用单层装配式钢筋混凝土350mm厚衬砌，则隧道的外径定为6200mm。

在满足最小净距的前提下，车站两端线路线间距宜采用车站（岛式）地段线间距，以避免设置反向曲线对线路平面条件造成不利影响。当车站地段线间距过大时，可利用站端曲线或加设两反向曲线减小区间线路线间距。曲线地段按规定加宽。

2. 地下线路明挖施工法线间距

明挖施工法的地铁区间隧道结构通常采用矩形断面，双线并行地段一般采用设中隔墙（或中柱）的双跨框构形式。其线间距为下列诸项之和，即按矩形隧道建筑限界要求的左右线路中心线分别至中间墙（柱）外缘的距离+按建筑限界要求的距离+中墙（柱）横向宽度+施工误差富余量。曲线地段按规定加宽。

3. 地面、高架线路线间距

区间并行地段，高架线路线间距为两个车辆限界与两线相向不限速会车要求的安全距离之和。

当采用B型车时，地面高架线最小线间距为3.6m，如天津地铁1号线和深圳地铁。当采用A型车时，最小线间距为3.8m，如上海地铁1号线等。曲线地段按规定加宽。

【拓展提高】

腐 蚀 问 题

城市轨道交通系统在缓解城市地面交通拥挤状况和给人们生活带来方便的同时，也出现了一些不容忽视的问题。其中之一就是由直流供电牵引产生的迷流（即杂散电流）腐蚀问题。

1. 杂散电流的产生

目前，国内城市轨道交通都采用直流牵引供电方式，牵引变电所正极通过架空接触网或接触轨为列车送电，再经过走行轨流回牵引变电所负极。由于走行轨自身存在电阻，在列车与牵引变电所之间的部分走行轨会与大地存在电位差，因此部分回流电流不是从走行轨直接回流到负极，而是由走行轨向地泄漏，然后在某些地方重新流回走行轨或直接回到负极。

2. 杂散电流的危害

杂散电流对城市轨道交通系统来说是一种有害的电流。杂散电流使线路周围土壤中埋设的通信电缆、供水管道以及区间隧道中的钢筋等金属管线产生电化学腐蚀，从而破坏了金属管线的结构完整性，降低了其使用寿命。此外，杂散电流不仅会使电气系统的部分地点发生电位变化，而且会对系统内外的金属体产生腐蚀。归纳起来，杂散电流的危害主要有以下几个方面：引起接地电位过高；引起框架保护误动作；引起走行轨及其附件的腐蚀；引起结构体中钢筋的腐蚀；引起线路周围埋地金属管线的腐蚀。

3. 杂散电流的防护与监测

为了防治杂散电流，一些国家采用第四轨回流、胶轮车辆等防护措施，并附加排流，改变供电所电极的极性，加强电气连接等措施。我国在防治杂散电流方面主要采用的措施有排流法、阴极保护法、减少走行轨的阻抗等。

对杂散电流的防护与监测主要从以下3个方面进行。

（1）控制杂散电流的产生　杂散电流的防护以防为主，即从源头上控制和减小杂散电流的产生。杂散电流的大小与走行轨的电位成正比，与走行轨对地泄漏电阻成反比。走行轨电位与牵引变电所的距离、走行轨的纵向电阻、牵引电流有关。

（2）设置杂散电流收集装置　城市轨道交通投入运营的初期，由于杂散电流防护措施到位，能有效限制杂散电流的产生。但随着运行时间的推移，走行轨对地绝缘水平下降，杂散电流有可能超标，此时就要采取必要的措施以降低杂散电流的危害，设置排流装置是有效、可行的方法。

（3）监测杂散电流　虽然城市轨道交通已经设置了完善的杂散电流控制措施，并设置了排流装置作为应急措施，但还要加强对杂散电流的监测。对杂散电流监测，一是在杂散电流临时超标时控制排流装置起动，二是在杂散电流经常超标或严重超标时采取措施提高走行轨对地绝缘水平。

【任务实施】

依据理论知识，提出任务目标：线间距的调查和分析。学生分组调查当地地铁公司车站内和区间的线间距情况，并分析其数据确定方式。

【案例】

案例名称：上海地铁探索数字化转型和智能运维

案例描述：

上海地铁正在探索数字化转型和智能运维，在智能平台的帮助下，当故障发生时，维修人员在赶赴现场的过程中，他的手机已经得到了具体的故障信息以及应急预案。而智能平台的神机妙算，离不开人工智能、大数据、物联网等尖端技术的加持。

2021 年，依托 14 号线、15 号线新线建设，上海地铁建成了第一个线路侧的数字化维修中心试点。2022 年，上海地铁建成第一个线网级维修中心。这不仅意味着维修人员能快速得到现场信息，还意味着当故障发生时，不再需要大量不同部门以及不同专业的技术人员协调处理。

从故障发生，到故障信息传递到维修人员手机，这个时间可能只需要数秒钟。这是"羲和数字城轨"中智能运维平台的部分应用。各类数字设备可以实时监测地铁设施的运行状况，无需人工定期维保，减少资源浪费；在海量的可信数据的支持下，专业的城市轨道交通模型能够快速计算出故障发生的位置及原因，并找到症结所在，甚至防患于未然；除了智能运维平台，"数字城轨"还能够提高行车指挥效率、运营安全、节能降耗水平等。

案例总结：

1. 科技创新与国家发展战略契合。上海地铁的数字化转型和智能运维是积极响应国家"新基建"政策的具体体现。这种创新不仅解决了传统运维模式中存在的诸多问题，还为实现更加高效、安全、绿色的城市轨道交通系统奠定了坚实基础。充分展示了科技创新能够深入到社会生活的方方面面，是解决实际问题，推动社会进步的重要力量。

2. 跨学科融合的重要性。智能运维平台的成功实施依赖于人工智能、大数据、物联网等多学科技术的深度融合。在未来的学习和工作中，需要具备跨学科的知识结构和能力，促进不同领域知识的交叉融合，以应对复杂多变的挑战。

【项目学习效果综合考核】

一、填空题

1. 车辆限界是车辆在（　　　　　）上正常运行状态下形成的（　　　　　　　）。
2. 车辆限界，按所处地段分为（　　　　　）和（　　　　　　　）；按隧道内外区域，分为（　　　　　）和（　　　　　　　）；按列车运行区域，分为（　　　　　）、（　　　　　　　）和（　　　　　　　）。
3. A 型车最大宽度为（　　　　　　　）。
4. 设备限界是用以限制（　　　　　　　）的控制线。

5. 建筑限界应分为（　　　　）、（　　　　）及（　　　　）。
6. 隧道内建筑限界按工程结构形式分为（　　　　）、（　　　　）和（　　　　）。
7. 线间距一般可以分为（　　　　）、（　　　　）、（　　　　）等。
8. 为节省工程投资和减少对地面交通的干扰，地面、高架车站通常设计为（　　　　），并采用最小线间距，当采用 B 型车时，一般为（　　　　）。当采用 A 型车时，一般为（　　　　）。
9. 《地铁设计规范》规定，站台计算长度内的站台边缘距线路中心线的距离，应按车辆限界加（　　　　）确定，但站台边缘与车辆轮廓线之间的间隙，当采用整体道床时应不大于（　　　　），当采用碎石道床时应不大于（　　　　）。

二、简答题
1. 什么是限界？
2. 规定限界的目的是什么？
3. 车辆限界与车辆轮廓线之间的空间需要考虑哪些因素？
4. 建筑限界与设备限界之间的空间需要考虑哪些因素？
5. 线间距的确定受哪些因素影响？
6. 什么是线间距？

项目七 轨道施工

【教学导航】

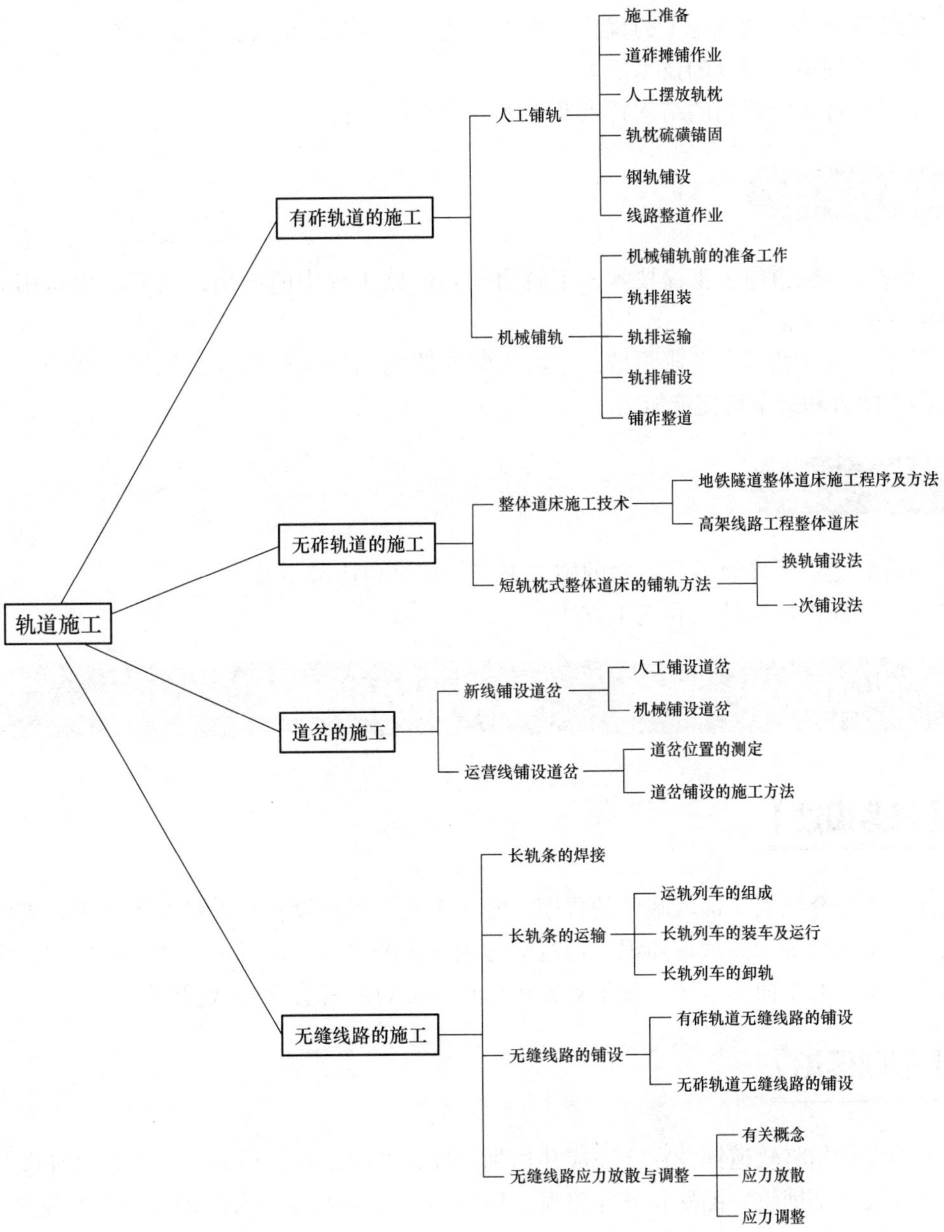

- 轨道施工
  - 有砟轨道的施工
    - 人工铺轨
      - 施工准备
      - 道砟摊铺作业
      - 人工摆放轨枕
      - 轨枕硫磺锚固
      - 钢轨铺设
      - 线路整道作业
    - 机械铺轨
      - 机械铺轨前的准备工作
      - 轨排组装
      - 轨排运输
      - 轨排铺设
      - 铺砟整道
  - 无砟轨道的施工
    - 整体道床施工技术
      - 地铁隧道整体道床施工程序及方法
      - 高架线路工程整体道床
    - 短轨枕式整体道床的铺轨方法
      - 换轨铺设法
      - 一次铺设法
  - 道岔的施工
    - 新线铺设道岔
      - 人工铺设道岔
      - 机械铺设道岔
    - 运营线铺设道岔
      - 道岔位置的测定
      - 道岔铺设的施工方法
  - 无缝线路的施工
    - 长轨条的焊接
    - 长轨条的运输
      - 运轨列车的组成
      - 长轨列车的装车及运行
      - 长轨列车的卸轨
    - 无缝线路的铺设
      - 有砟轨道无缝线路的铺设
      - 无砟轨道无缝线路的铺设
    - 无缝线路应力放散与调整
      - 有关概念
      - 应力放散
      - 应力调整

【知识目标】

1. 理解有砟和无砟轨道铺轨施工工艺、施工工序和技术要求。
2. 了解道岔铺设的施工流程及施工工艺。
3. 熟知无缝线路的铺设施工方法和流程。

【能力目标】

1. 能够掌握轨道铺轨施工的程序、施工工艺、机具设备和人员配备要求。
2. 能够掌握道岔铺设的技术能力。
3. 能够掌握无缝线路的结构特点及应力放散与调整的方法。

【素养目标】

1. 通过学习轨道施工工程技术，了解力学在铁路工程中的应用，培养学生运用力学知识解决实际问题的能力。
2. 轨道工程涉及多个专业领域，学习无缝线路的知识需要多学科知识的融合，培养学生团队协作能力和跨学科交流能力。

【重点掌握】

1. 有砟轨道、无砟轨道和道岔的施工工艺、工序和技术要求。
2. 无缝线路的结构特点和施工方法。

任务一 有砟轨道的施工

【任务描述】

本任务主要介绍人工铺轨施工的程序、施工工艺、机具设备和人员配备要求，机械铺轨的工艺，轨排铺设等相关理论知识，通过对理论知识的学习，辅以多媒体课件教学，使学生对有砟轨道施工有全面的认知，较早对城市轨道交通行业有直观的认识。

【基础理论】

轨道铺设是指将轨道铺设在已完成并达到设计强度的路基、桥梁、隧道等建筑物上的工作。轨道铺设包括铺轨、铺岔和铺砟整道。按照铺轨方法可分为人工铺轨和机械铺轨两种，如图 7-1 和图 7-2 所示。人工铺轨是先将轨料运到铺轨现场，再由人力进行铺设。它主要适用于铺轨工程量小的便线、专用线和旧线局部平面改建，较为经济。机械铺轨是将基地组装好的轨排，用轨排列车运到铺轨前方，再用铺轨机械铺设于路基上，并予以逐节连接。由于机械铺轨工效高，质量好，降低了工人的劳动强度，避免了材料的散失、浪费，所以机械铺轨是目前线路建设中采用的主要铺轨方法，其主要适用于铺轨工程量大的新线或旧线的换轨大修以及增建第二线的轨道铺设。

图 7-1　人工铺轨

图 7-2　机械铺轨

一、人工铺轨

1. 施工准备

（1）**熟悉铺轨施工文件**　铺轨前应具备批准的施工设计文件和有关基础工程竣工资料，如施工图、曲线表、坡度表、平交道表、基线图及水准点表。铺轨过程中应收集相应的资料，如铺轨材料表、材料合格证、变更设计、施工记录等。

有砟轨道施工

（2）**铺轨前测量**　铺轨前路拱验收后钉设线路中桩，从铺轨起点测设线路中桩。桩距：直线不大于 25m，圆曲线 20m，缓和曲线 10m。曲线起止点、缓圆点、曲中点和圆缓点、道口中心点应钉设带钉的中桩。铺砟前中桩移植于路肩上，曲线地段钉设在外侧路肩上。铺轨后铺砟整道前钉设水平桩。桩距要求：直线不大于 50m，曲线不大于 20m，线路纵断面变坡点和竖曲线起止点，应增设水平桩。水平桩钉设在道床外路肩上，曲线地段钉设在内侧路肩上。

（3）**材料准备和人工准备**　做好配轨计算，各种钢轨配件与钢轨配套，连接钢轨所需的接头夹板按需要的规格和数量备齐。落实施工所需劳力、材料和机具，检查施工机具和设备的完好状态。

2. 道砟摊铺作业

（1）**工艺流程**　摊铺前对路基进行验交，进行测量中线桩、水准点交接；道砟采用自卸车或其他运输工具运至施工现场，专人指挥卸车，配合摊铺机械进行作业。为保证路基表面在摊铺过程中不受或少受损害，运输车辆应慢行，保护路基表面不受破坏。按设计要求厚度铺设道砟，沿白灰边线卸料，一次铺至距枕底标高 5cm，挖掘机摊铺、碾压，人工挂线整平。要求顶面平整，位置准确，厚度均匀，做好顺坡。技术人员按照测量技术交底，按里程桩号用水准高程控制标高。

(2) 道砟摊铺标准 进场时应对道砟粒径级配、颗粒形状及清洁度进行检验;砟面平整度用3m直尺检查不得大于30mm。预留起道量不得大于50mm。道岔前后各30mm范围内应做好顺坡并碾压。

3. 人工摆放轨枕

根据线路中心摆放轨枕,摆枕时可每25m摆放一根定位枕,挂线确保轨枕摆放到线路中心。控制好轨枕间距,并使轨枕与线路中线垂直,在定位枕端拉上麻绳,其余轨枕用撬棍按轨枕间距大致拨正摆齐。

4. 轨枕硫黄锚固

(1) 硫黄砂浆熬制工艺及质量要求 根据生产规模和熬浆锅大小,按规定的硫黄:水泥:砂子:石蜡=1:(0.4~0.6):(1.2~1.5):(0.01~0.03)配比,称好各种材料备用。工地可采用两个铁锅轮流熬制,每锅容量以不超过50kg为宜。首先将合乎要求的砂子、水泥加热烘干(温度控制在100~130℃),然后按配比加入硫黄、石蜡,文火加热,迅速搅拌均匀,直到拌合物中残余水分完全挥发,不再出现气泡为止,温度达150~160℃,即可使用。温度通过温度计进行监测,在加热时充分搅拌,以防硫黄燃烧失效。熬浆地点离灌浆地点尽量靠近,以防温度降低太多。熬浆地点应设在下风处,与锚固作业工作面距离不宜太远。作业人员应佩戴相应的防护用品,防止中毒或烫伤。

(2) 锚固作业及质量要求 螺旋钉孔内的杂物、灰浆块等应清除干净,锚固前应向孔内注入砂子并将螺栓孔从下面堵住。使用定位模板,以保证道钉位置正确。硫黄水泥砂浆注入孔内时的温度不得低于130℃,浇注锚固浆深度以15cm为宜,即超过道钉2~4cm,浇注完成后及时清扫锚固架及承轨槽内的锚固残渣。

5. 钢轨铺设

(1) 配轨 配轨时应按钢轨长度和预留轨缝连续计算并应确定曲线始点前或后的钢轨接头到曲线始点的距离。铺设前对现场散布钢轨进行尺量并做好记录,计算出钢轨长度的误差并做出标记,上轨过程中根据计算结果抵消钢轨误差,控制好轨缝相错在允许偏差范围。

(2) 铺轨 在铺轨作业前,现场施工人员校对轨枕是否在中心线上,如不在立即进行人工方枕,方便下一道工序作业。清除承轨槽面的杂物,将扣件的衬垫和胶垫放入承轨槽上,将钢轨放置其上,安装接头夹板,然后安装扣件和其他零件。上扣件时两人一组(扣件涂油),用小撬棍及力矩扳手将各种扣件上紧。上扣件时,禁止将手伸入承轨槽和钢轨底之间。要求扣件位置准确、摆正,轨枕位置用白漆标于一侧钢轨轨腰内侧,曲线地段标于外股钢轨轨腰内侧,另一侧用方尺定位。一侧钢轨扣件上紧后,用轨距尺按规定的轨距调整另一股钢轨位置,并检查轨距大小。控制弹条扣件的扭矩,保证在温差变化大时线路的稳定性,避免拉轨后出现轨缝的现象。

铺设曲线轨道前应掌握曲线的长度、切线长度、曲线半径等技术资料。按照铺设曲线确定好的曲线中心位置铺设钢轨,再根据曲线半径将所需要的曲线段进行加宽。

6. 线路整道作业

整道作业内容有放起道桩、方正轨枕、串入道砟、起拨道轨、全面捣固、调匀轨缝、填满轨枕和道砟、清除散落的道砟、修整道床边坡等,具体有以下主要作业。

1）上砟整道。将卸在线路两侧的道砟补到轨道内，并将轨道逐步整修到设计规定的断面形状，达到稳定程度。

2）补砟。把线路两侧路肩上的存储道砟人工均匀地散布到轨道内，并上齐枕头道砟。不足之处，用单轨车倒运。

3）起道。用起道机起道，以直线左股为标准股将轨道抬高至设计标高，并在轨下串实道砟。作为起道瞄视的基准点，每次至少起好两个基准点，以便瞄视中间的轨顶水平，每节钢轨的接头、大腰、小腰都要用起道机起平。为防止新线道床沉落后轨顶标高不足，起道机应适当抬高。起道后应将路肩处的道砟填入轨枕盒中，以便进行捣固。同时方正轨枕，使轨枕间距符合要求，并垂直于线路中心线。起道后的轨面应大致平顺，没有显著的凹凸和反超高，左右水平要符合规范要求。曲线以里股为标准股将轨道抬高至设计标高。

二、机械铺轨

机械铺轨由于施工效率高而成为主要的铺轨方式。机械铺轨包括铺轨前的准备工作、轨排组装、轨排运输、轨排铺设和铺砟整道5个环节。

1. 机械铺轨前的准备工作

（1）施工调查及编制实施性施工组织设计 铺轨前应做好施工调查，主要内容包括：复核经批准的施工设计文件和收集与轨道施工有关的工程竣工资料及变更设计文件；了解与铺轨有关的工程施工进度，核查路基、桥梁等工程有关资料及工程外观，核实铺轨进度计划；调查道砟的运输条件，提出铺砟方案；核查各种电线路、临时建筑物的建筑限界；调查道口附近地形、地貌和车辆通行情况，并提出维持道路交通的临时措施；调查沿线水源、电源情况，落实用水、用电计划；按铺轨计划进度，落实各种轨料来源；收集沿线的气象资料及轨温变化规律等有关情况。

铺轨前应根据设计文件要求及有关基础工程竣工资料、全线指导性施工组织设计规定的铺轨总工期、有关重点工程的施工方案以及施工单位自身的铺轨能力，编制实施性施工组织设计，对施工过程的质量控制、进度计划提出明确的要求，并制订必要的作业指导书。实施性施工组织设计的主要内容包括：机构设置及劳动力组织；主要施工方法及施工安排；轨道部件用料计划及供料方式；铺轨基地设置，沿线临时工程，通信及行车控制方案；生产及生活用水、用电供应方案；施工机械及检测设备调配计划；工程运输组织及机车车辆配置计划；安全、质量、工期保证及环境保护措施等。

（2）筹建铺轨基地 铺轨基地是新建线路的一项临时性工程，是铺轨材料的装卸、存放、轨料加工以及轨排组装、列车编组、发送的场所，是铺轨工程的后方基地。对于新线的建设而言，有时由于施工组织设计的需要，铺轨基地也兼做部分架梁的准备工作，如存梁等。在筹建时，必须全面考虑，统一规划，尽量与永久性工程相结合，做到投资少、占地少、作业方便，并使铺轨列车调度灵活，充分发挥基地的生产潜力。

2. 轨排组装

轨排组装是指在铺轨基地将钢轨、轨枕用连接零件连成轨排，然后运到铺轨工地进行铺设，它是机械化铺轨的重要组成部分。为了保证基地组装轨排的质量，防止组装中发生差错，造成返工浪费，影响铺轨进度，组装时必须仔细地按照事先编制的轨排组装作业计划表进行。计划表主要内容包括：轨排编号及铺设里程，钢轨类型、长度和曲线内股缩短轨缩短量，相对钢轨接头相错量，轨枕种类、类型、数量和间距布置，轨枕扣件号码或每块垫板道钉数，曲线半径和轨距加宽值，以及其他特殊要求的说明。轨排生产计划表应及时根据实际铺设里程进行调整。

（1）轨排组装的作业方式 轨排组装的作业方式可分为活动工作台和固定工作台两种，活动工作台作业方式组装轨排又分为单线往复式和双线循环式两种。作业方式不同，使用的机具设备和作业线的布置也不同。因此，在轨排组装前，应根据具体情况确定作业方式。

（2）轨排组装的作业过程 下面以活动工作台作业方式中的单线往复式作业组装轨排为主，简要介绍轨排组装的作业过程。

1）吊散轨枕。采用移动式散枕龙门架所配备的 3~5t 电动葫芦吊散轨枕，每次自轨枕堆码场起吊 16 根轨枕。如果移动式龙门架本身无动力时，可用卷扬机牵引或人力推动。若采用反锚作业进行组装，应将散开的轨枕翻面，所有轨枕底面向上，此工序由人工用木棍配合撬棍撬拨，或用 U 形钢叉翻枕。

2）硫黄锚固。硫黄锚固就是用硫黄水泥砂浆将螺纹道钉固定在混凝土枕的道钉孔中。硫黄水泥砂浆是将硫黄、砂、水泥以及石蜡按一定的配合比配置而成的。锚固方法有正锚和反锚两种。由于反锚作业劳动效率高，质量好，在施工中得到了广泛的应用。

3）匀散轨枕。轨枕翻正后，应立即在轨枕承轨槽两侧散布配件，匀散扣板、缓冲垫片、弹簧垫圈及螺母等配件。散布前，应按零件类型整理堆码好。为便于匀散轨枕，调整轨枕间隔距离，在工作台两侧设有起落架，并将连接平车的钢轨改成槽钢，在槽钢上配置匀枕小车，利用匀枕小车将大约 30cm 间距的轨枕调为标准间距。

4）吊散钢轨。吊轨前应检查钢轨型号、长度是否与设计的一致，并将钢轨长度正负误差值写在轨头上，以便配对使用。利用 1 台 3~5 t 的龙门吊及 1 个吊轨架来完成吊轨。按轨排计算表控制钢轨相错量，将钢轨吊到轨枕上相应的位置，然后再通过轨枕道钉纵向中心线的钢轨内侧，用白油漆画小圆点作为固定轨枕的位置。吊散钢轨时，为保持钢轨稳定，两端扶轨人员应用小撬棍插入钢轨螺栓孔内或栓缆绳牵行，不得用手直接扶持。吊车吊重走行的范围内禁止走人。

5）上配件、紧固。以手工操作把配件放置在正确的位置上，将螺母拧上，并用电动或风动扳手拧紧螺栓。紧固前要测定扳手的拧紧力矩，扣板式扣件应以 100~120N·m 拧紧力矩拧紧，Ⅰ、Ⅱ型弹条扣件应使弹条中部前端的下部与轨距挡板接触或拧紧力矩达到设计要求（Ⅰ型为 120N·m、Ⅱ型为 100~140N·m）。在作业线两侧应搭设工作台，以便操作。

6）质量检查。轨排组装完后，应由质检员详细检查轨排是否按轨排生产作业表拼装，轨排成品质量是否符合要求，包括检查轨距、轨枕间隔、接头错开量、安装质量等。如果发现有不符合的地方，应修整，最后对合格轨排按轨排铺设计划用色泽醒目的油漆进行编号。

7）轨排装车。轨排装车是轨排拼装的最后一道工序，即将编号的轨排，用 2 台 10t 吊重、跨度 17m 的电动葫芦龙门架按铺设计划逐排吊装在滚轮平车上，同时做好编组及加固工作。装到车上的轨排应上下左右摆正对齐，不得歪斜。至此，一个混凝土轨排组装完成，然后可以进行下一轨排的组装循环。

3. 轨排运输

为了确保机械铺轨的速度，需要组织好从基地到铺轨前方的轨排运输，以使前方能不间断地进行铺轨。

1）滚筒车运输。滚筒车一般由 60t 平板车组成，车面上左右两侧各装滚筒 11 个，大约相距 1.0~1.2m 装一个，由两辆滚筒平板车合装一组轨排，每组 6~7 层；如用新型铺轨机铺轨，可装 8 层。

2）平板车运输。用无滚筒平板车运送轨排时，每 6 个轨排为一组，装在两个平板车上，7 组编一列。在换装站或铺轨现场各设两台 65t 倒装龙门架，将轨排换装到有滚筒的平板车上，供铺轨机铺轨。轨排装车不得超载超限，上下层摆正，轨排对齐。平板车运输轨排优点较多，无须制造大量滚筒，可减少止轮器数量，捆扎工作量较少，运输速度可达 30km/h，节省人力和费用。

4. 轨排铺设

线路的轨排铺设，大多采用铺轨机进行施工，少数情况下也有采用龙门架进行的。

（1）铺轨机铺设轨排 铺轨机在自己铺设的线路上作业和行走。随着轨排质量、长度的不断增长，铺轨机的性能也不断提高，各单位根据自己的施工条件和制造能力，先后制造了很多类型的铺轨设备。施工单位在轨排铺设时所采用的机械，应根据本单位现有的设备能力及工程的工期要求合理选型。

（2）龙门架铺设轨排 铺轨龙门架是线路铺轨半机械化施工机具之一，它主要用于铺设钢筋混凝土轨排、在旧线拆换轨排以及轨排基地装卸工作等。铺轨龙门架的特点是机身不在自己铺设的轨道上行走，而在预先铺设于线路两侧的轨道上吊重和走行。它的缺点是体力劳动较强，占用人员较多，要求地面较宽。

铺设龙门架由 2~4 个带有走行轮的框架式龙门架组成，每个龙门架的吊重有 4t 和 10t 两种，其中有带运行机械和不带运行机械两种形式，相互间用连接杆连接行动。龙门架的起重和运行依靠自带的发电机供电，发电机和拖拉用的卷扬机同时放在一辆普通平板车上，挂在铺轨列车的后端，用电缆送电。铺 25m 混凝土轨排时一般用 4 台起重量为 4t 的龙门架或 2 台起重量为 10t 的龙门架；铺 25m 混凝土轨排时用 3 台起重量为 10t 的龙门架；铺长轨排可根据轨排重量和龙门架的起重量适当配置多台龙门架一同使用。铺轨时，应先铺设龙门架的走行轨道（目前铺设走行轨道的方法主要是人力铺设和拖拉机铺设），然后将龙门架放到走行轨道上，并用滚筒车将轨排组运送到最前端，开动龙门架即可吊运轨排。把轨排运到铺设地点，降落轨排铺在路基上。重复上述步骤，即可继续铺设轨排。

5. 铺砟整道

线路的轨排铺设完成后，即可通行工程列车。这既包括铺轨列车，也包括铺砟列车。同一线路上通行两种列车，在施工过程中相互间的干扰特别大，影响工作效率。但是如果不先铺轨，大量的道砟无法利用铺砟列车运到施工地点；如果铺轨后不迅速进行铺砟整道，也就无法提高线路质量，提高行车速度，保证行车安全。因此，在新建线路进行铺轨后，应相应地抓紧铺砟整道工作。

所谓铺砟整道就是将道砟垫入轨枕下铺成设计要求的道床断面，并使轨道各部分符合竣工验收技术标准的要求，主要包括采砟、运砟、卸砟、上砟、起道、整道等作业。铺砟整道的工作量大，作业内容多，要求的标准高，而且多在有工程列车运行的情况下进行，干扰较大，因此必须严格按照铺砟整道的有关规定组织施工。铺砟整道作业有机械施工与人工整道两种方法。机械施工与人工整道相比，既可减轻工人劳动强度，又可加快施工速度，提高作业质量，因此在铺砟整道中应尽可能采用机械施工。

【拓展提高】

单 轨 交 通

与轻轨交通共同发展起来的另一种轨道交通形式就是单轨交通，虽然它们的起步相同，发展史相同，但单轨远远没有像轻轨交通那样受到人们的青睐，只是在日本和德国的某些城市进入了实用阶段。单轨交通，在国外也称为单轨铁道，是指车辆在一根导向轨道上运行的轨道交通系统。通常分为跨座式和悬挂式两种，跨座式是指车辆跨坐在轨道梁上行驶，悬挂式是指车辆悬挂在轨道梁下方行驶。单轨交通是一种中等运量的轨道交通，其空间轨道梁的宽度较小，占地面积较少，通常利用城市道路中央隔离带设置结构墩柱，圆形墩柱的直径一般为1~1.5m，也可以与高架道路结合在一起。

单轨交通与城市的其他交通完全隔离，不受干扰，因此可以高速行驶，其最高车速可以达到80km/h左右，运送速度在30km/h以上。单轨交通的车辆组成列车运行，虽然车辆尺寸较小，但可以做到较高的行车密度，其运送能力每小时单向为5000~20000人次，与轻轨交通相当。

单轨交通的车辆采用橡胶轮胎，在轨道梁上行驶，具有较强的爬坡能力，最大坡度可达到100‰，而且能通过较小的弯道，曲线半径最小可达到50m，因此，可以更好地适应城市多变的地形地貌和复杂的地理环境，可避免不必要的拆迁，从而大大降低工程造价。

单轨交通用作城市公共交通，开始进展比较缓慢。日本从德国和法国引进专利，经过不断研究改进，在不少城市成功地修建了单轨交通系统。我国也有一些城市在游乐场修建了小型单轨交通，有的城市根据实际需要已提出修建单轨交通作为公共交通的建议。尽管单轨交通已经经历了一个多世纪的发展历程，但单轨铁路的导向、稳定及转辙装置等关键技术问题尚未完全解决，且单轨交通的运输能力与有轨电车不相上下，技术要求却高得多，因此在世界范围内并没有得到广泛的应用。

【任务实施】

依据基础理论知识，提出任务目标：城轨系统有砟轨道施工技术调查。将学生按照生源地进行分组，每组同学深入地铁公司进行调查，认知本地铁公司有砟轨道施工技术，根据不同小组的调查报告，进行综合评价。

任务二　无砟轨道的施工

【任务描述】

本任务主要介绍整体道床施工技术、短枕式整体道床的铺轨方法等相关理论知识，通过对理论知识的学习，辅以多媒体课件教学，使学生对无砟轨道施工有全面的认知，较早对城市轨道交通行业有直观的认识。

【基础理论】

为了保证高速行车的需要，线路必须具有稳定的轨道结构、平顺的运行表面、良好的轨道弹性和可靠的轨道部件。由于无砟轨道结构易于维修并具有良好的耐久性，我国新建的线路大部分为无砟轨道，如图 7-3 所示。无砟轨道是建在混凝土或沥青防冻层上具有弹性的一种永久性轨道结构。

图 7-3 无砟轨道施工

一、整体道床施工技术

1. 地铁隧道整体道床施工程序及方法

（1）**道床基面处理** 在道床施工前基面必须采用风镐凿毛，底板凿毛面积在 80%以上，边墙与道床混凝土接触面凿毛面积在 70%以上；浇注前应将浮渣和杂物清洗干净，排干积水；超挖深度≤0.2m 的部分，用与道床同级的混凝土浇注一次，超挖深度>0.2m 的部分，用大于 C15 的混凝土浇注。

无砟轨道施工

（2）**基标设置** 根据施工图要求及线路调线、调坡资料设置控制基标和加密基标，基标的设置位置及允许偏差要符合相关规定，在结构施工完成后，应采用激光隧道限界检测仪对隧道结构净空进行检测。采用水准仪对轨道中线及水平贯通测量，调整偏差，原则上车站偏差不做调整，将误差调整在区间内。

在直线上每 120m、曲线上每 60m 及缓圆点、圆缓点、道岔起止点等处设置为控制基标；在控制基标的基础直线上每 6m、曲线上每 5m 设置为加密基标。基标应采用与道床同级的混凝土埋设牢固，按距离方向在钢筋桩上锯划十字线，并编号和做标志。

（3）**器材整备、堆放和运输** 钢筋混凝土支承块（短岔枕）应采用钢板制作模型板，承轨面要光滑平整。模板组装后，试制 3 块，检查各部分尺寸符合要求后再批量生产。钢筋布置绑扎要符合设计要求。

铺轨基地一般设在地铁车辆段。钢轨、道岔及配件应分类码放，并标明型号和规格。在地铁列车夜间停运期间利用轨道车将轨料运至距工地最近的线路附近，再利用人工进行沿线散轨，轨节、道岔及配件应按铺轨顺序成组装车，并调整好方向。无缝线路的钢轨应在隧道外先焊成 50m 一节，运至工地后再焊成设计长度的轨节。

（4）**轨道架设和位置调整** 钢轨架设前先调直，将扣件的飞边、毛刺用砂纸打磨干净并涂油。钢轨和道岔采用钢轨支承架架设，支架间距为直线 3m、曲线 2.5m，并与线路方向垂直。根据基标初步调整好钢轨、道岔的方向、水平、高程和轨距，测算出支承块的准确位置后，在钢轨上架挂支承块。同一断面的支承块（短岔枕）连线应垂直于线路方向，安装数目直线地段为 1760 对/km，曲线地段（包括缓和曲线）为 1840 对/km。前后两支承块（短岔枕）距离允许偏差为±10mm，承轨槽边缘距道床变形缝和钢轨普通（绝缘）接缝中心≥70mm。在支承块（短岔枕）安装处画线，用扣件将支承块与钢轨初步连接，在精确调整并检查其位置正确后，用测力扳手将螺栓拧紧，力矩应一致。再次对轨道位置进行精确调整。架设于支承架上的钢轨或道岔应调整水平、位置、轨距、轨底坡和高程,并测放短轨枕位置,其调整精度应符合有关规定。调整合格后必须固定牢固,及时浇注道床混凝土。

按"隔五干一"的原则在仰拱上和支承块下用同级道床混凝土浇注支承墩。支承块(短岔枕)下的混凝土应密实,振捣器不得触及支承架和支承块,支承墩表面不得高于道床面。在支承墩强度达到70%后,将钢轨支承架拆除,用混凝土支承墩代替钢轨支承架,最后利用钢轨和悬挂支架安装接触轨支承块。对于三轨供电方式,在道床混凝土浇注完成后再安装接触轨。

(5)整体道床混凝土 再次清扫道床基面,按设计施工安装杂散电流钢筋防护网,并与接地极连接。中心水沟模板采用标准定型钢模板,通过架立在钢轨上的浇注支架悬挂固定模板。水沟和变形缝模板应支立牢固,允许偏差为:位置±5mm,垂直度2mm。道床变形缝应与隧道结构伸缩缝一致,钢轨接头与伸缩缝错开0.5m以上,伸缩缝按设计安装沥青木丝板。

2. 高架线路工程整体道床

(1)施工准备

1)基底处理。将基标测设后的桥面承轨台范围进行凿毛、清理,使桥梁与承轨台混凝土能更好地结合;为增强道床混凝土和桥面的结合,要用风镐在桥面承轨台范围内进行密集凿毛。凿坑呈梅花形布置,坑深1~2cm,坑距10cm。凿毛完毕立即将凿出的灰渣清理干净。桥面凿毛不宜过快,以距离道床浇注施工面500m为宜,否则,经处理的桥面会重新被污染,达不到凿毛处理的效果。

除凿毛处理增强道床混凝土和桥面的结合外,还需在桥梁承轨台范围内预埋门形钢筋。预埋门形钢筋有如下3种情况时应加以处理:门形钢筋偏出承轨台范围时,用气割烧掉超出部分,再补焊成形;门形钢筋超高,可能导致轨排落不下去时,用气割烧掉高出部分,再补焊成形;门形钢筋过低,可能导致承轨台钢筋笼主筋难以穿过时,需加高重新成形。

2)钢轨支承架、支墩及承轨台模板上桥。

3)支承块、钢筋、扣件上桥。根据施工情况可用轨道车运输,也可用汽车运输。

4)画承轨台立模线。根据桥梁实际长度、承轨台及间隙的设计尺寸,弹出承轨台立模线,弹线时可根据桥梁实际与设计长度之差均匀调整承轨台间隙。

(2)架轨、挂支承块、绑钢筋、调轨

1)将长轨或工具轨用支承架架起,并用"L"尺按基标将钢轨调至设计位置。支承架设置密度为2.3~3.3m,支承架尽可能设在承轨台间隙处,以便不打支墩一次性浇注承轨台。对承轨台设计长度超过3.5m时必须用支墩法施工承轨台。

2)轨排组装及粗调轨道几何尺寸。将支承块按设计间距用扣件与钢轨连接,间距允许偏差10mm。将预制好的支承块吊装上桥,放置在绑扎好的钢筋笼的轨枕盒内,上好铁垫板。吊装适量的25m标准轨上桥作为浇注道床用的工具轨,用运轨小车将工具轨运送至浇注地点,小型龙门架吊送就位。用自制钢轨支承架将工具轨架起,并粗调轨道几何尺寸,最后将支承块用扣件悬挂在钢轨上。

3)绑扎承轨台钢筋。根据设计文件进行每片梁、每个承轨台模板线的弹设。若桥梁长度有误差,可在整片梁范围内的承轨台结构缝处进行调整。依据所弹设的模板线进行承轨台钢筋笼绑扎。绑扎钢筋笼时注意道床的防杂散电流要求,并按其要求进行相应处理。绑扎时需保证钢筋间距和保护层厚度，并不得与桥梁预埋筋、支承块钢筋碰接。

4）精调钢轨。根据线路加密桩和控制桩，用万能道尺、直角道尺、锤球调整轨道的轨距、水平、高程和方向，使之达到规范要求。对于曲线地段，在上述 4 项合格后，还需用 10m 或 20m 弦线检查曲线外股正矢。通过钢轨支承架螺旋构件精确调整轨道几何状态，使轨道中线与基标中心偏差≤2mm，轨道方向直线上用 10m 弦量，偏差≤1mm。

（3）支墩浇注 当承轨台长度大于 3.5m 时，需用支墩法施工整体道床。支墩应设在支承架附近，设置间距为 2.5~3.5m。支墩设于支承块下方，对于支墩尺寸，弹性支承块为 700mm×500mm×170mm，普通支承块为 600mm×500mm×170mm，使支墩内、外侧浇注砂浆的厚度≥40mm。支墩沿线路中线对称设置，并拆除钢轨支架。

（4）立模

1）根据桥面已弹设模线架立承轨台模板。对曲线段外轨超高较大或特殊承轨台，要制作特殊模板。模板安装必须平顺，位置正确牢固，立模位置偏差不大于 5mm，垂直度误差不大于 2mm，表面平整度误差不大于 3mm，高程误差不大于 5mm。

2）用支墩法施工时，在直线上可贯通立模，中间用木板隔离或设计间隙缝；在曲线上和不打支墩施工时需分块立模。支立模板时每隔 80cm 需用方木支承，特殊地段可适当加密，以防浇注混凝土时跑模、胀模。

3）木模板立好后应保持其在线路中心方向上平顺，接头处平整、牢靠、不漏浆（可用塑料胶带粘贴），底部漏浆可用中细砂填充。

（5）浇注道床混凝土 浇注前对每车混凝土进行坍落度试验，坍落度控制在（140±30）mm。并应控制混凝土入模温度不大于 30℃，浇注混凝土时用麻袋覆盖钢轨及扣件，以免对轨道造成污染，用插入式振捣棒振捣密实，并不得碰撞钢轨、支承块、模板、支承架。每一处振捣时间按 30~40s 控制。振捣完成后对道床混凝土进行抹面处理，抹面需经 3~4 遍方能完成。轨底至承轨台顶面的间距需做模具，在抹面时严格控制，并不得出现反坡，以免影响排水。浇注混凝土 2~4h 后（视气温而定）松开钢轨扣件，使钢轨能自由伸缩而不带动支承块，以免温差较大，钢轨带动支承块使整体道床产生裂纹。混凝土初凝前要按设计位置预设无缝线路位移观测桩。

（6）道床混凝土拆模及养护 混凝土强度达到 5MPa 后方可拆模，拆模时要均匀用力，避免用铁锤集中敲击一处而使模板变形。施工过程中发现模板严重变形时，要及时更换、维修。承轨台拆模后，要对不慎造成的掉角掉块的情况进行处理，用混凝土界面剂进行修补，既可达到设计强度，又不会引起修补表面的裂纹。由于承轨台上表面带有 2% 的设计排水坡度，故混凝土养护宜采取麻袋润湿后覆盖养护，既可保留住水分，又可节约施工用水和劳动强度。混凝土浇注 12h 后，应覆盖麻袋，浇水养护，要保持混凝土处于湿润状态。混凝土养护时间不得少于 7 天。

二、短轨枕式整体道床的铺轨方法

短轨枕式整体道床的铺轨方法可分为两种：一种是换轨铺设法，即首先用工具轨铺设整体道床，永久轨在隧道外焊接成长轨后，再运至隧道内换铺；另一种是一次铺设法，不用工具轨，一次铺设无缝线路，即用 25m 标准长度钢轨，按照换轨铺设法用工具轨铺设整体道床的施工工艺要求，铺设整体道床，所有钢轨接头在隧道内进行焊接。

1. 换轨铺设法

该方法铺设，钢轨焊接除联合接头外均在铺轨基地进行，焊接质量易保证，同时减少了隧道内的空气污染，减少了施工干扰。但工具轨的铺设与拆除需增加工程投资，施工周期相对较长。

整体道床采用换轨铺设法施工时，先铺设工具轨，在隧道外用钢轨支承架将工具轨组装成轨排，安装扣件，悬挂短轨枕。绑扎道床底部钢筋后，将轨排运入隧道内，调整轨道方向、轨距及水平等，最后浇注道床混凝土，待道床混凝土达到一定强度后，拆除钢轨支承架，以便钢轨周转。待道床混凝土达到设计强度后，在不影响设备运输的情况下，再换铺永久轨。

短轨枕式整体道床施工程序为：清理道床基底、凿毛→铺轨基标测设→铺设小龙门吊走行轨→铺设底部钢筋→安装轨排→轨排初调、精调、正位→浇注轨排支承墩→浇注道床混凝土→拆除小龙门吊走行轨→浇注水沟混凝土。

2. 一次铺设法

地铁隧道内整体道床长轨排一次铺设法，是借鉴国内外高速铁路的铺轨经验，可最大限度减少洞内焊接，无须替换轨，一次铺设成形，提高了铺轨质量和速度。该工法重点要解决好长轨排在小曲线、大坡度的运输问题以及铺设过程中龙门吊组的同步问题。

长轨排法与一次换铺法相比，不用工具轨，其他相同。就是在铺轨基地内将25m的钢轨焊接并拼装成125m的长轨排，再用特制的轨排运输车运至地铁隧道内；然后用专用龙门吊组进行吊装就位，并在洞内进行联合接头气压焊接，经过精调和固定就位后整体道床而成。

道岔整体道床采用一次铺设法施工。用钢轨支承架将整组道岔架起，绑扎道床底部钢筋，调整道岔方向、轨距及水平，然后用扣件按设计位置悬挂短轨枕，浇注道床混凝土（也可先浇注道床混凝土支承墩）。

道岔短轨枕式整体道床施工程序为：清理道床基底、凿毛→道岔基标测设→实地施工放样→铺设底部钢筋网→安装钢轨支承架→安装道岔基本精调就位→安装扣件、悬挂短轨枕→道岔整体精确→施工道床混凝土支承墩（采用墩架法施工时）→施工道岔道床混凝土。

【拓展提高】

磁悬浮交通

磁悬浮交通是一种非轮轨黏着传动，悬浮于地面的交通运输系统。它是介于常规高速铁路和航空运输之间的一种独特的运输方式，有些国家称为新交通系统。磁悬浮列车是"用磁力悬浮车辆"的简称。磁悬浮列车利用常导磁体或超导磁体产生的吸引力或排斥力使车辆悬浮在运行轨道上方一定的空中，用以上的复合技术产生导向力，并用直线电动机产生牵引动力而行驶的列车，是高速、安全、舒适、节能、无污染、噪声小、维护简单、占地少的新一代交通运输工具。磁悬浮交通技术聚集了当代多学科的高科技新成果，综合运用了各种有效的技术手段，如超导及制冷技术、计算机集散控制系统、光电子技术、阻燃复合轻型材料、高精度土木工程等。

磁悬浮交通技术主要有常导磁浮和超导磁浮 2 种。常导磁浮技术是基于普通电磁铁的吸引力或排斥力使车体悬浮,并借助于自动闭环控制达到稳定悬浮的目的。而超导磁浮也称为电动悬浮,其原理是在车辆超导线圈旁边放置了地面短路线圈(也称悬浮线圈),车辆由直线同步电动机推进,当车辆产生速度时,与悬浮线圈相交连的磁通量必然有所变化,如同发电机原理一样,磁通量变化在悬浮线圈内产生电流与超导线圈间发生作用,从而产生了排斥力即产生悬浮力。

【任务实施】

依据基础理论知识,提出任务目标:城轨系统无砟轨道施工技术调查。将学生按照生源地进行分组,每组同学深入地铁公司进行调查,认知本地铁公司无砟轨道施工技术,根据不同小组的调查报告,进行综合评价。

任务三 道岔的施工

【任务描述】

本任务主要介绍新线铺设道岔技术及运营线铺设道岔技术等相关理论知识,通过对理论知识的学习,辅以多媒体课件教学,使学生对道岔的施工有全面的认知,较早对城市轨道交通行业有直观的认识。

【基础理论】

城轨线路由区间与车站线路组成,其中车站轨道线路通过道岔形成各种形式的多股道的车场。单开道岔是其中应用最为广泛的,它的施工在道岔施工中最具有典型代表意义。单开道岔的铺设,基本上可分为新线铺设道岔和运营线铺设道岔两种,如图 7-4 所示。由于两类铺设道岔的现场施工条件差别很大,现将一般正常条件下的施工步骤、方法介绍如下。

图 7-4 单开道岔的铺设

一、新线铺设道岔

在新线上铺设道岔,有人工铺设与机械铺设两种方法。

1. 人工铺设道岔

人工铺设道岔的工作过程,可按 3 个步骤进行,即准备工作、基本工作和检查整理工作。

(1) 准备工作 为了保证新铺设道岔的质量,在铺设前应充分做好以下几方面的准备。

1) 熟悉道岔的布置图。不同轨型不同号码的道岔,各有其相应的标准布置图,铺设前应熟悉该道岔的类型、构造、主要尺寸、各部件及数量等。

2）料具准备。

道岔的施工

① 材料。道岔材料运至现场后，应进行详细的检查、核对。可按转辙器、辙叉及护轨、连接部分及岔枕4部分，仔细清点数量和检查类型及规格。各部钢轨、垫板及岔枕等都应丈量长度，并用白铅油标注。型号尺寸类型不符者，应及时补充或修改。此外，道岔前后所用的短轨、异型夹板等也应事先准备好。

② 工具。铺设道岔用的各种工具，如撬棍、道钉锤、夹轨钳、杠子、钢轨锯、枕木夹钳、道尺、方尺、木钻、间隔绳、钢尺及粉笔等，都应事先准备齐全。

3）整平枕下床面。道岔范围内的路基顶面如有凹凸不平现象时，应进行铲平或填夯，使之平整，以便于铺放岔枕和钉连轨件。若道岔范围内事先已铺轨，应将道岔前后轨道仔细拨正，然后将道岔位置内的轨节拆除。

4）测定（校核）道岔位置桩。根据站场图中坐标的里程，在路基面上首先确定道岔中心桩，然后分别由道岔中心向前量测道岔前部长度，钉出岔头桩。向后量测道岔后部长度，钉出岔尾桩。钉设道岔位置桩时，必须用钢尺精确丈量并核对。若道岔侧线后设连接曲线时，应将连接曲线的交点桩、曲线起、终点桩等一并测定。由于岔头桩、岔尾桩不一定恰好在铺设的接头位置上，因此，还需在道岔前后插入短轨。但为了使基本轨前面尽量不铺设短轨和减少锯轨的数量，允许将道岔实际钉设位置较站场位置图中的设计位置向前或向后移动6.25m，但不能影响股道的有效长度。

（2）基本工作

1）铺摆岔枕。沿道岔直线上股轨枕头位置，由岔头至岔尾插立间隔绳（绳距直线中心线为1.25m），绳上标有岔枕间距尺寸标记，作为散布和摆放岔枕的依据，并注意将岔枕由岔头至岔尾按规定长度及根数依次对正标记摆放，大致方正。

2）散布配件。按照道岔布置图中规定的部位，散放相应的垫板、夹板、轨撑、螺栓和道钉等，注意有些配件有左右之分和前后之别，防止颠倒错放，散布时可放在岔枕顶面上或轨枕头外侧的路基面上。

3）道岔钻孔。由于道岔内的垫板形式、尺寸以及钢轨在岔枕上的位置不同，因此，在钻孔前必须仔细正确地打出道钉孔位置印，然后按照相应位置进行钻孔，其方法如下：

① 直股。铺设平垫板的岔枕，可用普通轨道的轨枕钻孔样板打印，铺设其他垫板（如滑床板、辙前垫板、护轨垫板及桥型垫板等）的岔枕，要根据轨距、轨头、轨底和垫板尺寸，计算出枕木端头至垫板的距离，划出垫板的边线位置，然后摆上垫板（如滑床板），按垫板孔眼打印。

② 曲股。曲股的道钉孔，应在直股道钉打入后，根据支距及轨距尺寸划出垫板的边线，再按照垫板孔眼打印。

4）铺钉轨道。

5）抬摆钢轨。将基本轨、中轨、主轨及护轨、尖轨及辙叉抬摆到岔枕上，将岔头、岔尾与中心桩对齐。

6）铺设曲线上股钢轨。上股尖轨和导曲线钢轨连接好接头。

7）铺设曲线下股钢轨。抬摆导曲线下股钢轨和护轨，连接好接头，放入垫板，以导曲线上股为准，按规定的轨距及递减距离（前三后四），钉好下股。

8）安装连接杆。在两尖轨中间部分安装连接杆，使摆动灵活，尖轨竖切部分与基本轨密贴，尖轨动程符合规定。

9）最后是安装转辙机械。

(3) 检查整理工作

1）检查各部间隔尺寸。全面检查道岔各部轨距，其允许误差在尖轨尖端处为±1mm（指有控制锁的道岔），其他处为+3mm，−2mm；检查1391mm及1348mm两个间隔尺寸是否符合规定数值；全面检查各部垫板的位置是否正确，有无错置倒放以及轨底未落槽等现象，结合检查进行岔枕的全面方正；检查核对导曲线支距尺寸，允许误差为±2mm。

2）检查尖轨密贴情况。扳动转辙器检查尖轨摆动是否灵活，是否与基本轨完全密贴，如果发现不密贴，应找出原因进行调整。影响尖轨不密贴的原因，一般有下列几种情况：

闸座位置不对，应进行调整；连接杆长度不合适，应对连接杆的顺序、长度及类型进行检查，有无颠倒安错等情况，最后可将尖轨的接头铁（耳铁）螺栓进行调整，使尖轨全部密贴；尖轨本身不直或有硬弯，背面有飞边或顶铁过长等。

3）整理。补足全部道钉，拧紧各部螺栓；仔细拨正道岔位置，使之与前后轨道连接方向顺直；铺设完毕后直线开通（侧向不开通）时，应将道岔转辙器加锁，或用夹板及道钉将尖轨钉固，以确保安全。

2. 机械铺设道岔

为进一步提高道岔铺设的效率和质量，或由于地区条件和劳力等的限制，可采用机械化铺设的方法进行，即把需要铺设的道岔，在轨排组装基地预先钉好，再拆开分成3个或4个分块，这些分块按铺岔顺序装在轨排运送车上运至现场。施工时利用起重设备或铺轨机进行铺设。分块划分应考虑道岔中接头的位置、起重设备的起重能力，以及分块的先后铺设顺序（逆向铺设或顺序铺设）等因素。分块不宜太多，以免过于分散。

二、运营线铺设道岔

在进行股道延长，增设支线以及专用线接轨等工程时，都需要在既有线上铺设新道岔。在运营线上铺设道岔是一件复杂而又细致的工作，其特点是在不影响列车运行的条件下，在一定的封锁线路时间内，做到准备工作完善，施工组织严密，既安全又高质量地完成铺设工作。

1. 道岔位置的测定

在现场测定道岔位置时，必须掌握出岔点、道岔号码及道岔主要尺寸。

1）拨正出道岔处及其前后的线路方向，定出直线中心位置。

2）根据设计图规定里程位置，在直线中心线上定出新铺设道岔的中心位置。一般可利用原来的钢轨接头作为新铺道岔的基本轨前接头（岔头），相应的定出岔心位置和岔尾位置，这样可避免岔头配短轨。

3）以道岔中心为基准，向前量取道岔前部长度，定出（校核）岔头桩，向后分别沿直线、侧线各量取道岔后部长度，定出（校核）岔尾桩。

2. 道岔铺设的施工方法

运营线铺设道岔应遵循的原则：首先必须充分做好准备工作，把一切能预先做的工作（即不需封锁线路所能做的工作）尽量放在准备作业内完成，争取最大限度地压缩基本作业（即需要封锁线路才能进行的工作）时间；其次，应集中力量先铺直股，开通直线保证行车，在侧线封锁线路的条件下，利用列车间隔进行铺设与整修。

现将一次双股铺设法的作业步骤介绍如下。

（1）准备作业

1）施工前的调查。主要调查内容为施工条件、工作情况、材料堆放位置等，作为编制作业计划的依据。

2）测量道岔长度。施工负责人在施工前对钢尺进行精细的丈量核对，以防错误，同时对道岔前后的钢轨长度，也应进行精细测量，以便锯配短轨和确定两端接头位置及轨缝大小。

3）调整道岔前后轨缝及锁定线路。道岔前后的线路轨缝如有连续瞎缝或大轨缝时，应先调整并加强防爬锁定。

4）运送材料、工具及岔枕钻孔。将铺设所需用的全部材料（包括配件、配轨、岔枕以及异形夹板等）及所用工具运至施工现场，并逐一核对是否有误。在岔枕头上写明顺序号及长度，按铺设次序堆放好。道岔前后所配短轨进行准确量锯，并钻好螺栓孔。

5）画岔枕间隔及抽换岔枕。

① 画岔枕间隔印。根据已测定的道岔位置，在原线路钢轨的腹部内侧，按照道岔布置图上规定的岔枕间距尺寸画上标印。

② 抽换岔枕。根据已画好的岔枕间隔印，每隔6根枕木换成岔枕，交错进行，并注意将每根新岔枕下面的道床捣固密实。上述工作完毕后，应对轨距、水平全面检查一遍。

（2）注意事项

1）在运营线上铺设道岔前提是不能影响列车运行，在施工前及施工中应与电务、运输部门密切联系配合，以确保行车安全。

2）全部基本作业在线路封锁时间内完成，如遇故障也应保证直线线路开通。未完成部分在不封锁线路的条件下，利用列车间隙铺钉侧线。因此，在安排作业顺序时，也应遵守先直线后侧线的原则。

3）预换岔枕是针对在运营线上铺设道岔的特点，为了压缩封锁时间而采取的措施。因此，必须注意少钉道钉，换轨后废弃的道钉处，应及时灌注防腐油，打入木塞并削平。尖轨跟及护轨间隔铁、辙后垫板以及连接杆等零件，安装时应注意检查，避免出现左右颠倒、前后错位等现象。钢轨长度应用钢直尺精确丈量，最好在整个施工过程中，使用同一钢直尺，若道岔轨型与原线路轨型不同，应在道岔前后各铺一节长度不小于6.25m与道岔同类型的钢轨，其与邻近道岔连接的一端，长度可减少到4.5m。两邻近道岔间距小于9m时，道岔轨型应一致。在运输较繁忙的线路上铺设道岔时，可以采用小封锁点即封锁线路时间短的方法进行单股铺设，用两个施工点即可开通直线，侧线部分利用列车间隙完成。注意采用单股铺设法时，必须先铺带护轨的外直轨，以确保安全。

【拓展提高】

地下铁道工程施工准备

施工准备是整个工程建设的序幕和整个工程按预期开工的重要保证。施工准备一般分阶段进行，开工前准备工作比较集中，开工以后随着工程施工的进展，各工种施工之前也都有相应的准备工作。因此施工准备工作是经常性的，需要适应施工中经常变化的客观因素的影响。

地下铁道工程项目施工准备工作按其性质及内容通常包括技术准备、物资准备、劳动组织准备、施工现场准备。

1. 技术准备

技术准备是施工准备最重要的内容。任何技术的差错或隐患都可能危及人身安全和引起质量事故，造成巨大的损失。认真地做好技术准备工作，是工程顺利进行的保证，具体有以下内容：

1）熟悉、审查施工图样及有关设计资料。

2）调查工程所在地区的自然条件（地形、地质、水文、气象等）、勘察资料和施工技术资料。

3）根据获得的工程控制测量的基准资料，进行复测和校核，确定工程的测量网。

4）在调查获得的新资料基础上确定施工方案，补充和修改施工设计。

5）编制施工图预算和施工预算。按照确定的施工方案和修改的施工图设计，根据有关定额和标准，编制工程造价的经济文件。

2. 物资准备

地下铁道工程施工的物资准备工作，主要包括现场的基本条件和所需的建筑材料。

开工前必须准备的基本条件有：施工道路，施工所用的水、电、气、通信设施；施工场地的平整和布置；修建施工的临时用房；搭建工程用房。

物资准备主要有：建筑材料、构件加工设备、工程施工设备和安装设备等。

根据施工设计、施工预算和施工进度计划，按各阶段施工需求量，计划组织货源和安排。

3. 劳动组织

1）工程项目的组织机构。

2）工程项目的施工队伍。

3）建立健全各项管理制度。

4. 施工现场准备

确定施工范围，处理障碍物，落实地下管线保护措施，修建临时设施，平整场地。进行详细的施工调查，对区间线路进行施工条件、环境、施工通道、水电接口等内容的确认。架设动力和照明线路，接通施工用水管路，确定物资运输线路。编写施工现场调查报告，递交现场监理工程师。

【任务实施】

依据基础理论知识，提出任务目标：城轨系统道岔施工技术调查。将学生按照生源地进行分组，每组同学深入地铁公司进行调查，认知本地铁公司道岔施工技术，根据不同小组的调查报告，进行综合评价。

任务四　无缝线路的施工

【任务描述】

本任务主要介绍无缝线路的特点及焊接方法等相关理论知识，通过对理论知识的学习，辅以多媒体课件教学，使学生对无缝线路的施工有全面的认知，较早对城市轨道交通行业有直观的认识。

【基础理论】

把钢厂提供的不钻孔、不淬火、25m（或100m）定尺长的标准轨，先在焊轨厂内用电阻焊等方法焊接成200~500m的长轨条，然后用长轨专用运轨列车将长轨条运至铺设现场，如图7-5所示，再用铝热焊等方法在工地将各段长轨条焊接成设计长度；在设计锁定轨温范围内进行锁定，即完成无缝线路的铺设。必要时，进行无缝线路的应力放散及调整，如图7-6所示。

图7-5　长轨条铺设

图7-6　应力放散

一、长轨条的焊接

钢轨焊接是无缝线路的关键技术，就是把不钻孔、25m或100m定尺长的标准轨焊接成长轨条。焊接接头是用焊接方法连接的钢轨接头，由焊缝及热影响区构成。钢轨接头是有缝线路的薄弱环节，焊接接头则是无缝线路的薄弱环节。

长轨条焊接有铝热焊法、气压焊法、电阻焊法等方法，电阻焊是目前钢轨焊接的主流方法。电阻焊分为工厂固定式闪光焊接、线上移动式闪光焊接。工厂固定式闪光焊接是闪光焊机在基地或车间焊轨作业线上的焊接工位焊接钢轨，焊接电源经配电变压器供电；线上移动式闪光焊接是闪光焊机在铁路轨道上焊接钢轨，焊机配套设备的动力源是车载发动机组。

长轨条的焊接流程：

1）配轨。按设计图编制配轨表，丈量每根钢轨长度，依次配轨。

2）打磨除锈。使钢轨两端的夹紧部位及两轨接触端面断面光洁，有金属光泽，其与钢轨纵轴垂直面的最大偏差不大于0.25mm。

3）焊接。钢轨端通电加热，包括断续预热和连续闪光两个阶段，前者使钢轨端部加热到一定的温度和深度，后者进一步使轨端轨温均匀化并建立一层防止金属强烈氧化的保护层。当轨端加热到塑性状态后，焊机能自动夹紧钢轨使轨端顶压，顶压力为35~49MPa，顶锻量为7~15mm，使轨端焊成整体。

4）推平。焊接时的顶压使焊接轨端处凸出，设备把凸出部分推除。

5）打磨焊缝。当焊接处金属尚处于高温塑性状态时，用液压推除打磨焊缝，保证车轮通过时的平顺性。轨端焊接处，除轨腰部分外均应符合原钢轨断面尺寸。

6）整细矫直。焊接长钢轨要用矫直机矫直，并用1m直尺检查弯曲矢度，其值不超过0.5mm。

7）超声波探伤。用超声波探伤仪对焊缝进行检查，探明是否有焊接缺陷，并做好检查记录。

8）堆码。焊接好的长轨条堆码到专用高站台上，以便吊装到运轨列车上。

二、长轨条的运输

1. 运轨列车的组成

现代新型的长钢轨车组主要由宿营车、发电车、安全车、运轨车、锁定车、作业首车、作业中车、作业尾车等组成。长钢轨车组按可装载轨型分为50kg/m、60kg/m和75kg/m长钢轨车组；按装轨长度分为200m、250m、500m长钢轨车组；按装车层数分为二层、四层长钢轨车组；按动力性能分为人力输送、机械输送、液压输送和微机控制自动输送长钢轨车组。

2. 长轨列车的装车及运行

1）定量装载，既不偏载也不超载。
2）按规定装载操作，设好间隔器和锁定器。
3）途中停站，随车人员应下车检查，发现钢轨异常窜动应及时处理。
4）列车按规定速度开行。

3. 长轨列车的卸轨

1）列车到达铺轨现场后，按卸轨顺序依次松开锁定器。
2）用车装钢轨引拉器把待卸的长钢轨拉到有驱动装置的平台上。
3）开始卸轨时，开动驱动装置，将长钢轨推送到车尾出轨口处，轨端接地后对位。
4）再开动驱动器，列车以相应速度向前开行；钢轨落地50m后驱动器停车，列车可快速开行。
5）在前一根钢轨下卸的同时，应引拉后续钢轨尾随而至，停于钢轨驱动台旁。待前一根钢轨的尾端到达后，后续钢轨随即跟下，如此依次卸下，直至卸完为止。

三、无缝线路的铺设

1. 有砟轨道无缝线路的铺设

有砟轨道无缝线路一般采用基地焊接长钢轨，运轨列车将其运至现场，用铺轨机或机组进行铺轨。在城市轨道交通工程中，高架桥梁设计荷载小，一般采用轻型铺轨机、龙门架等进行铺轨。

（1）工具轨换铺法 先用工具轨组装临时轨排将铺轨推进到前方一定里程，再将焊接长轨运至现场沿线卸下、换轨；将工具轨回收，送至轨排基地，进行下一循环。本法与有缝线路机械铺轨的工艺流程基本类似，差别是利用了工具轨来倒换铺轨。工具轨换铺法的主要作业流程如下。

1）按照施工组织设计要求，准备好工具轨（倒换轨），要考虑铺轨前方占用量和轨排基地组装的储备、回收等因素。

2）在轨排组装基地，利用工具轨及正式工程的轨枕、扣件组装临时轨排。特别是轨枕，一定要按照正式线路的技术参数组装，以免增加后续工作量。

3）按照机械铺轨的正常工序组织装车（考虑长轨配轨）、运轨、铺轨作业，上砟整道成形；按照施工组织设计的进程铺设至前方。

4）将基地焊接的长轨条通过临时线路或正线运输至需换轨地段，沿线按照配轨卸车。及时组织换轨作业，用换轨车将轨道上的钢轨拨出，将焊接长轨拨入承轨台，或直接用换轨铺轨机换铺长轨。

5）现场焊接联合接头。

6）用钢轨回收车回收工具轨（含接头夹板及配套的螺栓等），运回轨排基地。继续下一循环的工具轨换铺法铺轨。

7）大机捣固、配砟整型、稳定作业，整修就位，最后完成长轨锁定。

8）钢轨打磨、探伤、轨道检测等。

工具轨换铺的优点是便于组织机械铺轨，可确保铺架进度，技术成熟，标准与国际接轨易配套，质量有保证；缺点是需要增加工具轨和相应配件以及换铺作业等额外工程费用。

（2）长轨放（推）送法 先铺设轨枕，再将焊接长轨运至现场，利用长轨放送车或推送车将焊接的长轨一次卸车入槽。长轨放（推）送法的主要作业流程如下。

1）人工铺设道床底砟并压实、整平。

2）沿线路铺设轨枕并调整到位（按照接轨点控制桩位，控制轨枕的间距）；也可用工具轨铺轨，逐节往前铺设，上砟整道完成即拆除工具轨继续往前铺；并在接轨点附近架设长钢轨落地过渡架。

3）在工厂或基地焊接长钢轨，利用平板车运输长钢轨，运轨列车与长钢轨放送车或分轨推送车连挂，组成铺轨机组，由机车推至铺轨地点。

4）长轨条放送。按照长钢轨放送车或分轨推送车的工艺要求逐根往前放送、铺设（安装接头连接器），上砟整道。

5）现场焊接联合接头。

6）大机捣固、配砟整型、稳定作业，整修就位，最后完成长轨锁定。

7）钢轨打磨、探伤、轨道检测等。

长轨放（推）送法的优点是不需或需极少工具轨，可组织多点平行铺道砟、轨枕，方式灵活；缺点是需要长钢轨放（推）送设备，人力施工、工人劳动强度大，轨枕进场二次倒运工作量大，需做便道工程等。

（3）单枕连续一次铺设法 该方法利用钢轨铺设和轨枕布设一体机（如CPG500铺轨机组），单枕连续一次铺设。

CPG500铺轨机组采用单枕连续作业法，随着铺轨机的缓慢前进（铺轨机前方一定距离有钢轨拖拉机配合拖拉钢轨），自动布枕机将轨枕放置在路基上，铺轨机将钢轨抬起放置在轨枕上，并调至1435mm的轨距，跟车的工人在轨枕上放橡胶垫、上螺母、拧紧。广西南宁至钦州的高速铁路钦州段即采用此方法铺架。

单枕连续作业法流程：设置导向边桩及钢弦→轨料装车→设备编组进场→长轨拖拉预铺→轨枕转运→轨枕传送→按要求间距布枕→收轨→轨枕方正→钢轨钉联。

2. 无砟轨道无缝线路的铺设

（1）工具轨法施工道床 先按设计图施工无砟道床的混凝土底座及支承层，布置底层钢筋，利用工具轨组装轨排、粗调轨道、安装调节器螺杆，继续绑扎完道床钢筋，立模并精调轨道，施工道床混凝土，达到脱模强度后将工具轨、模板拆除。最后再集中铺设长轨。工具轨法施工混凝土道床的主要工艺流程如下：

1）施工无砟道床混凝土底座及支承层。

2）轨道测量放线，布置、绑扎道床底层钢筋。

3）利用工具轨及轨枕组装轨排（安装调节器钢轨托盘）。

4）粗调轨道几何形位尺寸（安装调节器螺杆），并逐步支承、固定。轨道粗调的主要工作有：粗调机就位、全站仪设站、测量与轨道调整、确认粗调成果、安装调节器螺杆。

5）继续绑扎完道床钢筋，接地焊接，立横向、纵向模板。绑扎、安装过程不能扰动粗调好的轨道。

6）精调、确认轨道状态。精调后采取防护措施，严禁踩踏和撞击，并尽快施工混凝土。轨道精调的主要工作有：轨枕编号、全站仪设站、测量轨道数据、调整中线、调整高程（旋转竖向螺杆）。轨排的固定措施有横向位移锁、鱼尾板、地锚、轨距撑杆4种。

7）施工道床混凝土（含抹面、施工缝）。

8）达到脱模强度后，将工具轨、模板、调节器拆除，封堵螺杆孔。

（2）分轨推送法铺设长轨 分轨推送法即将焊接长轨运至现场，利用分轨推送车将焊接的长轨一次铺设就位。分轨推送法铺设长轨以石武高铁为例，石武高铁在轨排基地把出厂时的100m长钢轨焊接成500m长轨，再采用专用铺轨机组进行铺设、焊接、锁定形成无缝线路。

长钢轨铺设是严格按照配轨表进行的。单元轨节起止点不应设置在不同轨道结构过渡段及不同线下基础过渡段范围内，铺设的钢轨左右股相错量不得大于100mm。

四、无缝线路应力放散与调整

无缝线路，有下列情况之一者，应对其进行应力放散或调整后重新锁定，并调整缓冲区配轨和轨缝，使其符合设计要求。

① 实际锁定轨温或长轨始、终端落槽时的轨温超出设计规定范围。

② 两股长轨的锁定轨温差大于5℃或曲线外股锁定轨温大于内股锁定轨温。

③ 长轨产生不正常的过量伸缩。

④ 固定区出现严重的不均匀位移。

⑤ 原因不明，施工时未按设计规定正常合拢锁定的线路。

1. 应力放散

应力放散就是释放长轨条内积存的温度应力，恢复其原来铺设时的无应力状态或设计锁定轨温;也就是在设计锁定轨温范围内,将无缝线路的扣件、防爬器全部或部分松开,采取措施使长轨尽量自由伸缩,在达到预计的伸缩量(或轨温)时,重新锁定线路。应力放散的方法主要有两种:滚筒配合撞轨法、滚筒结合拉伸配合撞轨法。

(1) 滚筒配合撞轨法

1) 方法。一般将长轨一端固定,松开另一端接头、中间扣件及防爬设备,每隔一段距离(一般为10~15m)在长轨轨底垫入滚筒,辅之敲击或撞击钢轨,使钢轨自由伸缩。当达到预计放散量(或轨温)时,视伸长或缩短情况采取切锯或更换缓冲轨,然后锁定线路。

2) 滚筒配合撞轨法适用于放散时的自然轨温在设计锁定轨温铺设范围之内的情况。

3) 优点。放散均匀、方法简便,对于采用弹条扣件的无缝线路是一种较好的放散方法。

(2) 滚筒结合拉伸配合撞轨法

1) 方法。一般将长轨一端固定,松开另一端接头和中间扣件,在滚筒放散的基础上,先将长轨放至"零应力"状态(一般不辅用撞轨器),然后在轨端加上1组(单股拉)或2组(双股拉)拉伸器,对钢轨进行张拉,可辅以撞轨器。应使钢轨的伸长量适当超过计算的放散量,然后开始线路锁定,锁定完成后才能撤除拉伸器,以免收缩量过大,导致放散不足。

2) 滚筒结合拉伸配合撞轨法适用于放散时的自然轨温低于设计锁定轨温铺设范围的情况。

3) 优点。放散均匀,因拉伸器的拉力很大,可以节省人力,缩短放散时间。

2. 应力调整

应力调整方法有列车碾压法和滚筒法两种,一般采用列车碾压法。

(1) 列车碾压法

1) 列车碾压法分为顺向、逆向及双向调整3种情况。

顺向调整是在双线地段,将需要顺列车运行方向调整地段的始端锁定不动,松开扣件后进行列车碾压调整。逆向调整是在双线地段,将需要逆列车运行方向调整地段的终端锁定不动,松开扣件后进行列车碾压调整。双向调整是在单线地段,将需要调整地段的中部约50m范围内用防爬器锁定不动,然后松开两端扣件,利用列车碾压调整。

2) 列车碾压法适用于行车密度较大的区段,不中断行车进行。

(2) 滚筒法 滚筒法应力调整与滚筒法应力放散大体相同,不同的是调整应力时只在局部范围内松开扣件,调够位移量后再锁定线路。

【拓展提高】

地下铁道施工组织设计

施工组织设计是施工准备工作最重要的环节,是用来指导现场施工全过程中各项活动的综合性技术文件。它的重要性主要表现在:不同的地下建筑物有不同的施工方法,就是相同的地下建筑物其施工方法也不尽相同；即使同一个标准设计的地下建筑物，因为建造的地点不同，其施工方法也不可能完全相同。所以没有固定不变的施工方法可供选择，应该根据不同的工程特点，详细研究工程地区环境和施工条件，从施工的全局和技术经济的角度出发，遵循施工工艺的要求，合理地安排施工过程的空间布置和时间排列，科学地组织物资资源供应和消耗，把施工中的各单位、各部门和各施工阶段之间的关系协调起来，进行统一部署，并通过施工组织设计科学地表达出来。

基本建设的程序分为规划、设计和施工 3 个阶段：

① 规划阶段。确定拟建工程的性质、规模和建设期限。

② 设计阶段。编制实施建设项目的技术经济文件，把建设项目的内容、建设方法和投产后的建设效果具体化。

③ 施工阶段。施工阶段的任务是制订实施方案。由于施工阶段中的投资一般占基本建设总投资的 60% 以上，远高于规划和设计阶段投资的总和，因此施工阶段是基本建设中最重要的阶段。可见编制好施工组织设计是保证施工顺利进行、实现预期效果的重要一环。

【任务实施】

依据基础理论知识，提出任务目标：城轨系统无缝线路施工技术调查。将学生按照生源地进行分组，每组同学深入地铁公司进行调查，认知本地铁公司无缝线路施工技术，根据不同小组的调查报告，进行综合评价。

【案例】

案例名称：走近轨道"医生"

案例描述：

走近"轨道医生"之轨道大车组

在石家庄地铁有这样一支队伍，他们不像车站员工那般服务在客运一线，而是常常与黑夜为伴，用踏实、认真的脚步丈量每一寸钢轨，用专业知识和默默奉献守护乘客安全出行。他们便是"轨道医生"——轨道巡检维护技工。

作为"轨道医生"中重要的组成部分，轨道大车组是一支集线路检查、工具维修、钢轨打磨于一体的轨道全能队伍，具体负责轨检车检测、轨检仪检测、钢轨打磨车打磨以及工器具的维修保养等工作。"精检细修"是他们工作的主旋律。

精 检 篇

在地铁列车的长期运行下，地铁钢轨设备状态也处于不断变化中。轨道大车组的工作人员每月都会化身"检验科医生"，利用轨检车和轨检仪给轨道设备来一次全身"体检"。在

"体检"过程中能够实现对轨道各项指标的动态实时监测,以便掌握轨道设备状态。

细　修　篇

为保障轨道设备良好、稳定的状态,轨道大车组作业人员化身为轨道伤损的"整形外科医生"。他们驾驶着钢轨打磨车将钢轨表面的"痘印痤疮"等伤损精准去除。此项作业不仅消除和延缓了钢轨"病害"的发生,也能够同时改善列车运行环境。

案例总结:

线路维修工作对确保列车安全平稳运行起到了至关重要的作用,"轨道医生"必须严格按照规定及标准养护维修线路。这也体现了他们一丝不苟、爱岗敬业、精益求精的职业态度与理念,我们要学习他们的这种精神,为国家做贡献。

【项目学习效果综合考核】

一、填空题

1. 轨道铺设是指将轨道铺设在已完成并达到设计强度的（　　）、（　　）、（　　）等建筑物上的工作。轨道铺设包括（　　）、（　　）和（　　）。按照铺轨方法可分为（　　）和（　　）两种。

2. 根据线路中心摆放轨枕,摆枕时每（　　）摆放一根定位枕,挂线确保轨枕摆放到（　　）。

3. 整道作业内容有（　　）、（　　）、串入道砟、（　　）、（　　）、（　　）、填满轨枕和道砟、（　　）、（　　）等。

4. 机械铺轨包括（　　）、（　　）和（　　）3个环节。

5. 轨排组装是在铺轨基地将（　　）、（　　）用连接零件连成轨排,然后运到铺轨工地进行铺设,它是（　　）的重要组成部分。

6. 为了保证高速行车的需要,线路必须具有稳定的（　　）、（　　）、（　　）和（　　）。由于（　　）结构易于维修并具有良好的耐久性,我国新建的高速铁路均为（　　）。无砟轨道是建在混凝土或沥青防冻层上具有弹性的一种（　　）轨道结构。

7. 短轨枕式整体道床施工方法可分为两种,一种是（　　）,另一种是（　　）。

8. 城轨线路由（　　）与（　　）组成,其中车站轨道线路通过（　　）形成各种形式的多股道的车场。单开道岔是其中应用最为广泛的,它的施工在道岔施工中最具有典型代表意义。单开道岔的铺设,基本上可分为（　　）道岔和（　　）道岔两种。

9. 把钢厂提供的（　　）、（　　）、25m（或100m）定尺长的标准轨,先在焊轨厂内用接触焊等方法焊接成（　　）的长轨条,然后用长轨专用运输列车将长轨条运至铺设现场,再用铝热焊等方法在工地将各段长轨条焊接成（　　）;在设计锁定（　　）范围内进行锁定,即完成（　　）的铺设。

10. 应力放散的方法主要有两种:（　　）、（　　）。

二、判断题

1. 配轨时应按钢轨长度和预留轨缝连续计算并应确定曲线终点前或后的钢轨接头到曲线始点的距离。（　　）

2. 双层道床按底砟厚度铺足,单层道床铺设厚度以10~15cm为宜,并将顶面整平,中间拉槽,中间凹槽宜为70cm。（　　）

3. 轨枕翻正后,应等待 20min 后在轨枕承轨槽两侧散布配件,匀散扣板、缓冲垫片、弹簧垫圈及螺母等配件。(　　)

4. 轨排装车是轨排拼装的第一道工序。(　　)

5. 新线起道时,先选择一个标准股,在预先用水准仪测设好的水平桩外,按要求的高度起好,并按轨枕下串实道砟作为起道瞄视的基点,每次至少起好一个基准点。(　　)

6. 在进行股道延长,增设支线以及专用线接轨等工程时,都需要在既有线上铺设新道岔。(　　)

三、简答题

1. 人工铺轨作业中线路整道作业的内容包括哪些?
2. 简述轨排铺设的施工工艺和施工流程。
3. 简述无缝线路应力放散与调整的方法。
4. 简述有砟轨道无缝线路的铺设方法。
5. 简述无砟轨道无缝线路的铺设方法
6. 简述人工新线铺设道岔的过程。
7. 简述地铁隧道工程整体道床施工程序。

项目八 城市轨道交通线路设计与车站设计

【教学导航】

```
城市轨道交通线路设计与车站设计
├── 城市轨道交通线路设计
│   ├── 城市轨道交通线网
│   │   ├── 线网的基本结构
│   │   │   ├── 星形结构
│   │   │   ├── 条带状结构
│   │   │   ├── 网格状结构
│   │   │   ├── 有环网格状结构
│   │   │   ├── 放射网状结构
│   │   │   └── 有环放射网状结构
│   │   └── 线网规模
│   │       ├── 线网规模的确定
│   │       └── 线网规模的影响因素
│   ├── 城市轨道交通线网规划
│   │   ├── 线网规划的原则
│   │   ├── 线网规划的种类
│   │   │   ├── 按规划期限分类
│   │   │   ├── 按规划范围分类
│   │   │   └── 按规划对象分类
│   │   ├── 线网规划的内容
│   │   │   ├── 规划背景研究
│   │   │   ├── 线网构架规划研究
│   │   │   └── 线网实施规划研究
│   │   ├── 线网规划的方法
│   │   │   ├── 点线面要素层次分析法
│   │   │   ├── 主客流方向线网规划法
│   │   │   ├── 功能层次分析法
│   │   │   ├── 逐线扩充规划法
│   │   │   └── 全新线网规划方法
│   │   └── 线网规划的步骤
│   └── 城市轨道交通线路设计
│       ├── 线路设计的总体要求
│       ├── 城市轨道交通线路设计的过程
│       │   ├── 可行性研究阶段
│       │   ├── 总体设计阶段
│       │   ├── 初步设计阶段
│       │   └── 施工设计阶段
│       ├── 线路选线
│       │   ├── 选线分类
│       │   └── 选线内容
│       └── 线路平面和纵断面设计
│           ├── 线路平面设计
│           └── 线路纵断面设计
└── 城市轨道交通车站设计
    ├── 城市轨道交通车站设计原则
    ├── 车站规模的确定
    ├── 按照客流线设计车站总体布局
    │   ├── 客流线组织原则
    │   │   ├── 避免各种流线相互交叉干扰
    │   │   └── 最大限度的缩短乘客走行距离,避免流线迂回
    │   └── 客流线的主要类型
    │       ├── 进站乘客流线
    │       ├── 出站乘客流线
    │       └── 中转乘客流线
    ├── 站厅层布局设计
    │   ├── 公共区设计
    │   └── 车站用房区域的设计
    ├── 站台层设计
    │   ├── 站台长度
    │   ├── 站台宽度
    │   │   ├── 候车面积
    │   │   ├── 单侧站台宽度
    │   │   ├── 侧式站台总宽度
    │   │   └── 岛式站台宽度
    │   ├── 站台高度
    │   └── 轨道中心线与站台边缘距离
    ├── 车站通道设计
    │   ├── 车站通道的设计原则
    │   ├── 楼梯
    │   ├── 自动扶梯
    │   └── 坡道
    ├── 车站出入口设计
    │   ├── 车站出入口位置的选择
    │   ├── 车站出入口的设置数量及宽度
    │   └── 车站出入口的布置形式
    └── 车站的其他布局
        ├── 无障碍设计
        ├── 防灾设计
        │   ├── 人防设计
        │   ├── 紧急疏散设置
        │   ├── 车站消防设计
        │   └── 车站防洪涝设计
        ├── 内部环境设计
        ├── 照明、标识、色彩及其他公用设施设备
        ├── 立柱
        ├── 安全护栏、屏蔽门、安全门
        ├── 风亭的设计
        └── 风道的设计
```

项目八　城市轨道交通线路设计与车站设计

【知识目标】

1. 了解常见线网结构的形式。
2. 理解线网规模的影响因素。
3. 掌握车站的设计原则。
4. 熟悉站厅层布局设计和站台层设计。
5. 熟知车站出入口设计。

【能力目标】

1. 能够利用图形绘制工具绘制常见线网结构。
2. 能够正确识别线网结构的几种形式。
3. 能够区分近期规划、中期规划、中远期规划和远景规划。
4. 能够对车站进行设计。

【素养目标】

1. 通过学习城市轨道交通线网规划，培养学生根据实际情况进行合理调整和优化的能力。
2. 通过学习城市轨道交通车站的设计，有助于确保车站按照客流量进行设置，避免因设计不当导致的潜在危险，培养学生的安全意识和责任心。
3. 了解不同标准和要求，确保设计符合相关规定，避免产生质量和安全隐患，培养学生的合规意识。

【重点掌握】

1. 城市轨道交通线路设计的过程。
2. 线路的走向应遵循的原则。
3. 站厅层布局设计。
4. 站台层设计。
5. 车站通道设计。
6. 车站出入口设计。

任务一　城市轨道交通线路设计

【任务描述】

本任务主要介绍常见线网结构的形式、线网规模的影响因素、线网规划的定义及意义等相关理论知识，通过对理论知识的学习，辅以多媒体教学展示相关图片，使学生对城市轨道交通线路设计有较全面的认识。

城市轨道交通线网结构

【基础理论】

一、城市轨道交通线网

城市轨道交通线网是指某城市轨道交通若干条线路所构成的路网。

(一) 线网的基本结构

线网结构是线网中各条线路组成的几何图形，其形式一般与城市道路的结构形式相适应。线网结构形式的布置首先应考虑客流主方向，并能为乘客创造便利条件，线网结构形式布置是否合适，直接关系到线网建成后的经济效益、社会效益和交通服务质量。

因布局结构、自然地理环境和社会经济条件不同，各城市的轨道交通线网结构也各不相同，各具特色。各种线网结构中，最常见、最基本的线网结构主要有星形结构、条带状结构、网格状结构、有环网格状结构、放射网状结构以及有环放射网状结构等几种形式，如图8-1所示。

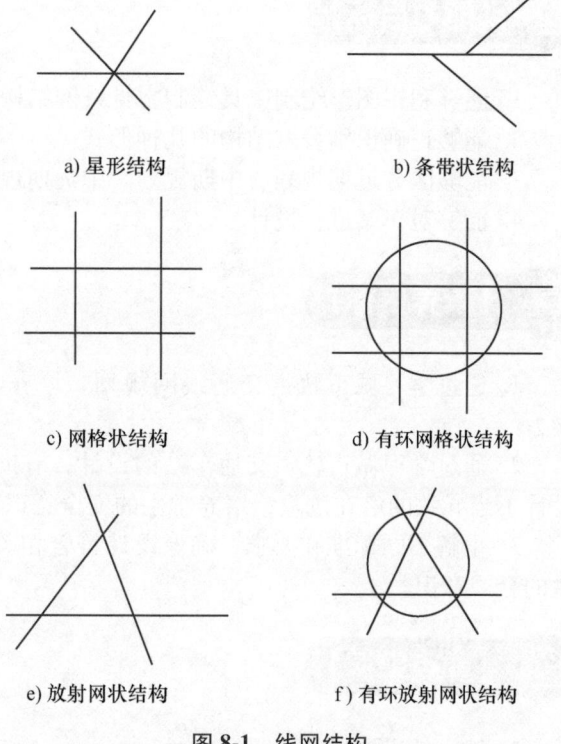

a) 星形结构　　　　b) 条带状结构

c) 网格状结构　　　d) 有环网格状结构

e) 放射网状结构　　f) 有环放射网状结构

图 8-1　线网结构

1. 星形结构

星形结构是指网格中所有线路只有一个交点的线网结构，其唯一的换乘站一般都位于市中心的客流集散中心，线网中所有线路间只能在该换乘站实现换乘。

星形结构的优点：线路都直通市中心，能增强郊区与市中心的往来，郊区乘客可以仅通过一次换乘直达目的地。其缺点：郊区之间必须经过市中心才能进行换乘，联系不便；换乘车站多采用分层换乘，设计与施工难度较大，车站埋深较大，建设费用较高；换乘站客流量大，客流间相互干扰大，换乘时间较长，极易引起混乱和拥挤。

星形结构的轨道交通网适用于单中心城市，且轨道交通网络规模不大，轨道交通线路不超过 3 条。

2. 条带状结构

条带状结构是指 n 条线路有 $(n-1)$ 个交叉点换乘，形如树枝状的线网结构，在网络中没有网格结构。这种结构适合于沿江或沿山谷条带状发展的城市地域。条带状结构连通性较差，两条树枝线间至少要换乘两次才能实现互通，线路间换乘不方便。由于线路上换乘客流不均匀，同一线路上两个换乘站之间的路段因担负着大量的换乘客流，客流量明显高于换乘站外侧客流，给线路行车组织带来困难。

3. 网格状结构

网格状结构线网的各条线路纵横交叉，形成方格网，呈棋盘状，线路走向比较单一，一般只有纵横两个方向，大多呈平行四边形，能提供很大的输送能力，线路和换乘站上的客流分布较均匀。网格状结构的优点：线路结构分布较均匀，客流吸引范围大；线路多为纵横两个方向，便于乘客辨认方向；换乘站多，纵横线路间换乘便捷，线网连通性好。其缺点：深入市郊的线路较少，存在回路，由于没有通达市中心的径向斜线，市郊到市中心的出行不便；平行线路间换乘也很麻烦，一般需要换乘2次以上，当网络密度小，平行线间距离较大时，平行线间的换乘费时。

网格状轨道交通网一般适用于规模不大、中心区发展比较均匀、开发强度较低的城市。

4. 有环网格状结构

有环网格状结构是在网格状结构的基础上增加环形线而形成的线网结构，除具有网格状结构的全部优点外，由于增加了环线，环线和所有纵横线路间都可直接换乘，增加了整个线网的连通性，减轻了市中心的线路负荷，较好地起到了疏散客流的作用。

5. 放射网状结构

放射网状结构是指线路（至少3条）多为径向线且线路交叉所成的网格多为三角形的线网结构。

在放射网状结构中，多数线路都在市中心有三角形交叉，市中心线路和换乘站密集而均匀，网络连通性好，乘客换乘方便。任意两条线路间都可以实现直接换乘，线网中交织成网的部分影响范围较小，但伸入市郊的射线较长。此结构由于各个方向都有线路通达市中心，使市郊到市中心出行方便；但市中心对市郊的经济辐射距离较远，当市郊间发生联系时，必须到市中心的换乘站换乘，乘客需要绕弯路。

6. 有环放射网状结构

有环放射网状结构是在放射网状结构的基础上增加环形线而形成的线网结构，其线网由多条径向线及环绕市区的环线共同构成。它具有放射网状结构的所有优点，同时由于环线与所有径向线都能直接换乘，整个线网的连通性更好，线路间换乘更方便，且能有效缩短市郊间乘客利用轨道交通的出行距离和时间。

（二）线网规模

1. 线网规模的确定

线网规模包括不同阶段线网的编制密度和服务水平等级。线网规模的确定应能使其发挥最大的作用，都能满足不同阶段乘客出行的需求。

（1）定性分析 线网规模应与城市发展规划紧密结合。根据城市发展规划，结合城市特点、出行需求进行客流预测，对重点发展地区、高新技术开发区、商业区等进行重点开发。对人口增长和就业岗位的分布进行科学的预测，以指导和帮助人们更合理地确定不同区域中线网的编制密度。

线网规模应与城市经济发展政策紧密相关。经济发展是保障城市进步，活跃城市社会活动和影响城市居民出行的重要因素。经济发展与机动化程度、总出行率和私人机动化出行率间存在紧密的联系，未来 GDP 的增长趋势对交通发展有重大影响。根据经济发展的预测，可推算出未来各种交通方式的综合投资潜力和未来公共交通的投资潜力，从而更好地确定不同时期线网的规模。

线网规模与城市交通发展政策紧密相关。确定线网规模前应进行全方位的交通调查，掌握居民的出行方式、出行率、客流分布等出行情况，以此确定合理的交通发展政策。要想积极发展公共交通，有效控制私人机动车出行，必须对私家车车主进行合理引导，使这部分居民出行能转向公共交通，同时必须推行合理的交通发展政策，使各交通体系协调发展。

线网规模的确定与轨道交通服务水平目标的制定紧密相关。轨道交通服务水平目标的制定对线网规模的确定起到了重要的引导作用，服务水平很大程度上决定了线网的发展方向及未来城市轨道交通的建设速度。

（2）定量分析 线网规模的确定因素有的可以量化，有的无法量化，所以城市轨道交通线网规模的确定要采用定量分析与定性分析相结合的方法。定量分析就是根据公共交通客流量，使用人均指标测算法和面积密度测算公式分别定量计算轨道交通线网规模。

定性分析对线网规模的确定具有宏观指导作用，定量分析是对定性分析的一种合理的验证和修正。数据采集手段的提高和城市公共交通信息化平台的建立，为城市轨道交通的合理规划提供了有力的技术保障。

2. 线网规模的影响因素

为了对城市轨道交通线网规模做出合理预测，应对其影响因素进行综合分析，分清主次因素以及各因素的关系。

线网规模的影响因素有：城市布局、形态、面积、人口，城市交通需求，城市规模，居民出行特征，城市未来交通发展政策，国家政策，城市国民生产总值以及城市基础设施投资比例等。同时，这些影响因素间存在一定的联系，相互制约。如城市布局、形态、面积、人口对城市交通需求具有一定影响；国家交通政策、城市发展战略及政策，城市国民生产总值对城市基础设施投资比例造成影响；城市交通发展战略及政策受国家交通政策的影响。

线网规模影响因素表现的作用并不相同。相关资料表明，线网规模最直接的影响因素是城市交通需求和城市基础设施投资比例，城市布局、形态、面积、人口通过城市交通需求对线网规模产生间接的控制作用，城市国民生产总值和城市交通发展战略及政策则决定了城市基础设施投资比例，体现了城市经济实力对线网规模的影响。

（1）城市交通需求 城市交通需求是居民对交通基础设施的需要程度。城市交通需求的指标有城市居民的出行强度和城市公共交通总出行量等。城市居民公共交通需求是决定城市轨道交通线网规模最直接和最具决定意义的因素。

（2）国家政策 一般大规模的基础设施建设项目都是由国家和当地政府共同出资兴建的，因此国家的政策导向对城市轨道交通规模有直接的影响。

（3）城市规模形态和土地使用布局 城市规模包括城市人口规模、城市用地规模、城市经济规模以及城市基础设施规模。人口规模决定了城市交通出行的总量，城市用地规模影响了居民出行时间和距离。仅仅以城市人口和城市用地规模建立城市规模形态是缺乏说服力的，城市社会经济发展水平是实现城市轨道交通建设的经济基础。城市轨道交通建设资金需求量很大，因此城市轨道交通单公里造价和城市市政府的财政承受能力也是制约城市轨道交通规模的关键要素。建设轨道交通系统一定要和城市自身经济实力相符合，不能盲目进行规划建设。

城市有多种形式，如带状、中心组团式、分散组团式等。不同的城市形态和用地布局决定了居民出行的空间分布，也就决定了城市轨道交通的几何空间形态、长度及规模。带状城市的主客流方向比较单一，主要沿狭长带的方向流动，城市轨道交通也主要沿狭长带的方向布设；分散组团式城市要求城市轨道交通将其各个组团紧密连接，以缩短组团间出行时间，使其成为一个整体；中心组团式城市轨道交通多为放射状。

二、城市轨道交通线网规划

城市轨道交通规划与设计是一项涉及城市规划、交通工程、建筑工程以及社会经济等多种学科的系统工程。城市轨道交通项目周期长，投资大。在城市规划中，城市轨道交通网络的规划与设计非常重要，直接影响城市的基本布局和功能定位，对城市发展有极强的引导作用，对促进城市结构调整和城市布局整合，对整个城市土地开发和交通结构优化，以及对城市和交通运输系统的可持续发展都有巨大影响。

（一）线网规划的原则

1. 线网规划要符合国家标准

各城市的线网规划应参照《城市轨道交通线网规划标准》（GB/T 50546—2018）来制定，编制线网规划所需基础资料必须准确、可靠、有权威性、有时效性，收集的资料应包括社会经济、城市规划、城市交通、对外交通、环境等方面的资料。

2. 线路走向要尽量沿城市道路主干道

城市道路主干道空间比较宽阔，轨道交通线路沿着主干道布设，不仅施工方便，同时也可以大大减少工程量和拆迁量，对周围居民生活的干扰比较小；主干道也是客流汇集的地方，这样有利于地面交通和轨道交通之间的换乘，给居民出行带来便利。例如，北京地铁1号线沿着长安街等主干道布设；上海地铁2号线沿着南京西路、世纪大道等道路主干道布设等。

3. 线网规划要与城市主客流方向相一致

城市轨道交通建成后解决的是城市交通拥堵、居民出行难和出行时间长等问题，以满足居民现在和未来的交通需求。在进行线网规划时，需要研究城市现状和未来土地发展方向、道路交通情况、城市结构形态、人口分布特点等，目的是了解和预测城市现状及居民出行的主客流方向，使轨道交通能最大限度地承担客流，真正实现城市轨道交通的骨干作用，以提高城市轨道交通的经济效益和社会效益。

4. 线路走向要尽量经过或靠近大型客流集散点

大型客流集散点主要指商业中心、文化娱乐中心、对外交通枢纽站、大学城等，城市轨道交通线路要尽量经过或靠近这些客流集散点，一方面可以大大增加客流量，另一方面可以方便居民到达目的地，减少换乘。

5. 线网规划要考虑资源共享

一个城市规划的轨道交通线路有数条之多，每条线路长达数百千米，考虑到城市土地的局限性，往往会将轨道交通各种资源进行共享，也就是两条或多条线路合用一个资源，如车辆段和牵引变电所等。车辆段是车辆停放及检修的场所，占地面积较大，如果一条线路配置一个车辆段，可能难以实现，所以在线网规划初期，就应该充分考虑几条线路合用一个车辆段，统筹安排车辆段的位置和规模，以及车辆段与各条线路的联络线。

6. 线网规划要体现稳定性、连续性、灵活性的统一

城市中心城区的线网规划要相对稳定，城市边缘区要为发展留有余地，整个线网要能随城市规模的调整扩大而不断扩充发展。

7. 主干线两端要保证车厂和车辆段的用地

这是线路布局中的重要内容，也是线路位置能否成立，线路能否运行组织的必要条件，必须在规划阶段予以保证。线路长度大于20km时可增设停车场，路网超过50km时要单独设车辆厂修和设备大修的修理厂。

8. 城市轨道交通线网规划的各种方案要进行定性、定量分析

根据城市功能、规模、土地使用、人口出行特征、未来交通发展战略、城市周边的关系以及地形、工程条件等因素建立模型，并结合专家经验加以确定，网络方案要用多种体系进行评价，以获得最优化方案。

9. 城市轨道交通每条线路建设都要以线网规划为依据

城市轨道交通建设要结合现状、考虑到经济和社会两方面效益因素，要依据线网规划逐步完善。建设的不可重复性及巨大的项目投资，决定了每条线的建设都必须以线网规划作为依据。根据城市结构形态、城市功能定位和建设需求慎重考虑，慎重决策。

（二）线网规划的种类

1. 按规划期限分类

线网规划按照规划期限不同可分为近期规划、中期规划、中远期规划和远景规划。其中，近期规划的规划期限为线路建成运行后2~5年，中期规划的规划期限为线路建成运行后5~10年，中远期规划的规划期限为线路建成运行后10年以上，远景规划的规划期限为线路建成运行后25年。规划期限的划分主要考虑引起城市轨道交通线路或路网客流量的突变因素，规划期限越长，研究涉及的范围越广，得到的结果越宏观，所以在进行线网规划时应遵循"近期宜细，远期可粗"的原则。

2. 按规划范围分类

城市轨道交通线网规划应覆盖整个城市的区域范围，通常可分为中心城区线网和周边郊区线网。其中，中心城区线网还应进一步明确重点研究范围，在重点研究范围内，线网一般更为密集。

3. 按规划对象分类

按照规划对象可分为线路规划和路网规划。线路规划主要确定线路的走向、站点的设置、与其他交通方式的换乘及分段修建计划等。路网规划主要确定路网的总体规模、基本结构、主要站点、枢纽的布局形态，同时给出路网的可实施性论证，以逐步形成科学合理的交通网络，使其能够起到客流组织的疏导作用，并与城市总体的发展及形态的合理演化相协调。

（三）线网规划的内容

线网规划是城市轨道交通规划的核心环节，主要内容包括规划背景研究、线网构架规划研究、线网实施规划研究，其中线网构架规划研究和线网实施规划研究是线网规划的核心内容。

1. 规划背景研究

（1）线网规划现状调研　线网规划现状调研是整个城市轨道交通线网规划的基础，调研的内容主要包括城市的自然条件、城市用地特征、人文特征、城市经济发展程度及交通背景等方面的研究；分析城市轨道交通发展的必要性和可行性；确定线网规划的特殊性和针对性；明确需要解决的问题等。

（2）确立轨道交通线网规划方向　线网规划的主要依据是城市总体规划和综合交通规划。在分析城市总体规划和综合交通规划的基础上，应充分掌握城市发展战略要求。轨道交通线网的规划需要同城市发展战略相一致，甚至超前于城市发展，促进城市朝着规划的方向发展。

（3）相关政策分析　分析城市已有的土地开发政策和交通政策体系，如交通需求管理政策、交通系统管理政策、轨道交通经营政策及不同交通方式之间的衔接等，研究城市轨道交通线网规划的原则和技术手段。

2. 线网构架规划研究

线网构架规划研究是在规划背景研究的基础上，研究如何使线网规模与居民出行需求相符合。这部分研究的内容主要包括线网合理规模的确定、线网构架的设计、线网方案的综合评价及作为评价依据的线网客流的预测。它是线网规划的核心部分。通过评价方法和客流预测结果对多个线网规划方案进行比选，确定最终的规划方案。规划方法要体现出科学性和公正性，规划的线网方案要体现出层次性、稳定比和灵活性等。

3. 线网实施规划研究

线网实施规划是从工程、用地、经济方面研究推荐方案的可操作性，是轨道交通工程专业性和系统性的具体体现。

（四）线网规划的方法

1. 点线面要素层次分析法

该方法以城市结构形态和客流需求特征分析为基础，对客流集散点、客流分布、主要对外辐射方向及线网结构形态进行分层研究。"点""线""面"既是3个不同的类别，又是3个不同层次的研究要素。"点"是局部、代表个体性的问题，即在规划时考虑客流集散点、换乘节点的分布；"线"代表方向性问题，即在规划时考虑轨道交通走向的布局；"面"代表整体性、全局性的问题，即线网的结构和对外交通出口的分布形态。

2. 主客流方向线网规划法

该方法根据城市居民的交通需求特点，以及近期最大限度满足干线交通需求、远期引导城市合理发展和实现结构功能的需要，进行近期和远期的交通需求空间分布特点的量化分析，并结合定性分析与经验，提出若干轨道交通线网规划方案。具体做法是在现状与未来道路网上进行交通分配，按照确定的原则绘制客流预测期望线路图，并根据客流预测期望线路图确定主客流方向，然后沿主客流方向布线，提出若干轨道线网规划方案。

3. 功能层次分析法

这种方法根据城市结构层次和组团划分，将整个城市的轨道交通按功能分为3个层次（骨干层、扩展层和充实层），针对不同的层次采取不同的线网策略。骨干层与城市基本结构形态吻合，是基本线网骨架；扩展层在骨干层基础上向外扩展；充实层则应增加线网密度。

4. 逐线扩充规划法

这种方法是以原有轨道交通网络为基础进行线网规模扩充，以适应城市发展的需要。为此，必须在已建线路基础上调整已有规划中的其他未建线路，扩充新线，将每条线路依次纳入网络后形成最终的网络方案。

5. 全新线网规划方法

全新线网规划方法是指一个城市在没有轨道交通的情况下规划轨道交通网络。这种方法需要同时应用上述几种方法，特别是特大型城市进行轨道交通线网规划时更是如此。

（1）"点"的分析　"点"的分析主要是分析城市大型客流集散点、大型换乘枢纽以及重要的政治经济中心等区域。

（2）"面"的分析　"面"的分析是根据已有的城市总体规划、城市发展结构及发展规模等，拟定轨道交通网络的基本架构，从整体上把握结构形态。

若城市规模不大，城市轨道交通线路条数少于3条，可选星形结构；城市规模大、发展比较均匀，可选用网格状结构；规模大、城市中心与副中心相配合、组团式发展的城市，可考虑放射网状结构；特大城市，则宜采用有环放射网状结构。

（3）"线"的分析　"面"和"点"两个层面分析后，各点之间缺乏联络，没有形成网络，这就需要用线来沟通了。

（五）线网规划的步骤

线网规划采用系统工程的方法，需要经历提出和分析问题、明确规划目标、制订备选方案、评价备选方案、提出推荐方案、实施和修订规划等阶段，具体步骤如下：

1) 收集和调查历年城市社会经济资料，如常住人口、流动人口、人均收入、岗位分布、土地利用等，为分析现状和客流预测提供基础资料。

2) 根据路段交通量、拥挤度、车速、行程时间、出行距离等指标，分析城市交通现状，并预测按目前的发展趋势可能发生的问题，为制定规划目标提供基础性资料。

3) 分析未来城市的结构形态、经济发展态势、人口分布、出行特征、交通结构等，结合目前交通存在的问题，制定远景综合交通发展战略，明确城市轨道交通在城市综合交通中的定位，论证轨道交通的规划目标。

4) 根据城市轨道交通规划目标，结合人口、岗位分布情况、出行特征、交通结构等，进行轨道交通远景年的客流需求预测。

5) 根据城市的经济发展、交通发展战略等，初步拟定城市轨道交通线网的总体规模。

6) 在城市轨道交通线网规模的指导下，结合城市结构、路网形态及重要集散点编制多个线网方案。

7) 对线网方案进行客流预测，校验线网规模的合理性，并进行适当调整，再重新编制多个备选线网方案。

8) 制定综合评价体系，对各方案进行定性与定量分析比较，形成推荐方案。

9) 在推荐方案的基础上做进一步细致的规划研究，如选择大型枢纽点、优化个别线路的局部路段等。

一个好的规划方案是在不断反复的过程中逐渐完善的，通过这种反复循环的过程使得规划方案更加科学、合理，所以上述各个步骤间也存在着相互作用，可能要反复循环。

三、城市轨道交通线路设计

线路设计是地铁建设的基础，是城市轨道交通项目工程设计的"龙头"，由于其牵涉面广、复杂性高、责任重大，所以也是一项综合性工作。线路设计工作质量的好坏直接关系到地铁建设质量以及工程造价。因此，开展线路设计工作，必须全面了解该城市的规划方案以及城轨系统在整个交通网中的功能定位，根据轨道沿线的发展、规划、地形、地物等状况，从轨道交通布局角度选出"适应规划、促进发展、社会效率和运营效益相结合"的线路。

线路设计的任务是在规划路网和可行性研究的基础上，对拟建的城市轨道交通线路走向及其平面和纵断面位置等，通过不同的设计阶段，逐步由浅入深进行研究与设计，并不断地比较和修正线路平面、纵断面，线路和车站的关系，以达到城市轨道交通线路在城市三维空间的准确位置。线路设计的基本要求是保证行车安全、平顺，并且使整个工程在技术上可行，经济上合理。

（一）线路设计的总体要求

1）线路应尽量沿城市主干道铺设，沿线每隔3~5个车站的站端设渡线或交叉渡线，并根据列车交路设折返线或根据运营需要设存车线。

2）线路的平、纵断面设计，应与沿线的物业开发相协调，应注意环境保护和景观效果。线路的平、纵断面位置，必须征得当地政府各有关职能部门的认可。

3）线路平面应结合地形、地貌、地质、水文、地下管网、地上地下构筑物、人防工程、道路及交通状况进行设计。尽量做到减少拆迁、便于施工和交通疏解。

4）线路纵断面应根据工程地质、水文地质、地下障碍物情况、车辆性能、运营特点和施工方法进行设计。有条件时，线路纵断面宜按"高站位、低区间"的节能坡形进行设计。跨河流的高架线路，其纵断面宜按相应的洪水频率进行设计。

5）应在线路平面图中标明控制线路位置的构筑物基础平面和地下管网、重要文物保护点等资料。在线路纵断面图中，标明控制线路高程的地下管线和构筑物基础立面，并标注其有关的技术参数，跨河地段还应标明设计水位。

（二）城市轨道交通线路设计的过程

线路设计一般分为4个阶段，即可行性研究阶段、总体设计阶段、初步设计阶段和施工设计阶段。

1. 可行性研究阶段

可行性研究阶段通过实际调研确定方案，通过进行线路方案比选，选择线路走向、车站分布、线路交叉形式、线路铺设方式等，并提出设计指导思想、主要技术指标以及车站大致位置等。

2. 总体设计阶段

总体设计阶段根据可行性研究报告和审批意见，初步确定线路平面规划，提出线路纵断面的标高位置，确定车站的大体位置。

3. 初步设计阶段

初步设计阶段根据总体设计文件及审查意见，确定线路设计的原则及技术指标等，进行线路纵断面设计，基本上确定线路平面位置和车站位置。初步设计文件经审查、批准后，作为控制建设总规模和总概算的依据,应满足工程招标征用土地和进行施工准备的需要。线路初步设计文件应有相应的组成与翔实的内容。

4. 施工设计阶段

施工设计阶段根据初步设计文件及审查意见,对部分车站位置和个别曲线半径进行调整,按照相关设计规范和技术标准对线路平面和纵断面进行精确计算与详细设计,并提供施工图样及说明。施工图设计阶段,线路设计宜集中力量按时完成,也可根据工程实际进展需要分期分批完成,但必须注意其完整性和统一性,确保与工程现场实际相符合,为施工提供需要的图表和必要的设计说明。如果有局部方案调整,应及时提供相关专业编制的投资检算或修正概算。同样,线路施工图设计文件应有其相应的组成与内容。各阶段线路设计的说明内容、附件、附图可根据具体工程实际情况编制具体内容。

(三)线路选线

1. 选线分类

线路选线分为经济选线和技术选线。经济选线就是选择行车线路的始终点和各经过点,原则是使线路尽可能多地经过比较大的客流集散点,如商业区、火车站、经济文化中心、地面交通枢纽等区域,以吸引客流量,提高城市轨道交通的利用率,方便乘客出行。技术选线是按照行车线路,结合有关设计规范的平面和纵断面设计要求,确定不同坐标处的线路位置。一般要遵循先定点、后定线、点线结合的原则。

2. 选线内容

选线内容主要包括线路的走向、线路交叉形式、线路铺设方式、辅助线分布及车站分布。

(1)线路的走向 城市轨道交通的主要服务功能是城市居民的出行,从有效利用土地、缩短建设工期、节约建设投资及方便居民出行等方面考虑,线路应铺设在城市街道地区主道路下面,所以城市轨道交通选线的基本原则是沿着客流方向布置线路。由于城市轨道交通建设费用昂贵,而且一旦建成改造十分困难,所以线路走向应该慎重考虑后再选定。具体可遵循以下原则:

1)线路基本走向应沿主客流方向并通过大客流集散点,以便最大限度地吸引客流。选择线路走向要考虑地质条件、地面和地下建筑物、历史文物保护等情况。

2)为确保城市的环境质量,在城区内线路宜选择地下线路,在次中心区及郊区有条件地段,为了节省建设投资,降低运营费用,可以选择地面线路或高架线路。

3)选择线路走向时也要考虑地铁线路间的联络线、车辆段及停车场的位置。

(2)线路交叉形式 两条城市轨道交通线路交叉有平面交叉和立体交叉。平面交叉形成道岔。立体交叉需要铺设高架桥,且应在交叉点处设置换乘站。

(3)线路铺设方式 线路铺设方式分为地下线铺设、地面线铺设和高架线铺设3种方式。3种方式各有利弊:地下线投资大、建设工期长,但对地面交通干扰比较小,不受环境影响;地面线占用地面空间、隔断线路两侧交通、噪声比较大,但是节约投资;高架线几乎不占用地面空间、噪声大,但是与地下线路相比能节约投资。线路铺设方式应根据城市环境、地质条件和总体规划要求,因地制宜地选择。一般情况下,在城市中心区,宜选用地下线;在城市中心区外围,且街道宽阔地段宜选用地面线和高架线。在设计阶段,无论地下线、地面线还是高架线,都要充分考虑利用地下和地上空间。所以,规划部门要严格按照路网规划用地要求控制用地，以防后患。

（4）辅助线分布 辅助线是为保证正线列车正常运营而设置的不载客运营的辅助性线路，按其使用性质可分为折返线、联络线、存车线、渡线及出入线等。辅助线的分布应符合以下原则：每条线路的始终点必须设置折返线或渡线；小客流截面的区段上应设置区段折返线；每隔3~5个车站应设置存车线，以供故障列车临时存放或检修用。

（5）车站分布 车站分布应根据科学的综合分析，详细的方案比选后确定。尤其是城市轨道交通车站分布数目多对建设费用、运营成本、施工等都有很大影响。但是客流吸引量及乘客出行时间需要进行具体分析计算，在市场经济条件下，车站分布一定要进行经济效益的比较。《地铁设计规范》中规定：车站分布应以规划线网的换乘节点、城市交通枢纽点为基本站点，结合城市道路布局和客流集散点分布确定。为使城市轨道交通成为城市公共交通骨干，车站应与城市综合交通规划相协调。当线路预定与远期规划线联络时，先期建设的线路应考虑与远期规划线路交叉点处的换乘，为未来路网中乘客的方便换乘创造条件。

（四）线路平面和纵断面设计

城市轨道交通线路的空间位置由线路平面和线路纵断面决定。

1. 线路平面设计

线路平面是线路中心线在水平面上的投影，由直线、圆曲线及缓和曲线组成。在线路设计时，主要根据实际情况和技术要求考虑线路平面的组成要素，即直线与曲线的技术标准，如曲线半径、曲线外轨超高、缓和曲线等。

（1）最小曲线半径 圆曲线半径的大小反映了曲线弯曲度的大小。曲线半径越小，弯曲度越大。一般情况下，曲线半径越大，行车速度越高，但工程费用也越高。曲线半径宜按标准半径从大到小合理选用。《地铁设计规范》规定的地铁圆曲线标准半径为3000m、2500m、2000m、1500m、1200m、1000m、800m、700m、650m、600m、550m、500m、450m、400m、350m、300m、250m、200m、150m。特殊困难条件下，可设计为上述半径间10m整数倍的曲线半径。《城市轨道交通工程项目建设标准（附条文说明）》（建标104—2008）规定：正线A型车允许的最小曲线半径标准为300m，最大允许速度为74km/h，比国产地铁车辆的速度（80km/h）低。

（2）曲线外轨超高 由于任何物体在做圆周运动时都会受到离心作用的影响，这种影响会使列车在通过曲线时产生强烈的摇摆和晃动，使旅客感觉不适，并产生外轨偏载，磨耗加剧。通常以设置外轨超高的办法，使列车自身的重力产生一个向心的水平分力，以抵消惯性离心作用的影响，达到内外两根钢轨受力均匀和垂直磨耗均匀，以满足旅客的舒适感，提高线路的稳定性和安全性。

1）外轨超高的计算公式为

$$h = \frac{11.8v^2}{R}$$

式中　h——外轨超高（mm）；

　　　v——列车经过曲线时的平均运行速度（km/h）；

　　　R——曲线半径（m）。

结果取5mm的整数倍。

2）曲线外轨超高限值。由于列车在曲线上的实际运行速度和计算超高平均速度不能完全一致，因此当实际速度大于平均速度时，实际超高不能完全把离心力消除，会有一个欠超高，欠超高越大，外轮缘与外轨产生磨耗越严重。根据地铁行车速度、车辆性能、轨道结构稳定性和乘客舒适度要求等，《地铁设计规范》规定曲线外轨的最大超高为120mm，当设置的超高值不足时，一般允许有不大于61mm的欠超高。经行车实践得出外轨超高120mm比较合理。

3）设置方法如下：

① 隧道内。隧道内及隧道外U形槽结构内的整体道床地段的曲线超高，宜采用外轨抬高超高值的一半、内轨降低超高值一半的办法设置，这样可不增加隧道净空，节省结构的投资，同时能使轨道中心线与线路中心线一致，还能减小超高顺坡段的坡度。

② 高架线、地面线。高架线、地面线的曲线外轨超高，宜采用外轨抬高超高值的办法设置，以避免为保证内轨轨枕下最小道床厚度而增加轨道结构高度，从而增大桥梁荷载，影响桥梁结构。对于地面线碎石道床，这种设置方法有利于保持轨道几何尺寸，便于维修。

③ 超高顺坡。曲线外轨超高值应在缓和曲线地段内递减，无缓和曲线时，应在直线段递减。超高递减顺坡率不宜大于2‰，困难地段不应大于3‰。

（3）缓和曲线 缓和曲线是在直线和圆曲线间设置的一段曲率半径不断变化的曲线。缓和曲线的特征为：从缓和曲线所衔接的直线一端起，它的曲率半径由无穷大逐渐减小到它所衔接的圆曲线半径 R。

（4）圆曲线间的夹直线 线路上两条相邻的曲线不应直接相连，而应在两条相邻的曲线间设置一定长度的直线，以保证列车运行平稳，这条直线称为夹直线。

两相邻曲线，转向相同，称为同向曲线；转向相反，则称为反向曲线。

车辆运行在同向曲线上，因相邻曲线半径不同，超高高度不同，车体向内的倾斜度也不同；车辆运行在反向曲线上，因相邻曲线超高方向不同，车体时而向左倾斜，时而向右倾斜。这两种情况都会造成车体摇晃震动，夹直线长度越短，摇晃震动越剧烈。

《地铁设计规范》规定：两曲线间的夹直线的长度，A型车不宜小于25m，B型车不宜小于20m，在困难情况下不得小于一个车辆的全轴距；车场上的夹直线长度不得小于3m。

2. 线路纵断面设计

（1）线路纵断面设计应遵循的原则 纵断面设计应保证列车运行的安全、平稳及乘客舒适；要结合不同的地形、地质、水文条件，线路铺设方式与埋深要求，隧道施工方法，线路平面条件等进行合理设计，力求方便乘客使用及降低工程造价；尽量设计成符合列车运行规律的节能型坡道。

（2）线路纵断面设计的主要技术要素 线路纵断面设计的主要技术要素是坡度、坡段长度及变坡点。由于城市轨道交通坡度已不是限制列车牵引质量的主要因素，所以称线路允许设计的最大坡度值为最大坡度，而不称为限制坡度，也不存在加力坡度。城市轨道交通列车为了适应小站距的频繁起动、制动，具有良好的动力性能，一般采用全动轴或2/3动轴列车，起动加速度要求达到$1m/s^2$及以上，这就意味着列车可以爬100‰及以上的当量坡度。城市轨道交通由于高密度行车和大运量，为保证行车安全与准点，要求列车失去部分牵引力的条件下，仍能用另一部分牵引动力将列车在最大坡度路段起动，因此最大坡度阻力及各种附加阻力之和，不宜大于列车牵引动力的一半。

在实际设计纵断面时，线路坡度在满足排水及标高控制要求的前提下应尽可能平缓，一般宜在25‰以下。正线允许的最大坡度值，一般不大于30‰，在困难地段（如深埋线路需要上升至地面以上时），允许将正线坡度设计到35‰；辅助线的最大坡度一般不大于40‰。但随着各种城市轨道交通车辆的改进，允许的最大坡度值也在增大。

为便于排水，地下区间线路不宜设计成平坡，而设计成不小于3‰的坡度。当然，在能解决排水问题的地段，可不受此条件限制。隧道内的车站站台段线路应设单一坡度，坡度值宜选用3‰，困难时可设在2‰~5‰的坡道上，特殊情况下，可设置在平道上，但需要设置一定坡度的排水沟。

地面和高架桥上的车站站台段线路坡度宜设在平坡上，困难地段可设在不大于5‰的坡道上；车场线可设在不大于1.5‰的坡道上。

两个坡段的连接点，即坡度变化点，称为变坡点。一个坡段两端变坡点之间的水平距离称为坡段长度。如果坡段长度小于列车长度，列车就会同时跨越2个或以上的变坡点，各个变坡点所产生的附加应力和局部加速度会因叠加而加剧，影响列车的平稳运行和乘客的舒适度。因此，线路坡段长度不宜小于远期列车计算长度，同时应满足两相邻竖曲线间的夹直线坡段长度不宜小于50m的要求。

（3）竖曲线 在线路纵断面上，若各坡段直接连接成折线，列车通过变坡点时产生的车辆振动和局部竖向加速度增大，乘客舒适度降低。同时，车辆处在最不利位置时，可能导致车轮脱轨或相邻车辆脱钩，影响行车安全。因此当两相邻坡段的坡度代数差不小于2‰时，必须在变坡点处用竖曲线把折线断面平顺地连接起来，以保证行车安全、平顺和乘客乘坐的舒适度。竖曲线有抛物线形和圆曲线形两种。抛物线形曲率半径是不断变化的，更适宜于列车运行，但由于铺设和养护工作较复杂，基本上不采用。圆曲线形竖曲线的半径是固定不变的，具有便于铺设和养护的优点，我国城市轨道交通线路竖曲线多采用圆曲线。

《城市轨道交通工程项目建设标准》规定：对正线的区间线路，竖曲线半径一般取5000m，困难情况下取2500~3000m。车站两端由于行车速度较低，其线路竖曲线半径可取3000m，困难情况下取2000m。对辅助线和车场线，竖曲线半径可取2000m。

【拓展提高】

站前折返和站后折返

站前折返是指列车经由站前渡线折返，也就是当列车到达终点站时，已经由渡线折返完毕。其优点：列车空车少，折返时间短，乘客能同时上下车，可缩短停站时间，节省费用。其缺点：客流量大时，可能引起站台客流秩序的混乱。

站后折返的优点：安全性能好，列车进出站速度较高，有利于提高运行速度。缺点：列车折返时间较长，列车进出车站与折返作业有严重的干扰。尤其是在区间站利用渡线进行区间列车折返时，需占用正线进行作业，故对运营管理要求十分严格。且列车运行间隔时间受其制约需增大，导致线路通行能力下降，安全可靠性存在隐患。另外，正线延伸后，其正常运营列车难以折返，需另设折返线车站。所以，在列车运行速度较高、运行间隔时间较短、运量较大的线路上不宜采用站后折返。

【任务实施】

依据基础理论知识，提出任务目标：城市轨道交通线路设计认知。将学生按照生源地进行分组，每组深入到地铁公司调查，认知城市轨道交通线路设计的过程，根据不同小组的展示成果，进行综合评价。

【任务工单】

任务名称	城市轨道交通线路设计	学时	2	班级	
姓名		学号		成绩	
实训设备、工具及仪器		实训场地		日期	
任务目的	1. 在教师指导下，调研某城市地铁线网基本结构的设置。 2. 调研某城市地铁线路设计的过程。				

一、资讯

1. _____是线网中各条线路组成的几何图形，其形式一般与城市道路的结构形式相适应。它的布置首先应考虑客流主方向，并能为乘客创造便利条件，它的形式布置是否合适，直接关系到线网建成后的经济效益、社会效益和交通服务质量。

2. 各种线网结构中，最常见、最基本的线网结构主要有星形结构、_____、网格状结构、有环网格状结构、_____以及有环放射网状结构等几种形式。

3. _____是指网格中所有线路只有一个交点的线网结构，其唯一的换乘站一般都位于市中心的客流集散中心，线网中所有线路间只能在该换乘站实现换乘。

4. _____是指 n 条线路有 $(n-1)$ 个交叉点换乘，形如树枝状的线网结构，在网络中没有网格结构。

5. _____线网的各条线路纵横交叉，形成方格网，呈棋盘状，线路走向比较单一，一般只有纵横两个方向，大多呈平行四边形，能提供很大的输送能力，线路和换乘站上的客流分布较均匀。

6. _____结构是在网格状结构的基础上增加环形线而形成的线网结构。

7. _____结构是指线路（至少 3 条）多为径向且线路交叉所成的网格多为三角形的线网结构。

8. _____结构是在放射网状结构的基础上增加环形线而形成的线网结构，其线网由多条径向线及环绕市区的环线共同构成。

9. 线网规划按照规划时期可分为近期规划、_____、中远期规划和_____。

10. 按照规划对象可分为线路规划和路网规划。_____主要是指确定线路的走向、站点的设置、与其他交通方式的换乘及分段修建计划等。

11. 城市轨道交通线路设计一般分为4个过程，即_____、总体设计阶段、初步设计阶段和_____。

二、计划与决策

1. 以小组为单位开展不同城市地铁线网形式的搜集与调研工作。

2. 实践过程设置：教师为每个小组的监督员，并设置演练组长1名，记录员1名。

组长：负责搜集实施过程的指挥控制，确保每位学生参与到各个环节，并对每位学生的实施过程进行评估。

记录员：负责实践过程的各项文案记录工作，记录每位学生的回答情况，记录实践过程中存在的不足及提出的改进意见。

3. 实践过程围绕下列主题开展：①地铁线网的基本结构；②城市轨道交通线路设计的过程。

三、实施

1. 设备准备：地铁线网图。

（续）

2. 作业过程。①认知地铁线网的基本结构；②认知城市轨道交通线路设计的过程。
3. 教师指导。对调研的地铁线网图进行分析，如乘客需要从 A 站换乘到 B 站，如何规划线路。要求：
1) 以小组协作形式完成。
2) 搜集拟制作的地铁线网规划图信息。
3) 规划线路要求做到尽量节省换乘时间，步行总距离最短。
4. 模拟演练
假如你是乘客，现在要从 A 站到 B 站，试着规划换乘路线。

四、检查

任务完成后，做如下检查：
设计的乘客线路规划是否合理：_____。

五、评估

1. 请根据自己完成任务的情况，对自己的工作进行自我评估，并提出改进意见。
_____
_____
_____

2. 工单成绩（总分为自我评价、组长评价和教师评价得分值的平均值）

自我评价（100 分）	组长评价（100 分）	教师评价（100 分）	总分（100 分）

任务二　城市轨道交通车站设计

【任务描述】

本任务主要介绍城市轨道交通车站设计原则、车站客流线组织原则、站厅层布局设计、站台层设计、车站通道设计以及车站出入口设计等相关理论知识。通过对理论知识的学习，辅以多媒体教学展示相关图片，使学生对车站设计有较全面的认识。

【基础理论】

城市轨道交通车站客流线设计

车站是城市轨道交通体系中的重要建筑，车站的选址、布置规模等不仅影响运营效率，而且影响城市交通的通畅；车站也是连接其他交通设施的枢纽。

一、城市轨道交通车站设计原则

1) 最大限度地吸引客流。要求车站设置位置合适，设备完善，服务水平高，车站布设要方便乘客使用，车站位置能为乘客提供便利，使多数乘客步行的距离最短。

2) 车站规模及布局设计要满足路网远期规划要求。车站设计规划应根据远期高峰小时预测客流集散量和车站行车管理、设备用房的需要来确定，应具有良好的外部环境条件，最大限度地吸引乘客。要与站厅、站台、出入口通道、楼扶梯以及售检票等部位的通过能力相匹配，同时应满足事故发生时乘客紧急疏散的需要，超高峰系数应根据车站规模及周边用地情况所决定的客流性质不同分别选取。

3) 个别车站可按极限运量需求来设计。体育场馆、火车站、广场等可能产生阵发性密集到发客流，交通集散点附近的车站尽量通过短的出入口通道将旅游景点、游乐中心、住宅密集区和办公密集区等与车站相通，为乘客提供无太阳晒、无雨淋的乘车条件。

4) 预留适当的能力余地。满足高峰时段密集到达（出发）的需要，即超高峰时段的需要，并能应付远期运量波动的需要。

5) 车站布设应与旧城改造和新区土地的开发相结合，注意与周围环境的协调，如与城市景观、地面建筑规划相协调。车站设计应尽可能地与物业开发相结合，使土地的使用达到最经济。

车站分布应方便施工，减少拆迁，降低造价，并注重城市轨道交通建设与周边经济发展的互动效应，为可持续发展创造条件，还应降低占用地面积，尽可能降低投资费用，满足施工条件的限制。

6) 车站布设应与城市道路网及公共交通网络密切结合，车站位置应尽可能地靠近人口密集区和商业区，最大限度地方便乘客出行。

7) 在满足施工条件限制的前提下，车站能设置在地面上，则不设置在地下，设计应以实用高效为主、装饰功能为辅，车站一般宜设在直线段上。车站应在满足使用功能的前提下，尽量缩小建筑空间，使其规模、投资达到最合理。

8) 车站设计应简洁、明快、大方、易于识别，并应体现现代交通建筑的特点，需多方案比选，确定较优方案。

9) 车站公共区域应根据客流需要设置足够宽度的、直达地面的人行通道，出入口的布置应结合公共交通、城市道路、周围建筑的规划等因素综合考虑，原则上通道和出入口不应有影响乘客紧急疏散的障碍物。

10) 为给乘客提供安全、舒适和快捷的乘降环境，车站应设置好防灾、通风、照明和卫生等问题。

11) 考虑到经济性，为了降低造价，节约投资，应尽量压缩车站的长度、控制地下车站的埋深及高架车站的架空高度。

二、车站规模的确定

车站规模指车站外形尺寸大小、层数和站房面积多少，车站规模直接决定着车站的外形尺寸及整个车站的建筑面积等。

车站规模的大小，直接影响工程造价的高低。规模过大，投资太高；规模不足，影响运营功能且日后改建困难。因此，在确定车站规模时，应慎重进行技术经济比较。

在进行车站总体布局之前，一般要确定车站规模，而车站规模主要根据本站远期预测高峰客流量、所处位置的重要性、设备和管理用房面积及该地区的远期发展规划等因素综合考虑确定，以寻求最佳方案。其中客流量大小是一个重要因素，一般可以参考日均乘降客流量和高峰小时客流乘降量来综合确定。高峰小时客流量一般是指早、晚高峰小时客流量，对于所处位置特殊的车站，如大型文体中心、火车站等，也可选用其他高峰小时客流量。超高峰客流量为该站高峰小时客流量乘以系数（1.2~1.4）。

车站规模等级及适用范围见表8-1。

表 8-1　车站规模等级及适用范围

规模等级	高峰小时客流量/人	适用范围
特等站	>5万	客流量特别大，有特殊要求的车站
一等站	>3万~5万	客流量大，地处市中心的大型商业中心、大型交通枢纽中心、大型工业区及位置重要的政治中心地区
二等站	>1.5万~3万	客流量较大，地处较繁华的商业区、中型交通枢纽中心、大中型文体中心、较大的居住区及工业区
三等站	<1.5万	客流量小，地处郊区的车站

一般车站在高峰期1h内，集中了全日乘降人数的10%~15%，但由于车站所在地区不同，其乘降人数的集中程度也不同，所以在规划时要充分做好预测工作，并考虑城市轨道交通客流分布的变化。

三、按照客流线设计车站总体布局

车站总体布局应按照乘客进出车站的活动顺序，合理布置进出站的流线及设备用房。

客流线是指车站内乘客的流动路线。客流线反映了客运作业对于车站站房内各类设施的设置及布局的基本要求，客流线设计组织是否合理，不但影响车站的安全、效率和能力，同时也直接关系到对乘客服务质量的高低。所以客流线布置宜简捷、美观、顺畅等，尽可能使客流线不相互干扰，为乘客创造便捷的乘降环境。

（一）客流线组织原则

车站内各种客流线均有其特定的内在需求，这些需求通过合理设置与布局站房的各类设备设施来予以满足，一般应遵循以及两个原则。

1. 避免各种客流线相互交叉干扰

在对客流线进行设计的过程中，应力求将各种客流线分开，尤其是将进站客流线与出站客流线分开，进出站客流线与中转客流线分开。

2. 最大限度地缩短乘客走行距离，避免客流线迂回

对于进出站客流线中流量最大的普通客流线，应首先保证其流动路线最简捷、通畅，流程距离最短。对于流量不大的其他客流线，也应根据其特点、需要，尽量缩短其流线距离，避免迂回。

（二）客流线的主要类型

1. 进站客流线

进站客流线按照其流动过程可以分为两种主要类型。

(1) 通过站房直接上车的客流线　这种流线的乘客大部分为当地居民，持有城市一卡通或储值票等直接通过闸机刷卡进站，流线示意图如图8-2所示。

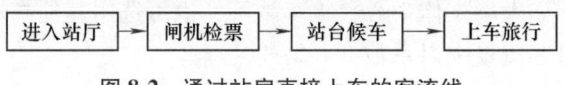

图8-2 通过站房直接上车的客流线

（2）进入车站购票上车的客流线 这种客流线的乘客主要是不经常乘坐城市轨道交通出行的当地或外地乘客，这种客流在节假日或周末比较集中，客流线示意图如图8-3所示。

图8-3 进入车站购票上车的客流线

2. 出站客流线

出站客流线比进站客流线简单，乘客使用站房时间短，办理手续少，客流线示意图如图8-4所示。

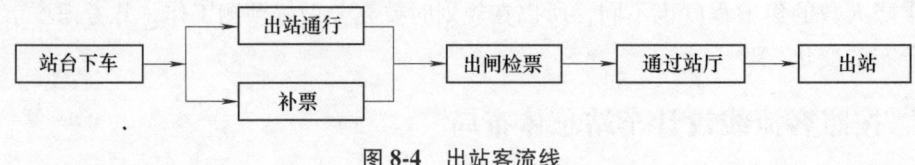

图8-4 出站客流线

3. 中转客流线

在一些综合型枢纽站或换乘车站，存在大量的中转换乘乘客，他们的流动过程形成了中转客流线，中转客流线示意图如图8-5所示。

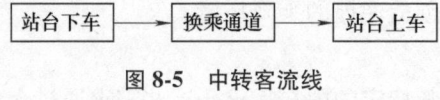

图8-5 中转客流线

四、站厅层布局设计

站厅层是一种过渡空间，它的主要作用是集散客流兼客运服务等，将进站乘客迅速、安全地引导到站台乘车，使出站乘客迅速离开车站。站厅层需要设置售票、检票、问讯等为乘客服务的各种设施。站厅规模大小、建筑特征既要根据城市规划与交通的要求与地面建筑相协调，又要各具特色，达到简捷、富于时代感的特征。站厅层应有足够的面积，除考虑设备占用面积，正常所需购票、检票及通行面积外，还应考虑乘客短暂停留和特殊情况下紧急疏散。站厅层面积目前没有固定的计算方法，一般根据经验和类比分析确定，主要由远期车站预测客流量大小和车站的重要程度决定。

站厅的布局方式主要取决于车站的售检票方式，一般站厅有两种布置方式，一种为分别在站台两端上层设置站厅，另一种为在站台上层集中布置。站厅层大致分为公共区和车站用房区两个区域。

（一）公共区设计

公共区是乘客集散的区域，根据车站运营及合理组织客流路线的需要，可划分为付费区和非付费区。

付费区是指乘客需经购票、检票后方可进入的区域，经此然后到达站台。付费区内设有通往站台层的楼梯、自动扶梯、补票处。在换乘车站，还需设有通向另一车站的换乘通道。非付费区内乘客可以在本区内自由通行。非付费区内设有售票处、问讯处、公用电话等，进、出站检票口应分设在付费区与非付费区之间的分界线上，其两者之间的距离应尽量远一些，以便分散客流，避免相互干扰拥挤。付费区与非付费区之间应分隔，进站乘客在非付费区完成购票后通过检票设备进入付费区，到站台乘车；车站乘客通过检票设备进入非付费区后出站。

站厅层内划分为付费区和非付费区以后，限制了地铁车站不同出入口人员的穿行。由于地铁车站一般修建在城市主要道路下面，站厅还具有过街通道的功能。因此，为了便于各个出入口的联系和穿行，可以在站厅的一侧或双侧设置通道。由此，也可以将站厅层分为3类：站厅层不能穿行，站厅层单侧可以穿行，站厅层双侧可以穿行。

客流通道口主要位于站厅层的公共区，分左右两侧布置，有利于地面道路两侧出入口的均匀布置。根据《地铁设计规范》，通道口最小宽度不能小于2.4m。

非付费区除了设置必要的售检票系统设备，还可根据站厅面积大小设置商铺、自助银行、公共洗手间、公共电话等便民设备设施。

（二）车站用房区域设计

车站用房主要包括设备用房、管理用房、辅助用房3部分。它是根据运营管理的要求决定的。如果运营管理采用上车购票或车站自动售票，则车站可采用无人管理的方式，只设风雨棚即可，不需要设置站房；否则应设站房。在无人管理的车站，通常需要配备集中监视的闭路电视系统，以弥补管理上的不足。当车站位于地下时，则需增加环控、排水、防灾等设施。

五、站台层设计

站台是供乘客候车及上、下列车的平台。站台层设有楼梯、自动扶梯及站内用房等。站台应尽可能平直，以便站务员能够监视整个站台情况和客流状况。为防止乘客掉落站台，站台边缘与车辆边缘的距离宜为0.08~0.1m，最大不得超过0.18m。

站台主要尺寸按下列方法确定。

（一）站台长度

站台长度分为站台总长度和站台有效长度两种。站台总长度是根据站台层房间布置的位置以及需要由站台进入房门的位置而定的，是指每侧站台的总长度。站台有效长度是指远期列车编组总长度与列车停站时允许停车距离不准确值之和，站台有效长度也称为站台计算长度，它是供乘客上、下车的有效长度，也是列车停站位置。由于列车采用的自动停车设备的先进程度不同以及司机操作熟练程度的差别，允许列车停车的理论位置与实际位置有一定距离的不准确值，一般在无站台门时取1~2mm，有站台门时取±0.3m以内。

站台有效长度 L 为列车编组长度加上允许的停车附加距离（一般为4m左右），即

$$L = nl + 4 \tag{8-1}$$

式中　L——站台有效长度（m）；

　　　n——车辆的编组数；

　　　l——车辆长度，包括车钩长度（m）。

地下站台一旦建成，其长度基本没有延长扩建的可能。因此，在预测远期客流量后，需要充分考虑足够的列车编组辆数来保证运输能力。城市轨道交通列车运行的间隔短、速度快、机动性能高，因此，列车编组辆数不可能很大。对于编组数为 6～8 辆的列车，站台长度一般为 130～180m。

（二）站台宽度

站台宽度主要根据车站远期预测高峰小时客流量大小、列车对数、站台形式、列车运行间隔时间、站房布置、楼梯及自动扶梯位置等因素综合考虑确定。站台宽度应满足远期预测客流量，列车编组长度，站台上横向立柱数量等因素的计算要求，此外，站台宽度还应满足突发事件情况下客流疏散时间小于 6min 的要求。

站台宽度由站台乘降区计算宽度、立柱宽度、楼梯宽度及自动扶梯宽度组成。

1. 候车面积

候车面积的计算公式为

$$F = Pa \tag{8-2}$$

式中　F——候车面积（m^2）；

　　　P——高峰时段同时到达站台候车的乘客数（人）；

　　　a——每位乘客候车占用站台面积（m^2/人），一般取 0.33～0.75m^2/人。

2. 单侧站台宽度

根据列车计算长度及站台有效面积求单侧站台宽度，即

$$b_{单} = F/L_{计} + 0.45 \tag{8-3}$$

式中　$b_{单}$——单侧站台宽度（m）；

　　　$L_{计}$——列车计算长度（m），即列车全长减去车头至第一位车门和车尾到最末位车门的距离（共计约 7m）；

　　　0.45——安全带宽度（m）。

3. 侧式站台总宽度

侧式站台总宽度的计算公式为

$$B_{宽} = b_{单} + b_0 \tag{8-4}$$

式中　$B_{宽}$——侧式站台总宽度（m）；

　　　b_0——乘客纵向移动所需宽度，一般取 2～3m。

4. 岛式站台宽度

岛式站台宽度的计算公式为

$$B_{侧} = 2b_{单} + b_0 \tag{8-5}$$

其中，b_0 取 3m。

岛式站台宽度一般为 8～10m，侧式站台宽度一般为 4～6m。但是，为了保证车站安全运营和安全疏散乘客的基本需要，我国《地铁设计规范》（GB 50157—2013）中规定了车站站台的最小宽度尺寸，见表 8-2。

表 8-2 车站站台的最小宽度尺寸

车站站台形式		站台最小宽度/m
岛式站台		8
多跨岛式车站的侧站台		2.5
无柱侧式车站的侧站台		3.5
混合式站台	岛式	8
	侧式	3.5
有柱侧式车站的侧站台	柱外站台	2.5
	柱内站台	3.5

（三）站台高度

站台高度是指钢轨顶面至站台面的高度。站台高度的确定主要根据车厢地板面距钢轨顶面的高度而定，且站台高度选择需要与车型匹配。站台与车厢地板面高度相同，则称为高站台，一般为 0.9m，适用于客流量较大、车辆停站时间短的车站。考虑到车辆满载时，车厢的地板下沉量一般在 0.1m 以内，故高站台的设计高度宜低于车厢地板面 0.05~0.1m。站台比车厢地板面低一两个台阶，称为中、低站台，一般为 0.65m，0.45m，适用于客流量不大的车站。

（四）轨道中心线与站台边缘距离

该值由车辆的建筑限界决定，实际设计时还要考虑 10mm 左右的施工误差。若站台设在曲线上时，需考虑线路加宽、超高，车辆偏移、倾斜的影响。

六、车站通道设计

通道主要由楼梯、电扶梯和步行道构成。由于地下或高架车站一般由地下二、三层或地上二、三层组成，因此各层之间都设有楼梯、自动扶梯或垂直电梯，以方便不同需要的乘客进、出车站和乘车。

（一）车站通道的设计原则

1）车站出入口与站厅相连的通道，长度不宜超过 100m，宽度不得小于 2.5m。
2）地下出入口通道力求短、直，通道的弯折不宜超过 3 处，弯折角度宜大于 90°。
3）通道内应设置照明、通风设施及排水沟。
4）通道内应安装一定数量的摄像头，便于工作人员掌握客流通行情况，并设一定数量和类别的导向标志引导乘客的出行。

（二）楼梯

楼梯是最常用的一种乘降设备，投资低、施工简单、管理方便，但易造成客流交叉干扰，乘客不方便。但是考虑到经济性，当两地面高差在 6m 以上时，车站内适当位置需要设置一定数量的楼梯。楼梯踏步宽度常采用 300~320mm，高度常采用 145~150mm，一般在站台宽度允许的情况下，尽量放宽楼梯宽度。根据《地铁设计规范》的规定，在公共区中的步行楼梯宽度不得小于 1.8m。

楼梯和通道最大通过能力见表 8-3。

表 8-3 楼梯和通道最大通过能力

名称		每小时通过人数/人
1m 宽通道	单向通行	5000
	双向通行	4000
1m 宽楼梯	单向下楼	4200
	单向上楼	3700
	双向混行	3200
1m 宽自动扶梯		8100
1m 宽自动人行道		9600

（三）自动扶梯

自动扶梯通过能力大，乘客间无冲突干扰，能合理组织客流。为了增强车站吸引力，减轻乘客疲劳，在条件许可的情况下，在出入口与站厅、站厅与站台间，均应设置自动扶梯。当车站出入口的提升高度超过 6m 时，宜设上行自动扶梯；超过 12m 时，除设上行扶梯外，还应设有下行自动扶梯。

自动扶梯坡度采用 30°坡角，踏步高度值小于一般楼梯踏步高度，有效净宽为 1m，运输速度宜采用 0.65m/s，设计通过能力不大于 9600 人/h。

（四）坡道

在条件许可的情况下，比如高差较小、施工条件良好，可用坡道代替楼梯来疏散乘客，坡道长度应以乘客走行时间能够承受为限。为防止滑倒，坡道地面需有防滑设施，需要设置照明设备，两侧墙体可用广告灯箱或装饰面布置，以减少乘客穿越地下坡道时可能产生的疲劳感和烦躁感。

七、车站出入口设计

1. 车站出入口位置的选择

车站出入口的主要作用在于吸引和疏散客流，其位置在满足城市规划及交通要求的前提下，最好选择在城市道路两侧人流集散的地点。设置在沿线街道的交叉路口及大型广场附近，便于乘客换乘，要设置明显的标志，以便乘客识别。尽量与地面建筑结合，可设在地面建筑物内，也可独立设置，但需要与周围景观协调。

出入口的位置设置要符合有关部门的规划要求、消防要求及其他各种要求，在火车站等客流量较大的场所，为避免与其他方向的人流相互交叉干扰，减少出入口拥堵，出入口应与城市过街地道、天桥等相结合。当车站出入口位于城市过街地道、天桥附近时，为了方便乘客，节约投资，可以将其进行合并一起修建，融为一体。这样，可以不影响车站的管理和对站内客流线的干扰，对城市建设和地铁运营都有利。

2. 车站出入口的设置数量及宽度

车站出入口数量可根据进出站客流的数量、方向以及地面条件确定，且应使出入口通过能力总和大于该站远期高峰客流量。首先，必须要满足高峰时段客流疏散的需求；其次，要满足进、出站客流的通过能力；最后，应尽可能照顾各个方向的客流，以方便乘客进出站。《地铁设计规范》规定：车站出入口的数量，应根据客运需要与疏散要求设置，浅埋车站不宜少于 4 个出入口。当分期修建时，初期不得少于 2 个。小站的出入口数量可酌减，但不得少于 2 个。出入口之间的距离应尽可能大,使其能够最大限度地吸引客流,方便乘客进出车站。

出入口宽度由所需通过的客流量计算确定。单个出入口宽度不得小于 2m,净空高度不得低于 2.5m。

3. 车站出入口的布置形式

出入口布置方式应根据当地气候、所处位置的特点等做成独建式(敞口、带顶棚,全封闭等)或合建式。通常采用"一"字形、"T"形和"L"形 3 种。

1)"一"字形出入口。占地面积少,结构及施工简单,布置比较灵活,人员进出方便,比较经济。

2)"T"形出入口。人员进出方便,结构及施工稍复杂,造价比"一"字形和"L"形高。口部比较窄,适用于路面狭窄的地区。

3)"L"形出入口。人员进出方便,结构及施工稍复杂,比较经济。口部较宽,不宜修建在路面狭窄的地区。

八、车站的其他布局

(一) 无障碍设计

无障碍设计突出的是"以人为本"的设计理念,并应遵循以下设计原则。

1)每座车站中应有一个出入口设置直升电梯。

2)出入口、通道、楼梯、站台及站厅等地应设置盲人导向带,要求盲道的铺设必须连贯,在站台层,上行和下行两个方向都需要铺设,但一般只需自站台中心处的车厢门设至垂直升降梯门口。为盲人设置盲道,从电梯口铺设盲道通至车厢门。

3)车站建于街道内的地下,车站的垂直升降梯可直接升至地面。

4)车站位于通道地面以下,出入口位于道路的两侧,乘坐残疾人的轮椅可通过楼梯旁设置的轮椅升降台下到站厅层,然后再经设置于站厅的垂直升降梯下到站台。

(二) 防灾设计

1. 人防设计

在车站的人防设计中应结合六级抗力等级防设,"平、战结合";将一个车站加一个区间隧道作为一个防护单元,在相邻防护单元间要设置一道防护隔断门;在出入口密闭通道的两端各设置活置式门槛防护密闭门一道;每个车站还要设置不少于两个人防连通口,且连通口净宽不小于 1.5m。在附近没有人防工程或暂不知是否有人防设置的情况下,人防连通口做完后,通道要预留出接口;在进排风口及活塞风口需设置一道防护密闭门;内部装修应考虑防震、抗震要求。

2. 紧急疏散设置

在车站的紧急疏散设计中,车站内所有的人行楼梯、自动扶梯和出入口宽度的各项总和应分别能满足在紧急情况及远期高峰小时设计客流量下,将一列满载列车的乘客和站台上候车的乘客及工作人员在 6min 内疏散到安全地区。此时车站内所有的自动扶梯、楼梯均上行,其通过能力按正常情况下的 90% 计算。垂直电梯不计入疏散能力之内。在紧急情况下车站设备用房区内的步行楼梯也应作为乘客紧急疏散通道,并纳入紧急疏散能力内。车站通道、出入口处及附近区域,不得设置和堆放任何有碍客流疏散的设备及物品,以保证疏散的畅通性。

3. 车站消防设计

车站消防设计需要考虑以下几个方面。

1）车站内需划分防火分区。中间公共区（售检票区或站台）为一个防火分区，设备用房区为另一个防火分区；有物业开发的车站，物业开发区为独立的防火分区。每个防火分区内设两个独立的、可直达地面的疏散通道；所有的装修材料均按一级防火要求控制。两个防火分区之间采用能耐3h的防火墙分隔，不能砌墙处，则采用其他防火阻隔。穿过防火墙的管线均需采取防火措施，分区之间门窗按防火等级选用相应等级的防火门窗。除公共区外，每个防火分区最大允许使用面积不大于1500m^2。

2）车站内的商场及周边联体开发的商场等公共场所，应与车站做防火分隔，并符合民用建筑、人防工程相关防火规定。地下车站站厅的乘客疏散区域、疏散通道内及站台不应布置商业用房。

3）车站控制室、控制中心、配电室、变电所、蓄电池室、消防泵房等重要设备管理用房，应采用耐火极限不低于2h的隔墙和耐火极限不低于1.5h的楼板与其他部位隔开，防火隔墙应砌筑到顶，隔墙上的门应采用乙级防火门。设备和管理区域应与站台、站厅层公共区采用防火墙分隔，防火墙上的门应采用甲级防火门。

4. 车站防洪涝设计

城市轨道交通车站出入口、地面通风亭，为了防止暴雨引起的洪水泛滥、城市排水系统不畅、地震、战争等因素而导致大量地面水及地下水涌入地铁隧道内，造成事故或被水淹没，有必要对地铁的重要部位采取防水淹措施，以确保地铁的安全。

（1）加高出入口地面高差 将车站地面出入口、地面通风亭等口部地面加高且应高出室外地面150~450mm。出入口可做一般处理，可设计成敞口式、半封闭式或全封闭式。

（2）车站出入口处设活动挡水板 在车站地面出入口、地面通风亭等处，出入口方向的其他3边设置1.0~1.2m高并具有一定强度的实体挡墙，入口处挡墙两侧留凹槽，设活动挡水板。位于洪水地区的上述口部，应将出入口、地面通风亭等口部地面设施，设置在最高洪水位以上150~450mm处，出入口宜设为全封闭式，入口处设活动挡水板。

（3）设防水密闭隔断门 在隧道内设置隔水设施，当隧道内发生水情时，利用防水密闭隔断门将水堵截在一定的范围内，不致波及全隧道，确保其他部位的安全。

（三）内部环境设计

内部环境设计要保证运营安全、适用、通达、快捷；要考虑视觉范畴内的造型因素及装饰材料的应用，以尽可能改善地下空间封闭、沉闷和压抑的感觉；装修设计既要考虑全线车站的统一性，还要考虑每个车站各自的个性。

（四）照明、标识、色彩及其他公用设施设备

整体照明是地铁车站照明的主要形式，它要考虑布置方式及照明灯具的形式，一般以长条形日光灯为主，也可组合其他形式的荧光灯和一些筒灯布置。灯具的布置形式要和顶面用材形式有机结合，这样才能取得较好的光照艺术效果。灯箱照明在地铁应用较多，广告灯箱的引进，增加了车站的光照度标准，同时增添了车站内部的色彩和人情气氛。指示标识灯箱则是地铁车站的重要信息亮点，人们通过它的指引，可以安全无误地完成旅程。标识灯箱的艺术造型又是体现现代化地铁车站室内环境的元素之一。地铁车站内部的色彩设计以高明度、低彩度为主。作为车站的背景色，可以是冷色调，也可以是暖色调。

（五）立柱

站台立柱是站台建筑的一部分，根据车站规模的大小，其设置数量也不尽相同。立柱位置设置应考虑不能占用乘客通道，尽量避免遮挡乘客或工作人员的视线，同时车站可以很好地利用立柱的表面积来完成其他功能，如悬挂宣传牌、导向标志、广告等。根据站台宽度不同，有些车站设置双排立柱，有些车站设置单排立柱。

（六）安全护栏、屏蔽门、安全门

安全护栏或屏蔽门都是为了保证乘客在站台上乘降安全而设置的。针对轨道运输车站站台高的特点，为有效防止乘客乘降前后在站台边沿掉入轨道的事故发生，车站应设置护栏或站台门。目前北京、深圳、广州、上海等城市新建地铁线路基本上全部安装了站台门设备，上海地铁车站地面部分有些车站设置有安全护栏。安全护栏和站台门的设置根据车站具体情况而定。站台门相对安全护栏造价要高，但安全程度也高，适合在大量地铁车站设置。站台门还能节约车站空调能源，降低列车噪声，为乘客提供良好的候车环境。

（七）风亭的设计

地面风亭是通风道在地面口部的建筑物，作用是采集新鲜空气及排风。地面通风亭一般均设有顶盖及围护墙体，墙上设一道门，供运送设备使用。通风亭上部设通风口，风口外面设金属百叶窗。通风口下缘距地面的高度一般不小于2m，特殊情况下通风口可酌情降低，但不宜小于0.5m。位于低洼及临近水面的通风亭应考虑防水淹设施。

（八）风道的设计

早期国内外修建的地铁工程，大多采用自然通风方式即利用地面风、列车活塞风、站内外温差等来与地面空气进行交换，但这种通风方式效率有限，通风效果不好。随着社会的发展和科学技术的进步，近期国内外修建的城市轨道交通车站，逐步采用了以机械通风为主的通风方式，普遍采用了环控设备，车站内温度、湿度得到了控制，地下环境得到了很大的改善。但环控设备的增加，势必会增大车站规模。为了控制车站规模，缩短车站的总长度，节约投资，部分环控设备可设在通风道内。

【拓展提高】

地铁车站的综合开发与空间利用

近年来，国内外有些城市利用盖挖法的施工技术修建地铁车站。当车站顶板距地面高度大于4.5m时，顶板上面就可以不再回填土，而利用此空间增加一层空间。综合开发和合理利用空间是多方面的，首先在一定的空间里，合理布局以充分利用地下空间是非常具有实际意义的。利用地形地貌在车站顶部或端、侧部开发空间是可行的。国外有些车站在规划设计时很注意地下空间的综合开发和空间利用，如德国慕尼黑铁路火车站前的地铁车站，地下修建了4层，第1层为地铁站厅兼作城市地下人行过街道，其余空间开设商店和服务设施。第2、3层为不同线路的地铁车站和区域性快车线车站，第4层为地下停车场。我国在这方面也有不少成功的设计实例，如上海地铁1号线某车站集地铁、商业城市、立交桥3功能于一体，使地铁建设与城市建设较好地结合起来。此外，成都地铁1、2号线交汇处的天府广场站也是地下车站综合开发与利用的典范。天府广场站总建筑面积为 3.1 万 m^2，设有地下 4 层结构，深约 30m，共设有 8 个出入口。地下 1 层为商业和展览区，地下 2 层为地铁车站控制室和站厅层，地下 3 层为 1 号线站台层。

【任务实施】

依据基础理论知识，提出任务目标：认知城市轨道交通车站设计的过程。将学生按照生源地进行分组，深入到地铁公司调查，认知城市轨道交通车站设计的过程，根据不同小组的展示成果，进行综合评价。

【任务工单】

任务名称	城市轨道交通车站设计	学时	2	班级	
姓名		学号		成绩	
实训设备、工具及仪器		实训场地		日期	
任务目的	1. 在教师指导下，调研某城市地铁客流线的主要类型。 2. 调研某城市地铁站厅层布局设计。 3. 调研某城市地铁站台层布局设计。				

一、资讯

1. _____指车站外形尺寸大小、层数和站房面积多少，车站规模直接决定着车站的外形尺寸及整个车站建筑面积等。
2. 车站总体布局应按照乘客_____的活动顺序，合理布置进出站的流线及设备用房。
3. _____是指车站内乘客的流动路线。它反映了客运作业对于车站站房内各类设施的设置及布局的基本要求，其设计组织是否合理，不但影响车站的安全、效率和能力，同时也直接关系到对乘客服务质量的高低。
4. 在对客流线进行设计过程中，应力求将各种客流线分开，尤其是将进站客流线与_____客流线分开，进出站客流线与_____客流线分开。
5. 站厅的布局方式主要取决于车站的_____，一般站厅有两种布置方式，一种为分别在站台两端上层设置站厅，另一种为在站台上层集中布置。站厅层大致分为_____和_____两个区域。
6. _____是乘客集散的区域，根据车站运营及合理组织客流线的需要，可划分为付费区和非付费区。
7. _____是指乘客需经购票、检票后方可进入的区域，经此然后到达站台。此区域内设有通往站台层的楼梯、自动扶梯、补票处。
8. 非付费区内乘客可以在本区内自由通行。非付费区内设有_____、问讯处、公用电话等，进、出站检票口应分设在付费区与非付费区之间的分界线上，其两者之间的距离应尽量_____一些，以便分散客流，避免相互干扰拥挤。
9. 车站用房主要包括_____、管理用房、辅助用房 3 部分。它是根据运营管理的要求决定的。

二、计划与决策

1. 以小组为单位开展不同城市地铁客流线的主要类型搜集与调研工作。
2. 实践过程设置：教师为每个小组的监督员，并设置演练组长 1 名，记录员 1 名。
组长：负责搜集实施过程的指挥控制，确保每位学生参与到各个环节，并对每位学生的实施过程进行评估。
记录员：负责实践过程的各项文案记录工作，记录每位学生的回答情况，记录实践过程中存在的不足及提出的改进意见。

（续）

3. 实践过程围绕下列主题开展：①城市地铁客流线的主要类型；②某城市地铁站厅层布局设计；③某城市地铁站台层布局设计。

三、实施

1. 设备准备：地铁站厅层布局和站台层布局。
2. 作业过程。①认知地铁客流线的主要类型；②认知地铁站厅层布局设计；③认知地铁站台层布局设计。
3. 教师指导。对调研的地铁客流线的主要类型、站厅层布局设计和站台层布局设计进行分析，描绘出乘客从车站入口到达站台层候车的客流线，要求：

1) 以小组协作形式完成。
2) 搜集拟制作的地铁站厅层布局设计、站台层布局设计信息。
3) 客流线要尽量满足车站设计原则，要求做到尽量节省车站内时间，步行总距离最短。
4) 可加入创新设计。

4. 模拟演练。假如你是乘客，需要从车站入口到达站台层候车，试着描绘出客流线。

四、检查

任务完成后，做如下检查：
设计的客流线是否合理：_____。

五、评估

1. 请根据自己完成任务的情况，对自己的工作进行自我评估，并提出改进意见。

_____

_____

2. 工单成绩（总分为自我评价、组长评价和教师评价得分值的平均值）

自我评价（100分）	组长评价（100分）	教师评价（100分）	总分（100分）

【项目学习效果综合考核】

一、填空题

1.（　　　）是指两条独立运营的线路之间的连接线，为两线车辆提供跨线作业。
2.（　　　）是正线与车辆段间的连接线，供列车进出车辆段。
3.（　　　）是供故障列车停放及夜间存车用的线路。
4. 存车线上有列检作业时，应设（　　　），与相邻其他线路应有防护设施。
5. 辅助线是为了保证线路正常运营，实现列车合理调度，并满足非正常情况下组织临时运行和维修作业所设置的辅助线路，最高运行速度一般在（　　　）。
6. 线路纵断面设计的主要技术要素是（　　　）、（　　　）及（　　　）。
7. 地面和高架桥上的车站站台段线路坡度宜设在（　　　）上，困难地段可设在不大于（　　　）的坡道上；车场线可设在不大于（　　　）的坡道上。
8. 两个坡段的连接点，即坡度变化点，称为（　　　）。一个坡段两端变坡点之间的水平距离称为（　　　）。
9. 《地铁设计规范》规定曲线外轨的最大超高为（　　　），当设置的超高值不足时，一般允许有不大于（　　　）的欠超高。

10. 线路上两条相邻的曲线不应直接相连，而应在两条相邻的曲线间设置一定长度的直线，以保证列车运行平稳，这条直线称为（　　　）。

11. （　　　）是在直线和圆曲线间设置的一段曲率半径不断变化的曲线。

12. 平均站间距离有两种，一种是小站间距，平均为（　　　）左右；一种是大站间距，平均为（　　　）左右。

13. 辅助线的分布应符合以下原则：每条线路的始终点必须设置（　　　）或渡线；小客流截面的区段上应设置（　　　）；每隔（　　　）个车站应设置存车线，以供故障列车临时存放或检修用。

14. 线网规划按照规划时期可分为近期规划、中期规划、中远期规划和远景规划。其中，近期规划为线路建成运行后（　　　）年，中期规划为建成运行后（　　　）年，中远期规划为建成运行后（　　　）年以上，远景规划为建成运行后（　　　）年内。

15. 城市轨道交通（　　　）指某城市轨道交通若干条线路所构成的路网状态。

二、判断题

1. 联络线最大坡度可为 40‰，最小半径不小于 200m。（　　　）
2. 出入段线应按单线、单向运行设计，并避免切割正线。（　　　）
3. 当出入段线与正线发生交叉时，宜采用立体交叉方式。（　　　）
4. 渡线一般每隔 1 个站设置，或配合折返线、存车线和停车线设置。（　　　）
5. 存车线一般设于距离车辆段或停车场较近的折返站上，其数量应满足存放列车数的要求。（　　　）
6. 存车线可兼作停车线使用，但不能用于夜间维修工程车的折返。（　　　）
7. 在实际设计纵断面时，线路坡度在满足排水及标高控制要求的前提下应尽可能平缓，一般宜在 25‰ 以下。（　　　）
8. 城市轨道交通线路的空间位置由线路平面和线路纵断面决定。（　　　）
9. 星形结构是指网格中所有线路只有一个交点的线网结构，其唯一的换乘站一般都位于市中心的客流集散中心，线网中所有线路间只能在该换乘站实现换乘。（　　　）
10. 网格状结构是指 n 条线路有 $(n-1)$ 个交叉点换乘，形如树枝状的线网结构，在网络中没有网格结构。这种结构适合于沿江或沿山谷条带状发展的城市地域。（　　　）

三、简答题

1. 简述存车线的设计要点。
2. 简述折返线的设计要点。
3. 简述设置曲线外轨超高的原因。
4. 试对比分析地下线、地面线和高架线 3 种线路铺设方式的区别。
5. 简述城市轨道交通线路设计的过程。

参 考 文 献

[1] 韩宜康,林瑜筠.城市轨道交通线路与站场[M].北京:中国铁道出版社,2013.
[2] 赵水仙,连义平.铁路线路与站场[M].3版.成都:西南交通大学出版社,2016.
[3] 周晓军,周佳媚.城市地下铁道与轻轨交通[M].2版.成都:西南交通大学出版社,2016.
[4] 刘婉玲.城市轨道交通运输设备[M].3版.成都:西南交通大学出版社,2020.
[5] 周平,金锋.城市轨道交通概论[M].北京:中国铁道出版社,2015.
[6] 秦飞.铁路轨道工程施工技术[M].北京:中国铁道出版社,2014.
[7] 陈秀方.轨道工程[M].2版.北京:中国建筑工业出版社,2017.
[8] 梁斌.铁路轨道施工与维护[M].北京:北京大学出版社,2014.
[9] 周国英.铁路轨道施工与修理[M].武汉:武汉大学出版社,2015.
[10] 赵矿英.城市轨道交通概论[M].3版.北京:电子工业出版社,2022.
[11] 阎国强,仇海兵.城市轨道交通概论[M].3版.北京:人民交通出版社,2021.